KB248600

서울대학교 통일평화연구원 통일학연구 033

중국 일상 속 북한 이미지

진인진

중국 일상 속 북한 이미지

초판 1쇄 발행 ㅣ 2017년 11월 25일

편   자 ㅣ 박명규·백지운
편   집 ㅣ 배원일
발 행 인 ㅣ 김영진
발 행 처 ㅣ 진인진
등   록 ㅣ 제25100-2005-000003호
주   소 ㅣ 경기도 과천시 별양상가 1로 18, 614호(과천오피스텔, 별양동)
전   화 ㅣ 02-507-3077~8
팩   스 ㅣ 02-507-3079
홈페이지 ㅣ http://www.zininzin.co.kr
이 메 일 ㅣ pub@zininzin.co.kr

ⓒ 박명규·백지운 외 2017
ISBN 978-89-6347-353-6 93300

목 차

남북한을 보는 중국의 시선

박명규(서울대학교 사회학과)

1. 한중관계의 어제와 오늘

수교 25주년이 되는 2017년을 지나면서 한중관계는 한바탕 큰 홍역을
치루고 있다. 2017년 3월 15일 중국은 한국관광상품 판매를 금지했
고 제주와 명동의 거리를 가득 메우던 중국인 단체관광객이 거짓말처
럼 사라졌다. 중국내 한국 기업의 경제활동과 문화교류도 크게 위축되
었다. 중국을 보는 한국인의 시선도 전과 달라졌고 중국 내에서도 혐

한의 목소리가 커졌다는 보도도 전해졌다.[1] 2017년 10월 중국의 19차 당대회가 끝나고 마침내 두 나라 당국 사이에 "모든 관계의 빠른 정상화"가 합의됨으로써 위축된 교류가 다시 회복될 것으로 예상된다. 기대감에 환호하는 분위기도 감지되지만 한중간 갈등요소가 언제든지 재현될 수 있으리라는 우려도 뚜렷하다. 결과적으로 2017년 한해를 거치면서 일사분란한 통제력이 작동되는 중국의 체제특성과 촛불혁명이 가능할 정도로 역동적인 한국사회의 차이를 절감하고, 두 나라의 과제와 지향이 어떻게 다른지를 숙고할 공부기회를 가진 셈이 되었다.

수교 후 25년간 서울과 베이징의 교류는 놀랄 정도로 순조롭고 빠르게 확대되었다. 북중관계가 크게 변화하지 않은 상황에서, 또 한국전쟁 전후의 복잡한 정치군사적 문제를 남겨둔 상태에서의 수교였음에도 한중 교류는 경제문화 분야를 중심으로 급속도로 발전했다. 애초 '우호협력관계'로 표방되었던 한중관계는 2003년 '전면적 협력관계'로 격상되었고 2008년 이명박 대통령이 중국을 방문하여 후진타오 주석과 정상회담을 한 후에는 '전략적 협력동반자관계'로 격상되었다. 중국의 빠른 경제성장과 더불어 한중무역은 2015년 2,273억 8,000만 달러에 달하고 관광, 유학, 문화교류 등 다방면에 걸친 관계의 증진이 지속되었다. 중국은 한국의 압도적 대외교역 1위 국가가 되었고 중국에

---

1   2016년 7월 8일 한국의 국방부가 사드(THAAD. 고고도미사일방어체계)를 주한미군에 배치하기로 결정했다는 사실을 발표한 후 중국의 공식, 비공식 보복조치가 심화되었고 1년여에 걸쳐 한중간 경제적 위축, 관광객 감소, 문화교류 축소 등 다방면에 큰 변화가 나타났다. 2017년 10월 31일 한중 양국은 "모든 분야의 교류협력을 정상적인 발전궤도로 조속히 회복시켜 나가기"로 합의했다. 관계회복에의 기대감과 갈등의 재발가능성을 우려하는 목소리가 함께 나타나고 있다. 『연합뉴스』(2017.11.1)

게도 한국은 가장 중요한 투자국이자 교역상대국이 되었다.

2015년은 한중관계의 급속한 발전과 상호기대가 가시적으로 드러난 해였다. 9월 3일 시진핑 중국주석이 심혈을 기울였던 '전승절 행사'에 한국의 박근혜 대통령은 국내외의 우려와 반대의견에도 불구하고 참석하여 텐안먼 망루에 올랐다. 시진핑 주석의 환대와 함께 북한의 대표단과는 비교할 수 없을 정도로 높은 예우를 받음으로써 한중관계가 탄탄한 수준에 이르렀다는 평가를 불러왔다.[2] 국제사회, 특히 영미권과 일본에서는 시진핑, 푸틴과 나란히 한국의 대통령이 서 있는 사진을 통해 한국이 지나치게 친중국화하는 것이 아닌가 하는 우려도 등장했다. 같은 해 12월 20에는 양국간 FTA가 발효되었고 31일에는 한중간 군사핫라인이 개통되어, 한중관계가 이보다 더 좋을 수 없다는 말이 나오기도 했다. 가히 한중관계의 급속한 진전을 보여주기 족했고 우려와 염려보다 낙관과 기대가 더 큰 시기였다고 해도 과언이 아니다.

그런데 2017년 현재의 한중관계는 도처에서 삐걱거린다. 도대체 무슨 이유로 채 2년이 되지 않은 기간에 이처럼 큰 변화가 나타나게 되었는가? 2016년 1월 6일 북한이 4차 핵실험을 단행하고 2월 7일 장거리 미사일을 발사한 이후 사드(THAAD)의 한국배치 논의가 구체화된 것이 큰 계기였다는 사실은 많은 사람들이 아는 바다. 2016년 7월 8일 한미양국이 사드의 한국배치 결정을 공식 발표한 것을 계기로 중국은 강력한 반발을 나타내었고 한중관계의 미래가 악화될 것임을 강조했

---

2   2016년 9월까지 한국의 박근혜 대통령은 시진핑 중국주석과 무려 여덟 차례의 정상회담을 했다. 김정은 체제 출범 이래 한번도 정삼회담을 한 적이 없는 북중관계와 대비되면서 한중관계의 압도적인 우위, 한중관계의 공고한 협력체제가 언급할 때면 으레 2015년 9월의 망루외교, 전승절 참가가 언급되었다.

다. 한국은 사드배치가 중국의 국가이익에 대한 침해가 아니며 전적으로 북한을 대상으로 한 자위조치임을 밝히고 이로 인한 한중관계의 악화를 전혀 원치 않는다는 점을 강조했다. 하지만 2016년 하반기부터 2017년 하반기에 이르는 시기에 경제, 문화, 관광 등 다양한 차원에서 중국발 보복조치가 확대되고 심화되었다. 경과를 정리해 보자면 북한의 4차 핵실험과 미사일 도발이 계기가 되어 한국정부의 사드반입조치가 결정되었고 이에 대해 중국의 반발과 제재가 심화됨으로써 한중관계가 흔들리게 된 것이라 할 수 있다.

사드의 실질적 효과와 배치 결정 과정의 적절함에 대해서는 여전히 논란이 있다. 또 이와 관련한 한국과 미국의 전략적 계산이 전적으로 일치하는지도 이견이 있다. 하지만 북한의 핵실험과 미사일도발에 대한 비난보다도 사드배치에 대한 중국의 반발이 더 강하게 느껴지는 상황에 대해 한국인으로서는 당혹감을 감추기 어렵다. 실제로 중국은 북한의 5차 핵실험에 대해 4차 핵실험에 비해 강력한 제제나 비판을 하지 않았다. 심지어 북한이 수소폭탄임을 주장하는 6차 핵실험 소식에 대한 반응조차도 한국의 사드추가배치에 대한 비난에 미치지 못하는 모습이다. 지난 수년간 한국인의 북핵 위협 및 북한 불신 정도가 심각하게 증대하고 안보 불안을 해소할 새로운 조치의 불가피성이 대두하고 있는 상황에서 중국의 이러한 반응은 한국사회의 중국인식에 적지 않은 충격을 가져오고 있다.[3] 중국이 이처럼 강력하고 전면적인 비난

---

3   서울대학교 통일평화연구원의 조사에 의하면 중국에 대한 한국인의 인식도 2015년 이후 나빠지고 있다. 중국을 '경계대상'으로 보는 비율이 2015년에 24.1% 였던 것이 2017년 조사에는 38.8%로 크게 증가했다. 한반도 유사시 중국이 북한을 지원하리라는 생각과 그로 인한 경계심리 역시 커지고 있다. 반면 중국에 대

을 보이는 이유가 무엇인지를 알기 위해서는 단지 사드배치라는 단일 현안을 넘어서 북한에 대한 중국의 인식과 한국의 인식 사이에 존재하는 차이를 깊이 되새겨보아야 한다. 한반도를 바라보는 중국의 인식, 전략적 사고, 대중적 감정 등은 남북한을 별개로, 그러면서도 동시적으로 사고하는 중국의 관점과 밀접하게 연결되어 있다. 이 연구는 중국의 한반도 인식, 남북한을 바라보는 시선의 복합성을 통해 최근 진행되는 한중관계 변화의 배경을 이해해 보려는 시도의 하나다.

2. 한중관계 속의 북한 문제

한국과 중국의 상반된 기대, 갈등적 상호작용을 이해하기 위해서는 북한 문제가 차지하는 미묘한 위치를 살펴보아야 한다. 북한은 대한민국에 '국가관계가 아닌 특수관계'의 대상으로서 통일을 지향하는 동일민족이면서 동시에 군사적으로 대치하고 있는 적대적 상대이기도 하다. 동포이자 위협이기도 한 모순적 성격의 양립현상은 수십년간 한국인에게 체질화되어 있다.[4] 한국전쟁기의 심리적 트라우마가 이산가족의 아픔과 공존하는 것, 집단주의를 원리로 하는 북한의 주체형 전체주의 체제원리에 비판적이면서도 북한과의 문화적, 역사적 운명공동체성을 동시에 강조하는 곳이 한국이다. 이에 반해 중국에 북한은 대한민국과는 구별되는 또하나의 독자적 주권국가이다. 국경을 마주한 이웃국가

한 친밀감은 약화되고 있다. 서울대학교 통일평화연구원, 『2015 통일의식조사』, 2016, 384쪽, 388쪽 및 2017년 조사자료.

4 　박명규, 『남북경계선의 사회학』, 파주: 창비, 2012. 66~72쪽.

일 뿐 아니라 정권 수립 직후부터 이념적으로나 정치군사적으로 밀접한 관계를 유지했고 한국전쟁기에는 중국의 인민지원군이 북한을 도와 한국 및 연합국과 전면전을 치루기까지 했다. 한국전쟁 시기에 '보가위국 항미원조(保家爲國, 抗美援朝)'를 내걸고 맺어졌던 북중관계의 성격은 미중관계와 한중관계의 발전과 더불어 많이 약화되었지만 지금도 중국의 박물관과 전시관에서는 지속적으로 재생산되고 있다.[5]

따라서 북한 문제를 보는 한국과 중국의 시각은 결코 같기 어렵다. 한국은 남북관계의 틀 속에서 북한 문제를 바라보는 데 반해 중국은 북중관계의 역사 속에서 접근하려 한다. 한반도 및 동북아 전체를 바라보는 전략적 관점에서도 한국과 중국의 시각은 다르게 나타나는데, 한국에게 김정은 정권의 군사주의적 주체노선은 남북관계 만이 아니라 동북아의 평화질서를 악화시키는 행위로 간주되지만, 중국에게는 북한으로 인한 미중관계, 동북아의 지역패권에 미칠 국제정치적 영향이 보다 중요시된다. 최근 북한의 핵실험과 미사일 도발에 대한 한국과 중국의 서로 다른 대응방식도 이로부터 유래한다. 즉 중국은 북한의 비핵화를 요구하는 한국 및 국제사회의 제제조치에 원칙적으로 동의하지만 북한정권의 존속에 결정적 영향을 미칠 정도의 압박에는 동의하지 않는다. 국제사회, 특히 미국은 북한 문제를 해결할 결정적인 힘과 수단을 중국이 갖고 있다는 소위 '중국역할론'을 주장하고 있지만 중국이 이에 선뜻 동의하지 않는 까닭도 중국의 북한인식이 국제사

5　최근 중국이 북한을 특수관계가 아닌 보통의 국가관계로 대한다는 주장을 종종 접한다. 실제로 중국과 북한은 과거만큼 강력한 관계는 아니며 여러 면에서 갈등하는 형국이다. 그럼에도 불구하고 북중관계의 역사적 무게감과 전략적 완충지로서의 가치는 변하지 않고 있다. 정재호, 『중국의 부상과 한반도의 미래』, 서울대학교 출판문화원, 2011, 339쪽.

회와는 상당히 다르고 중국이 겪는 딜레마의 성격 또한 다르기 때문이다.[6] 중국이 북한 문제에 대해 언제나 내놓는 소위 한반도 전략의 3원칙, 즉 '한반도의 평화와 안정유지', '북한의 비핵화', '대화로 문제해결'이라는 입장은 현재의 한반도 분단상황을 적절히 관리하면서 중국의 세계전략을 구축해 가려는 중국 나름의 전략적 판단이 깔려있는 것이다.[7]

북한을 바라보는 한국과 중국의 시선이 같지 않은 것은 역사적 맥락에서나 국제정치의 맥락에서나 당연한 일이다. 특히 20세기 후반의 동북아의 근현대사, 탈식민화 과정에서의 이념대립, 분단, 냉전과 탈냉전의 격변 속에서 한중, 북중, 한미, 미중, 북미의 관계는 독특한 형태로 형성되었고 지금까지도 이 지역의 국제관계 인식의 기저를 이루고 있다. 우리는 이 역사의 무게, 경로의존적 시각차를 객관적으로 이해해야 한다. 그렇다고 해서 북중관계의 틀이 고정불변의 것인양 간주하는 것도 타당치 않다. 탈냉전과 세계화, 특히 중국의 급속한 부상과 국제사회 편입이 가져온 새로운 변화, 그리고 중국의 유동적 사유가 미래의 북중관계에 미칠 영향에도 주목해야 한다. 개혁개방 이후 급격한 경제성장과 세계화를 추진한 중국은 더 이상 북한식 공산주의 체제와 이념적 동질성을 중시하는 국가가 아니다. 미국과 함께 이미 21세기 국제사회를 주도할 정도의 영향력을 지니게 되었고 세계 자본주의 경제체제에 깊숙이 편입되어 세계와 중국은 갈등보다 상호협력 및

---

6   정지용, 「중국의 대북정책 전환 방향」, 『성균차이나브리프』 39, 2016, 84~90쪽.

7   따라서 한중간 전략에 대한 공동인식은 반드시 동일하다고 볼 수 없으며 일정한 긴장이 내재해 있다고 보는 것이 타당하다. 이희옥, 「중국의 부상과 한중관계의 새로운 위상」, 『한국과 국제정치』 28권 4호, 2012, 15~20쪽.

보완구조를 더 많이 갖게 되었다. 특히 시진핑 시대에 접어들어 '중국의 꿈'을 실현하고자 하는 강렬한 열망은 책임 있는 대국으로서의 역할을 더욱 중시하게 만들고 있다.[8] 완충지대로서의 북한의 가치를 중시하는 재래식 안보전략 계산도 달라질 수 있고, 핵실험과 군사노선을 강화하는 현재의 북한정권에 중국이 지속적으로 동일한 대응을 할지도 의문이다. 한반도의 분단체제 및 남북한의 갈등을 전제로 등거리외교로 국익을 강화하는 전략을 고수할 것인가, 아니면 통일된 한반도를 상정하고 그에 기초한 새로운 동북아 질서 및 세계전략을 구축할 대안적 전망을 고려할 것인가. 이는 앞으로의 상황에 따라 열려있는 길이다. 어쩌면 중국은 지금도 다양한 선택지를 놓고 한반도의 문제를 계산하고 바둑의 수를 준비하고 있다고 보아야 할 것이다.

따라서 한중관계의 미래는 특정한 방향으로 결정되어 있다기보다 복합적인 요인과 결부된 채 열려있다고 봄이 타당하다. 한중관계가 급속도로 발전하고 있던 시기에도 상호간의 마찰이 '연성갈등'에 그치지 않고 정치경제적 갈등과 군사적 긴장까지 불러올 수 있는 '경성분쟁'으로 전화할 가능성이 지적된 바 있다.[9] 한국은 중국이 한반도 남북한을 동시적으로 사고하는 틀을 감안하면서, 보다 고차원의 대응과 전략

8　시진핑 시대에 접어들어 중국이 본격적으로 국제적인 대국으로 굴기하고 있는 현상, 그것이 국제질서에 어떤 변화를 가져올 것인가에 대한 논의들이 활발하다. 조영남은 시진핑 리더십 하에서 중국의 꿈이 실현가능한가, 민주화는 가능한가, 평화적 부상은 가능한가, 한미동맹과 북중동맹은 양립가능한가 등을 묻는 방식으로 그 시대를 해명하고자 한다. 조영남, 『중국의 꿈-시진핑 리더십과 중국의 미래』, 파주: 민음사, 2013.

9　정재호, 『중국의 부상과 한반도의 미래』, 서울대학교 출판문화원, 2011, 312~314쪽.

을 구축하는 것이 필요하다. 한중관계는 단순한 양자관계가 아니라 북한변수가 필수적으로 포함되는 기묘한 삼자관계이고 그 배후에 미국이 빠질 수 없다는 점에서 4자관계의 성격도 포함된다. 북한문제를 한중관계의 틀 속에서 이해하는 것이 필요한 만큼 북중관계의 시야에서 중국의 대한정책을 상상하고 대응할 수 있는 역량이 필요하다. 이와 동시에 한반도와 중국 사이의 오랜 역사적 인연과 문화적 공통성을 미래지향적으로 활용하는 지혜도 모색되어야 할 것이다.[10]

3. 전략적 계산과 이미지

개인이나 집단이나 상호이익을 중심으로 맺어지는 관계에는 합리적 계산이 중요하다. 국가이익을 최고의 가치로 간주하는 국제정치에서는 특히 냉철한 이해관계에 대한 전략적 검토가 결정적인 변수가 된다. 법이나 원칙의 지배가 제한적으로만 작동하는 국제질서 속에서 국가 이익을 극대화하기 위해서는 여러 변수를 고려하고 효과를 계산하는 정책적 대응이 불가피하다. 국제적 사안에 대한 정부의 정책, 최고지도자의 결정, 전문가의 전략보고서 등이 국가이익을 중심으로 구성되고 논의되는 것은 이런 점에서 자연스럽고 또 당연한 일이다.

10   2014년 서울대학교에서의 기념 강연에서 시진핑 주석은 신라시대 김교각과 최치원의 고사로부터 허균, 김구와 윤봉길, 중국인민해방군 군가 작곡가 정률성 등을 포함한 장구한 교류의 사례들을 언급했다. 국가이익 중심의 근대적 체제를 넘어 21세기 동북아 지역공동체, 경제와 문화와 정치를 아우르는 융복합적 통합과정, 새로운 미래질서를 구상하는 정치적 상상력 등을 극대화하는 문화적 시각도 절실히 요청된다고 하겠다.

그렇긴 하지만 한 국가의 대외정책이 반드시 합리적이고 냉정한 계산의 결과라고 보기는 어렵다. 합리주의자나 계몽주의자들의 기대와는 달리 현실 속에서는 오래된 감정, 비합리적 기대, 호오의 정서, 상이한 신념이 행동에 강한 영향을 미친다. 상호신뢰나 일상적 교류가 거의 없는 외국과의 현안에서는 오해나 감정, 오래된 편견 등이 의외로 중요한 요인이 될 수 있다. 면밀한 전략적 계산이 아닌, 사소한 충돌, 문화적 편견, 부정확한 소문 등에 의해 전쟁이 발발하는 경우조차 있다. 일련의 사건이 연속되면서 역사적으로 형성된 상대방에 대한 부정적 정서는 종종 합리적 설명이 어려운 정서와 욕망, 기대 등이 뒤엉켜 강한 추동력을 발휘한다.

대외정책의 결정에는 엄밀한 전략적 구상 못지않게 대중의 정서, 감정에 기초한 이미지가 의외로 큰 변수가 된다. 특히 남북관계처럼 신뢰수준이 낮고 교류가 제한된 경우에는 대중적으로 형성되어 있는 이미지나 감정양식을 주목하지 않을 수 없다.[11] 냉전기에는 올림픽조차 "군사교전이라는 관습적 형태의 대립이 사라진 상태에서 자본주의와 공산주의 질서 각각의 시민적, 이데올로기적, 군사적 우위를 확인하기 위한 수단"으로 활용되었다. 그 결과 상대방에 대한 적대적 이미지, 자국에 대한 우호적 이미지를 형성하려는 '문화전쟁'의 장이 되곤 했다.[12] 트루먼 독트린의 형성과정도 소련과의 '적대적 공존'을 전략적으

---

11   이에 대해서는 다음 연구를 참조. 박명규·이상신, 「현상과 이미지-북한이미지의 측정과 분석」, 『통일과 평화』 3권 1호, 2011; 정세영·김용호, 「대북인식의 변화와 연속성: 스테레오타입적 경향을 중심으로」, 『한국과 국제정치』 30권 2호, 2014.

12   박원용, 「냉전기 올림픽에서의 미국과 소련의 이미지 전쟁」, 『중소연구』 40권 2호, 2016, 306쪽.

로 선택한 미국이 자본주의 세계 질서 속에서 헤게모니를 수립하기 위한 명분과 이미지 구축과정으로 설명된다.[13] 특히 상호소통이 불충분하고 적대적이거나 비우호적인 국가들 간의 정치적 갈등은 냉정하게 계산된 합리적 선택 못지않게 누적된 이미지나 집합적 정서가 반영될 가능성이 높다.

특정 대상에 대한 주관적 지식과 이미지는 고정된 것은 아니지만 그렇다고 쉽게 바뀌는 것도 아니다. 편견, 집합감정, 역사적 유산, 스테레오타입 같은 말은 모두가 집합적 이미지나 공유지식이 합리적으로만 구성되는 것이 아니라는 점과 함께 손쉽게 변경되기도 어려운 어떤 지속성을 갖고 있음을 드러낸다. 문화나 집합의식 등에 주목하는 문화연구자들 역시 합리적 주체들의 상호작용으로 설명 불가능한 집합적 에토스나 문화적 표상, 의미체계나 아비투스(habitus)가 중요한 영향력을 지님을 강조하고 있다. 남북한의 분단이 산출한 독특한 국가주의, 민족주의, 집단주의 정서 속에 현존질서를 재생산하는 '분단의 아비투스'가 내장되어 있음을 지적하고 이를 넘어서기 위한 문화적 실천을 모색하려는 시도도 집단적 이미지, 문화적 전통, 관행화한 행동양식의 지속성과 영향력에 주목하기 때문이다.[14]

전략적 고려와 이미지는 현실 속에서 밀접하게 상호작용한다. 호불호의 감정과 이해관계의 판단은 생각처럼 명확하게 분리되기 어려운데 특히 상호 갈등하거나 신뢰가 약한 상대와의 관계에서 그러하다.

13　　김정배, 「냉전 '이미지'의 허구와 실제: 트루만 독트린의 재조명」, 『대구사학』 63권, 2001, 40~42쪽.

14　　박영균, 「분단의 아비투스에 관한 철학적 성찰」, 『시대와 철학』 21권 3호, 2010, 395~402쪽.

개인의 자유로운 판단과 선택을 중시하는 현대 자유주의 국가에서는 전문가의 전략적 평가와 시민사회의 대중적 선택이 불일치하는 경우를 종종 본다. 최근 우리가 목도한 영국의 브렉시트, 미국의 트럼프 대통령 당선 등은 전문가의 합리적 계산과 대중의 마음의 행로 사이에 상당한 불일치가 존재함을 보여준 사례다. 한국에서도 북한 문제, 대미관계, 대일관계 등은 합리적인 판단, 전략적 고려에 정서적 요소, 감정적 변수가 함께 작용하는 대표적 사례다. 대선 시기마다 북한 문제가 핵심적 논란이 되는 반복되는 경향은 시민사회의 정서 및 이미지 정치가 갖는 힘을 보여준다. 따라서 다원주의, 자유주의 사회일수록 전문가 집단의 관점과 대중의 이미지, 정부 당국자의 판단과 시민사회의 시각을 포괄적으로 이해하고 고려하는 것이 필수적이다.

전체주의 국가의 경우는 집단적 정서의 성격이 자유주의 사회와 크게 다르다. 개인이나 집단의 이질적 관점을 용인하는 다원주의의 폭이 매우 좁고 문화와 이념의 영역에까지 정부의 강력한 통제, 일원적 간섭이 일상화되어 있다. 일당독재체제나 왕정체제 하에서는 민간부문의 자율성이 취약하고 다양한 전문가의 여론형성 기능이 제한적이어서 정부당국의 판단이 압도적으로 강력한 힘을 행사한다. 그 결과 상대적으로 장기적 전략유지가 가능한 장점이 있는 반면, 유연성과 대의성이 무시되는 한계도 뚜렷하다. 북한은 이 면에서 매우 극단적인 체제의 대표적 사례로서 민간영역, 대중적 정서가 정부의 방침, 노동당의 입장, 김정은의 시각과 한치의 어긋남이 없음을 자랑으로 여긴다. 중국의 경우 정치적으로는 공산당 일당지배체제로서 다원주의가 허용되지 않지만 경제와 문화의 영역에서는 비교적 다양한 민간부문이 활성화되고 있는 혼합형으로 간주된다. 실제로 비정치적 영역에서 시민사회라 이름할만한 공간이 넓혀지고 있는 현상도 확인된다.[15] 하지만 최근 사드와 관련한 중국의 반응에서 확인하듯 중국은 여전히 베이징 정부의 판단과 정책이 강력하게 민간영역을 통제하는 체제이다. 특히 북한 문제나 미중관계와 같은 국제정치적 대응은 중앙정부의 판단에 크게 의존하고 있다. 지식인들의 발언이나 관련 기관의 연구, 공공 매체의 논평 등도 부분적인 다양성을 보임에도 불구하고 국가 이익을 기준으로 하는 전략적 판단으로부터 크게 벗어나지 않는다.

대중적 감정이나 이미지가 문화적인 힘을 행사하게 되는 과정을 이해하려면 그것이 사회적 지식이나 정치적 담론으로 구성되는 메커니즘, 재생산되는 장(fields)에 대한 연구를 필수적으로 요청한다.[16] 이 책은 이런 문제의식에서 세 개의 장을 주목했다. 첫째, 무엇보다 이 책은 공식적 언론이나 정부의 입장에 드러나지 않는 평범한 사람들의 일상 공간 속에서 한반도의 주요 이슈들이 어떻게 논의되고 소비되며 재구성되고 있는지에 주목했다. 중국은 이미 전세계적으로 인터넷 대국이다. 다양한 SNS를 통해 유통되는 정보의 양은 엄청나며, 이곳에서 상대적으로 자율적인 의사소통 공간이 출현하고 있다. 중국 정부의 강경하고 단일한 목소리와 달리, 일상 공간에서는 북한 문제를 보는 중국인들의 상이한 의견들이 표출되고 상호 경쟁하는데, 이 과정에서 직간접적으로 공식적인 대북 정책에 대한 비판적인 시선이 확인되곤 한다. 홍콩에 본부를 둔 피닉스TV의 시사토론 프로그램 분석을 통해 국

---

15   이 점과 관련해서는 이남주,『중국 시민사회의 형성과 특징-NGO의 발전을 중심으로』, 폴리테이아, 2007 참조.

16   David Swartz의 *Culture and Power: The Sociology of Pierre Bourdieu*, London: University of Chicago Press, 1997 참조.

가 정책의 가이드라인을 흩뜨리는 비균질적 목소리에 주목한 백지운의 글과 톈야, 몹, 우여우즈샹 등 인터넷 토론장에서 서로 경쟁하는 북한 인식을 분석한 이정훈의 글은, 중국인들의 일상 공간에 존재하는 북한에 대한 인식의 불일치, 이미지의 다양성과 그것이 산생하는 잠재적 긴장을 잘 보여준다. 또한, 서로 다른 이유로 북한을 직접 방문하고 여행한 사람들의 온·오프라인 여행기를 다룬 주윤정의 글은, '관광'이란 타자에 자기를 투영하는 거울이라는 흥미로운 전제 아래 북한을 관광하는 중국인의 심리상태를 분석한다. 여행기라는 체험담을 통해 생산되는 주관적 의견, 정보의 상호 교류와 교정 과정에서 북한의 이미지가 소비되고 구성되는 과정을 재미있게 보여주는 글이다.

이어지는 글들에서는 중국에 역사적으로 형성되어 공식화된 북한 이미지에 발생하는 변화에 주목했다. 북중관계를 '혈맹'의 관점에서 보는 문화적 코드는 중등학교의 역사교육, 박물관과 역사관의 전시 공간, 현대사 서술 등 공식적 해석을 통해 북한에 대한 전형적 이미지를 재생산해 왔다. 20세기 중반 동아시아에서 진행된 정치적 변동 속에서 북중관계의 전형적 성격을 상징하는 논리는 '항미원조'라는 한국전쟁관과 이데올로기적 냉전관이라 할 수 있다. 한국전쟁을 항미원조라고 이해하는 시각은 곧 미국에 대한 북한의 반제항전을 정당하게 평가하고 이를 중국이 피로써 원조했다는 관점을 바탕으로 한다. 따라서 항미원조관은 인식하지 못하는 가운데 대중의 북한 이미지를 규정하고 재생산하는 데 기여한다. 공공의 문화기관, 특히 박물관과 역사관 등에서 이 역사가 어떻게 해석되고 있는지는 북한에 대한 전형적 시각이 얼마나 변화할 수 있을지를 가늠하는 시금석이 될 수 있다. 북한의 '꽃 파는 처녀'가 중국에서 정기적으로 공연되고 소비된 것은 북한에 대한 전형적 이미지가 이데올로기적으로 재생산되고 유통되는 과정이었다고 볼 수 있다. 김란은 신중국 건국 이래 시진핑 시대까지 영화와 드라마가 '항미원조'를 재현하는 방식의 변화를 분석했다. 냉전, 중미수교, 개혁개방, 중국굴기라는 굵직한 정치적 변화 속에서 '항미원조'라는 민감한 기억이 조정되는 과정에서 북한에 대한 기억의 조정 역시 불가피할 것이다. 한편, 북한영화에 대한 중국의 관심이 점차 퇴색해가는 아쉬운 현실을 다룬 김성은의 글을 통해 우리는 과거 북중 영화교류의 생생한 자취를 엿볼 수 있다.

전적으로 일상적 영역이라 하기는 어렵지만, 언론과 학술계에서 생산되는 북한 담론 또한 중국 대중들의 북한 이미지를 형성하는 데 중요한 역할을 한다. 중국에서 언론은 전략적이며 기획적인 요소가 강하게 나타날 수 있는 곳이고 국가적 영향력이 뚜렷하게 반영되는 곳이다. 그러나 『환추스바오』라는 독특한 신문이 보여주듯, 대중들의 욕망이 섞여든 시장성이 국가의 가이드라인과 공모/경쟁하는 이중성이 존재하기도 한다. 이성현의 글은 이 동적인 매체 공간에서 북한의 이미지와 한반도를 보는 눈이 규정되고 재구성되는 과정을 잘 보여준다. 또한 중국의 여러 학술지, 지적 담론장에서 북한 문제가 논의되는 방식을 검토한 박선영의 글은 북한 문제가 미중관계의 틀 속에서 중국의 국가 이익에 비추어 평가되고 있는 점을 체계적으로 확인하고 있다. 이 두 글은 중국에서 오늘날 다양한 목소리가 들려오는 듯 하지만 공식적으로는 북한에 대한 전략적 입장, 국가 이익에 기초하여 조율된 관점이 강력하게 작용하고 있음을 잘 보여준다.

4. 재구성되는 인식: 지속과 변화

전체적으로 볼 때 중국의 북한 인식은 공식 영역에서 뚜렷한 지속성을 보이면서도 비공식 공간에서는 달라진 동북아 상황 및 북한 정세에 따라 변하고 있다. 국가 이익을 최우선의 판단 근거로 삼는 중국 정부가 북한의 비핵화를 위한 국제 제재에 동참하면서도 북한 체제의 불안정을 초래할 수준에까지는 결코 이르지 않도록 관리하고 조율하려는 정책적 기조가 뚜렷하게 확인된다. 북한 문제를 남북한 관계로 이해하는 한국의 시각과 미중 간 권력 정치, 동북아 지역의 세력 구도 차원을 배경으로 북중관계의 현실을 평가하는 중국의 시선 사이에는 무시할 수 없는 간극이 존재한다. 한중수교 25주년이 지난 오늘에도 중국의 북한 인식이나 대북한 정책의 기조는 큰 변화없이 지속되고 있다.

실제로 2015년 톈안먼 망루에서 상호신뢰의 최대치를 상징적으로 보여주었던 한중관계가 급격하게 변화하고 있는 오늘의 현실은 한반도 문제를 대하는 중국의 대응방식이 얼마나 냉정한 전략적 계산에 기초하고 있는지를 잘 보여준다. 가히 일사분란하다고 말해도 좋을 정도로 중국 민간부문의 반응이 달라지고 있는 것은 중국의 국가중심적 전략, 당주도의 지식통제, 독특한 선전선동적 논리에 기초한 언론매체의 역할이 아직은 취약한 시민사회를 압도하는 상황의 반영이라 할 수 있다. 북한이 6차 핵실험을 감행하고 대륙간탄도탄 시험을 통해 전세계에 대한 위협의 강도를 높여가는 상황에서도 중국의 한반도 문제에 관한 3대원칙, 즉 한반도의 비핵화, 평화와 안정 중시, 대화로 문제해결이라는 기존의 원칙은 변함없이 유지되고 있다.

이 점과 관련하여 최근 중국에서 확인되는 유의미한 두 가지 변화를 주목하는 것이 중요하다. 첫째는 중국의 국력신장에 따른 내셔널리즘의 부상이다. 시진핑이 강조하는 '차이나드림(中國夢)'은 명시적으로 중국의 국가이익을 최우선으로 강조하는 정책적 원칙이 되고 있다. 미국이 주도해온 세계질서의 틀에 수동적으로 따르기보다 중국의 원칙과 방향으로 적극적인 힘을 행사하려는 중국의 의지는 경제, 금융, 무역의 차원을 넘어 문화와 정치, 군사의 영역에까지 심대한 변화를 가져오고 있다. 최근 '일대일로(一帶一路)'라는 큰 정책목표를 내걸고 중앙정부의 통제력을 강화시키며 국제사회에의 발언권을 높이려는 중국의 일관된 움직임은 강력한 중국을 구현하겠다는 일관된 노선의 반영인 셈이다. 국제사회와 공유하는 가치를 명분으로 하면서 중국의 국가이익을 극대화하려는 노력은 중국의 강화되는 내셔널리즘이 반영된 결과라 할 수 있다.

또 하나 무시할 수 없는 변화는 지속적으로 성장하고 있는 중국의 시민사회, 민간영역의 부상이다. 중국의 급속한 경제성장, 세계화, 그에 따른 사회적 분화와 문화적 자율성은 이전의 국가주도적 대응전략과 질적으로 다른 차원의 변화를 불가피하게 추동하게 된다. 나날이 변하는 정보기술, 중간층의 급증, 소비문화의 확대, 사회문제의 확산, 이념보다는 자율을 중시하는 세대의 출현 등으로 중국사회 역시 전례 없는 변화를 겪고 있다.[17] 중국사회의 이런 역동적 변화는 북한에 대한 대중의 인식과 정서에도 적지 않은 변화를 초래하고 있다. 인터넷 공간은 아직 시민사회로서의 충분한 자율성을 향유하지 못하지만 정

17　이에 대해서는 다음의 저서를 참조. 이민자, 「밑으로부터의 저항과 중국 특색의 시민사회」, 『중소연구』 32권 4호, 2009; 이장원, 「중국대외정책 전개의 새로운 조력자: 시민사회단체」, 『한중사회과학연구』 34권, 2015; 이남주, 『중국 시민사회의 형성과 특징-NGO의 발전을 중심으로』, 폴리테이아, 2007.

부의 단일한 정책 담론과는 분명 구별되는 새로운 정서, 태도, 시각을 표출하는 장이 되고 있다. 인터넷에 대한 중국 당국의 통제 노력이 성공하는 기간 동안은 정보화와 개방화가 일당독재 국가체제의 전략적 범위 안에서 진행될 것이다. 하지만 일정한 임계치를 넘어설 때 중국 역시 새로운 관점, 새로운 대응, 새로운 저항에 부딪칠 개연성이 있다. 현재 한반도에 대한 평가와 인식의 바탕에는 기존 행태의 지속성 못지 않게 새로운 방향으로의 변화를 추동할 흐름도 존재한다. 그런 의미에서 중국의 북한 인식은 지속과 변화, 전통과 혁신의 동학을 내장한 채 재구성되고 있다고 볼 수 있다. 이 과정을 총체적으로 관리하고 조율하는 국가적 힘을 주목해야 마땅하지만 다양한 주체들이 여러 소통 공간을 통해 새로운 시각을 드러내고 있는 역동성에도 주목해야 할 것이다. 이 책이 지속성과 역동성이라는 복안(複眼)의 중국 인식을 위한 기초 작업의 일환이 되기를 기대한다.

01

비균질적 목소리: TV시사토론 속의 한반도

백지운(서울대학교 통일평화원구원)

1. 수교 25년의 명과 암

올해로 한중 수교 25주년이다. 1992년 수교 이후 양국의 경제 교류
는 질적 양적으로 놀랄 만한 진전을 이루었다. 2015년을 기점으로 한
국의 대중국 투자액은 일본을 추월했고 한국의 대중국 무역의존도는
23.6%로 세계에서 가장 높다. 중국의 한국 무역의존도 역시 7.1%로
자국에서 세번째이니, 중국의 거대한 경제규모를 생각할 때 무시할 수
없는 수치다. 양국 간의 인적 교류 역시 크게 증가했다. 2016년 중국

은 처음으로 미국을 제치고 한국 학생들이 가장 많이 공부하러 가는 나라가 되었으며[1] 한국 대학에서 공부하는 중국 학생은 국내 외국 유학생 수의 절반을 넘는다.[2] 이는 향후 고급 노동시장에서 양국의 긴밀도가 점점 높아질 것임을 말해준다. 그러나 이 같은 기록과 수치들에도 불구하고 한중관계가 마냥 낙관적인 것만은 아니다. 관계가 한창 좋았던 중에 제기되었던 '아시아 패러독스'나 '정냉경열(政冷經熱)' 같은 표현들은 한중관계의 호황 속에 잠복한 긴장을 암시해왔다. 사드를 놓고 급속히 냉각된 최근의 기류는 양국 간의 불안한 동반자 관계의 현실을 잘 보여준다.

브렉시트와 트럼프의 당선이라는 심상찮은 조짐 속에 세계는 거대한 지각변동을 예고하고 있다. 특히 미중 정상회담 직후 한반도에 고조된 심상치 않은 긴장 형세는 동북아의 지정학적 역관계가 한층 복잡한 국면으로 돌입하고 있음을 말해준다. 트럼프 정권은 기존의 한미일 동맹체제를 강화화고 거기에 북한을 지렛대로 활용하면서 동아시아에서 중국을 포위하는 작전을 쓰려는 듯하다. 여기에 중국은 '일대일로'라는 거대한 벨트로 아시아-태평양 지역을 재포위함으로써 역공을 준비하고 있다. 향후의 동북아, 특히 북핵문제를 포함한 한반도 문제는 이처럼 역동적으로 재편되는 지정학적 판을 읽는 '큰 그림' 속에서 풀어가야 할 것이다.

그렇다면 중국에 한반도는 어떤 존재일까. 열네 개 국가와 국경을

---

[1]　중국에 유학 중인 한국인은 전체 유학생(223,908명)의 29.8%인 66,672명으로 집계됐다. 미국에 유학 중인 학생은 63,710명(28.5%)이었다. 출처: http://news.chosun.com/site/data/html_dir/2016/11/14/2016111400253.html

[2]　2016년 중국 유학생의 수는 70,508명(57.8%)이다. http://www.mediapen.com/news/view/200670

접하는 거대한 나라지만, 중국에서 한반도의 지정학적 중요성은 결코 작지 않다. 북중관계부터 보면, 북한은 중국의 유일한 동맹국이자 전략적으로도 결코 포기할 수 없는 카드다. 냉전시기 중국은 서방은 물론 수많은 위성국을 거느린 소련과도 적대관계에 들어섬으로써 고난의 시기를 보냈다. 위로는 소련, 서남쪽으로 인도, 동남쪽으로 베트남, 남쪽에는 미국의 막강한 지원을 업은 대만과 대치하는 고립무원의 상황에서 북한은 중국의 유일한 우방이었다. 물론 냉전 중에도 양국 간에 갈등이 적지 않았고 탈냉전 이후 거리는 더 벌어졌지만, 이른바 중국의 '항미원조' 세대에게 북한은 형제국이라는 정서가 지금껏 끈끈하다. 북한의 핵실험이 가속화되고 그에 따른 국제사회의 비난이 중국에 집중되면서, 최근 중국의 여론 공간에서는 북중 간의 전통적인 우호관계를 끊어야 한다는 강경론이 거세지고 있다. 이처럼 현실주의와 정서적 애증이 교차하는 가운데 북한은 골치 아픈 아킬레스건으로서 중국을 괴롭히고 있다.

한국과는 어떤가. 25년이라는 짧은 시간 동안 이뤄낸 한중관계의 성과는 탈냉전이나 전통적 유교문화만으로 설명되지 않는, 유례없는 것이다. 한국 현대사의 큰 상처였던 한국전쟁에서 중국은 적국이었고 반공이 국시였던 냉전시기엔 죽의 장막으로 차단된 암흑의 세계였다. 수교 후 교류가 활발해지는 가운데, 한국 대중들에게 반중·멸중(蔑中)의 정서는 여전히 지속했지만 양국의 생활세계는 점점 더 긴밀해졌다. 분명 중국에게 한국은 어딘가 특별하다. 과연 '한류' 이전에 중국이 타국 문화에 이토록 장기간 전국민적으로 열광한 사례가 있었을까. 생각해 보면 한국 문화가 '한류'로 비상하는 데 중국은 결정적인 역할을 했다. 한국의 세련된 문화콘텐츠는 탈냉전과 함께 부상한 중국의 거대한 시장에 안착하면서 한류로 거듭날 수 있었다. 개혁개방 후 중산층의 삶을 선망하는 중국의 광대한 소비층이 부상하지 않았다면 한류가 지금 같은 생명력과 확장력을 유지하기 어려웠을 것이다. 최근 사드가 야기한 갈등으로 한류가 식을 것이라는 우려가 크지만, 국가 정책에 얽매이지 않는 젊은 층엔 영향이 크지 않을 것이라도 견해도 있으니,[3] 지켜볼 일이다.

요컨대 중국에 한국은 북한과는 또 다른 면에서 양가적이다. 중국이 볼 때 동북아는 전통적인 미국의 권역이다. 한국보다 훨씬 먼저 수교했음에도(1972년) 중국과 일본의 국민감정은 좀처럼 호전되지 않았으며, 지난 십여 년 중국이 물심 양면으로 쏟아 부은 공세에도 불구하고 대만의 반중정서는 나날이 거세지고 있다. 그에 비하면 한국은 친미국가이면서도 반미정서가 강하고, 아시아 타 지역에 비하면 반중정서가 상대적으로 약한 편이다. 20년간 지속된 중국의 한류 열풍은 한국에 대한 중국 대중들의 호감 없이는 불가능할 텐데, 그 호감의 근저에는 한국이 상대적으로 덜 반중적이라는 요인도 작용했던 것이다. 이처럼 다가올 듯, 쉽게 자기편이 되지 않는 한국에 대해, 중국으로서도 더 많은 공부와 이해가 요구되고 있다.

거대한 정치경제적 지각변동과 함께 찾아온 2017년은 한중 양국에 수교 이래 최대의 위기이자 도전이 되었다. 이번의 위기를 한중관계의 현주소를 진지하게 점검하고, 나아가 동아시아 탈냉전의 근원적 장애물로 작용해온 북한 문제를 동아시아 평화체제 구축이라는 더 큰 목표 속에서 함께 푸는 계기로 삼아야 한다. 이를 위해서는 우선 한중 간

---

3   필자의 대학원 수업에서 중국인 학생은 주변의 많은 중국인 한류 팬들이 자신이 좋아하는 한류스타의 중국 공연이 금지될 경우 기꺼이 타국행 비행기표를 사서 공연과 팬 미팅에 참가할 것이라 확신했다.

의 물리적 거리와 인식적 거리 사이의 기이한 불균형을 극복하는 것이 시급하다.

중국에 대한 시각을 형성하는 데 대중매체는 결정적인 역할을 한다. 한국의 매체들은 중국 관련 정보를 대체로 『런민르바오(人民日報)』, 『환추스바오(環球時報)』 같은 관영매체를 통해 전달한다. 그 중에서도 국제문제 전문지인 『환추스바오』가 자주 인용되는데, 사실 『환추스바오』는 상업성이 강한 신문으로서 그것을 중국 정부의 입장을 직접 대변하는 것으로 보기는 어렵다.[4] 중국에 언론 통제가 있는 것은 사실이지만, 빠르게 잠식하는 시장주의는 역설적으로 중국 언론에 독자적 자율성의 공간을 열고 있다. 그래서 『환추스바오』처럼 선정적인 민족주의적 언설로 시장성에 영합하는 신문이 있는가 하면, 지속적으로 사회 문제를 고발함으로서 한때 판매부수 백만을 기록한 『난팡저우모(南方週末)』 같은 매체도 존재할 수 있는 것이다.[5] 7억 명의 유저들이 활보하는 광활한 온라인 공간을 정부가 완전히 통제하기란 불가능하다. 블로그·SNS 등에 기반한 무수한 온라인 토론장은 하나가 검열로 폐쇄되면 다른 곳에서 금세 우후죽순으로 생겨난다. '정치'와 '성'이라는 종이문학의 금기를 깨고 문자대국에 자유의 깃발을 꽂은 '인터넷문학'의 등장이 그러하듯,[6] 빠르게 번식하는 블로그와 SNS는 말하고자, 쓰고자 하는 중국 대중들의 폭포와 같은 욕구를 여실히 드러내 보여준다.

---

4 유상철, 「중국 환추스바오의 정치학」, 『관훈저널』 118호, 2011, 179~185쪽: 아울러 이 책에 실린 이성현의 글 참조.

5 최은진, 「개혁개방 이래 중국매체의 네트워크와 공공영역 형성」, 『중국과중국학』 19집, 2013, 113~114쪽.

6 왕샤오밍/백지운 옮김, 「육분천하(六分天下): 오늘의 중국문학」, 『창작과비평』 40(2), 2012, 329~331쪽.

그 점에서 주류 언설로 환원되지 않는 대중들의 다양한 이질적인 목소리에 귀 기울이는 것은, 중국을 이해하는 데 정부 입장을 분석하는 것 못지않게 중요하다. 국가 권력이 제아무리 철옹성이라도 필경 중국은 인구 대국이다. 게다가 미국의 보호주의에 맞서 글로벌 시장자본주의의 주도권이 중국으로 옮겨올 가능성이 커지는 지금, 중국사회는 더 개방될 것이고 그만큼 대중들의 언론 공간 역시 증대할 것이다. 이런 문제의식 아래, 본고에서는 중국의 대표적 민영방송 매체인 피닉스위성TV(鳳凰電視; Phoenix Television)의 시사토론 프로그램 '시사변론회(時事辯論會, Current Affairs Debate)'를 통해, 중국의 대중여론 공간에서 한국과 북한의 제 이슈들이 어떻게 쟁점을 형성해 왔는지를 살펴보고자 한다. '시사변론회'는 최장기간 대중적인 사랑을 받아온 중국 최초의 시사토론 프로그램이다. 한국의 숱한 정론 프로그램 중 중국에 관한 토론이 좀처럼 빈약한 상황에 비하면, '시사변론회'가 한반도 남북에서 벌어지는 크고 작은 이슈들을 시의성 있게 지속적으로 다뤄온 상황은 우리에게 적지 않은 시사점을 제공해 준다.

2. 신개념 정치토론장의 등장

피닉스TV는 홍콩에 근거지를 두고 대륙과 홍콩 그리고 해외 화인(華人)들을 대상으로 1996년 출범한 방송 채널이다. 현재 전세계 150개국에 방송되고 있으며 3억 6천만의 청취 인구를 거느리고 있다. 그중 중국 대륙의 청취 인구는 약 1.5억 명, 4천 2백만 가구를 넘는다. 피닉스TV가 보유한 여섯 개의 채널[7] 중 2001년에 개설된 피닉스인포뉴스채

7　Phoenix Chinese Channel, Phoenix InfoNews Channel, Phoenix Movies

널은 중국 대륙과 대만, 홍콩을 포함하는 최초의 대중화권 뉴스종합 채널이다. 2003년 중국국가전파전영전시총국(中國國家廣播電影電視總局, SARFT)으로부터 '낙지권(landing rights)'을 부여받음으로써 피닉스TV는 중국에서 허가받은 몇 안 되는 민영방송국이 되었다.

2003년 3월 3일에 출범한 '시사변론회'는 피닉스인포뉴스채널의 대표 프로그램이다. 대륙, 홍콩, 해외 각지의 논객들이 흥미진진한 설전을 벌이는 '시사변론회'는 기존의 계몽적이고 딱딱한 정론 프로그램과 질적으로 차별화되는 신개념의 토론장을 열었다. 매주 월요일에서 금요일까지 오후 12시 반에서 1시 사이 약 25분 방영되는 이 프로그램은 매회 사회자가 하나의 의제를 제출하고 찬성 패널과 반대 패널 각 2인이 논쟁을 벌인다. 이 방송이 큰 반향을 일으키면서 타 방송사의 유사 프로그램들이 속출했지만, 10여 년이 지난 지금 '시사변론회'는 타의 추종을 불허하는 대표적 시사토론 프로그램으로 자리를 지키고 있다.[8]

'시사변론회'가 호평 속에 장수해온 원인은 다음 몇 가지로 정리된다. 첫째는 토론의 개방성이다. 이제까지 중국의 시사정론 프로그램은 대부분 정부의 입장을 일방적으로 전달하는 주입식이었다. 이에 반해 '시사변론회'는 시종일관 결론을 내지 않고 방송 끝까지 논쟁을 이어간다. 토론은 전후반으로 나뉘며, 광고 후 시청자 의견을 일부 공개하고 투표 중간집계를 발표한다. 전반기의 토론이 다소 절제된 형식이

<hr>

Channel, Phoenix North America Chinese Channel, Phoenix Chinese News and Entertainment Channel, Phoenix Hong Kong Channel

8   李娜, 「論辯型電視時政新聞節目的未來走向―以鳳凰衛視〈時事辯論會〉爲例」, 『聲屛世界』 2015年 第5期, 39쪽.

라면 후반기에는 사회자까지 가세하며 난상토론을 벌인다. 이처럼 방향을 설정하지 않고 무질서하게 설전을 벌임으로써 기성의 사고를 헝클어뜨리는 것이 이 프로그램의 매력이다. 둘째, 시청자들의 대폭적인 참여 공간이다. 방송 중 시청자들은 온라인 게시판과 핸드폰 문자메시지, 그리고 모바일 앱을 통해 활발하게 의견을 개진한다. 특히 토론 중간 사회자가 시청자들이 참여한 찬반투표 중간 집계를 공개하는 대목은 이 프로그램의 백미이다. 대학교수를 비롯하여 각 분야 전문가로 구성된 정객들이 시청자 투표로 평가 받는 설정은 일반적인 중국 정론 프로그램이 지니는 권위성을 타파하는 효과를 내기도 한다. 세번째 원인은 의제 선정에서 정곡을 찌르는 시의성이다. 매회의 의제는 시의적 중요성과 대중의 관심 등을 고려하여 방송 전날 밤이나 당일 아침에 결정된다. 심지어 2003년 대만 대선 당시 민진당 대선후보 천수이벤(陳水扁)이 총탄을 맞았을 때는 방송 직전에 의제가 바뀌기도 했다. 이처럼 그날그날의 뜨거운 이슈를 정리된 입론이 형성되기 전에 바로 토론장에 올림으로서 확보되는 생동감은 '시사변론회'가 장기간 대중의

그림 1 '시사변론회' 표제사진 (http://phtv.ifeng.com/english.shtml)

사랑을 받아온 중요한 비결이다.[9]

　'시사변론회'에서 다뤄진 일련의 의제들은 지난 십여 년 중국 대중들의 관심사가 어떤 방향으로 흘러왔는지를 보여준다. 대체로 미중관계, 양안관계, 홍콩 문제, 남중국해 문제, 중일관계, 한반도 문제 등이 큰 비중을 차지한다. 간혹 덜 민감한 범위에서 국내 이슈가 다뤄지기도 하지만,[10] 대부분은 양안/홍콩 문제를 포함하여 대외 정세에 관한 의제가 다수를 점한다. 이 글에서는 2014년 1월부터 2016년 12월까지 3년간 '시사변론회'의 남북한 관련 방송분을 대상으로, 중국 대중여론 공간에서 한반도 이슈가 어떤 식으로 쟁점화되었는지를 분석한다. 이 기간 중 한반도 관련 의제는 총 77회였다. 주 5일 방영을 염두에 두면 3년 간 전체 방영 횟수는 780회 정도이니, 10퍼센트에 가까운 분량이 한반도에 할애된 셈이다. 주제별로 분류하면, 77회 중 북한 관련 의제가 40회로 가장 높았다. 북핵문제와 대북제재, 북미관계에 관심이 컸다. 한국에 대한 관심도 상당했다(31회). 수적으로는 북한보다 적지만 시청자들의 투표 참여도는 한국 관련 의제 쪽이 더 많았다. 한국·미국·중국 관계가 집중적으로 다뤄졌고 2016년엔 압도적으로 사드에 집중되었다.

9　　余建蘭, 「電視評論節目的涅槃─鳳凰衛視〈時事辯論會〉節目解讀」, 『東南傳播』 2007年 第11期, 105~107쪽 참고.

10　　'중국은 전 국민 최저생계보험을 실행할 조건이 되는가'(2006.6.29), '50만 위안 뇌물 사형죄, 부패 잠재울 수 있나'(2012.3.15), '중국에 포퓰리즘 대두하나'(2012.3.18) 등이 눈에 띈다.

표 1 2014~2016 '시사변론회'에서 다뤄진 북핵 관련 의제와 시청자 투표 중간 집계 상황

날짜	의제	찬성	반대	투표자수
20160909	북한 5차 핵실험, 중국의 이익 심각하게 훼손하나?	61.94	38.06	24,012
20160323	북한 5차 핵실험 시도하면 한반도 국면 통제불능될까	53.82	46.18	5,561
20160224	'이란 핵포기 모델', 북한에 적용 가능한가	74.2	25.8	6.740
20160217	북한은 또다시 '위성'을 발사할까	20.97	79.03	7,955
20160111	북한은 결국 '영구핵대국'이 될 것인가	52.33	47.67	6,369
20160107	북한의 수소탄 실험 성공, 중국을 심각하게 위협하나	78	22	48,366
20151214	북한, 핵실험 다시 할까	91.12	8.88	1,509
20150916	북한 핵시설 재개, 국제사회는 이미 속수무책인가	49.2	50.8	16,960
20150812	중국은 핵우산을 제공하여 북핵 포기 끌어내야 하나	48.8	51.2	15,532
20150226	북한 핵무기 5년 내 미국 본토 타격 가능한가	3.1	96.9	1,237
20141017	북핵문제 저지, 중국에 주요한 책임이 있는가	55.9	44.1	1,493
20140404	중국, 북핵 포기 촉진시켜 주한미군 감축 이끌어야 하나	42.8	57,22	2,727
20140109	한미협상으로 북한 변화 이끌어내는데 중국이 참여해야 하나	74.9	25.1	3,591

3. 애증의 중조관계

1) 북핵을 감지하는 온도차

지난 3년간 북한 관련 의제 중 가장 중요하게 다뤄진 것은 4, 5차 핵실

험을 포함한 북핵문제였다. '시사변론회'에서도 북핵문제는 13회에 걸쳐 다뤄졌다. 그런데 정작 시청자들의 반응은 우리가 생각하는 것만큼 북핵문제를 심각하게 받아들이고 있지는 않았다. 총 77회의 한반도 관련 의제에서 찬반투표 참여자의 수가 평균 22,869명인데,[11] 북핵 관련 의제에서 투표자 수가 1만 명이 넘은 경우는 네 차례에 불과했다. 4차 핵실험 직후 참여도가 일시 급증했고 이후 소폭 증가했으나 지속적으로 확대되지는 않았다. 같은 시기 한국 국내의 긴장된 분위기를 생각한다면, 중국 대중들이 북핵문제에 대해 느끼는 위협이나 불안에는 확실히 온도차가 느껴진다.

우선, 4차 핵실험 이전, 상대적으로 투표 참여자 수가 많았던 의제들을 살펴보자. 2015년 8월 12일 '중국은 핵우산을 제공하여 북핵 포기 끌어내야 하나'와 9월 16일 '북한 핵시설 재개, 국제사회는 이미 속수무책인가'라는 두 의제가 1만 명 이상의 투표율을 보였다. 이는 2015년 7월 14일 이란 핵협상이 타결되면서 북핵문제가 새로이 주목 받는 가운데 노동당 창건 70주년(10월 10일)을 앞두고 북한이 핵실험 재개의 기미를 보였던 당시 분위기와 무관치 않다.

우선, 8월 12일 토론부터 보자. 흥미롭게도 이날의 의제는, "중국이 북한에 핵우산을 제공하여 북한의 핵개발 포기를 이끌어내야 한다"는 한국 새누리당의 황진하 의원의 주장에서 비롯되었다. 이에 대해, 찬성 패널들은 미국, 영국, 프랑스, 중국으로부터 안전보장을 받는 우크라이나의 상황을 들면서 북한에 중국이 핵우산을 제공해야 하는 필요성과 타당성을 역설했다. 역사적으로 사회주의 정권들이 무너진 데는

---

11 여기서 말하는 투표자 수는 방송 시작 약 15분 후 사회자가 공개하는 중간 집계임을 밝혀둔다.

군사보다 경제적 요인이 큰 만큼, 북한에 군사적 안전을 보장해 줌으로써 경제발전에 전념할 수 있게 도와야 한다는 주장도 나왔다. 반면, 반대 패널에서는 1961년 중국과 북한이 상호 조인한 '우호합작호조조약(友好合作互助條約)'에 사실상 핵우산의 내용이 포함되어 있으므로 굳이 성문화할 필요가 없다고 주장했다. 사실 이런 반론은 북한에 핵우산 제공을 공식화함으로써 중국이 지게 될 부담을 의식하고 있는 것으로 보인다. 핵우산을 제공한다는 것은 북중 간의 동맹 관계를 국제사회에 재차 확인하는 셈이 되는데, 지금 같은 핵 정국에서 중국이 지기엔 너무 큰 부담인 것이다. 이런 심리는 미국이 북한을 공격하더라도 그것은 김정은 왕조에 대한 공격이니 중국이 북한을 보호할 명분이 부족하다는 발언에서도 엿보인다. 북중관계가 냉각기에 접어든 지금 북한도 중국의 보호를 원하지 않는다는 견해도 있었다. 시청자들의 찬반 의견은 49대 51로 팽팽했다.

'북한 핵시설 재개, 국제사회는 이미 속수무책인가'라는 9월 16일자 방송에서도 유사한 맥락의 토론이 전개되었다. 토론은 '맨발 벗은 놈, 신발 신은 놈 안 무섭다'며 북한의 행태를 개탄하는 사회자의 여는 말로 시작되었다. 찬성 패널은 남-북, 중-미, 러-일 등 동아시아의 복잡한 정치게임 구조가 북한이라는 '나쁜 아이'에게 장난칠 공간을 제공하고 있다며, 각자가 자국의 이익을 우선시하는 현실정치에서 북한을 통제할 방법은 없다고 단언했다. 그런가 하면 반대 패널에서는 빌 클린턴 때처럼 북한과 소통할 의지만 있다면 불가능한 것은 아니라는 반박이 나왔다. 북한이 핵실험을 하는 궁극적 목표는 미국과의 직접 담판을 통해 정상국가의 지위를 얻는 것이며, 그 점에서 북한 역시 핵을 포기할 수도, 안 할 수도 없는 진퇴양난에 빠져 있다면서, 북미간의 중재자로서 중국의 역할을 강조했다. 시청자 찬반투표 상황은 역시 49대

51이었다.

　대체로 보면 4차 핵실험 전까지 의제는 조금씩 달라도 쟁점은 비슷했다. 북핵문제에 중국이 어디까지 책임져야 하며, 또 책임질 수 있는가라는 것이었다. 그래도 타국에 비하면 중국은 북한을 보호할 책임과 능력을 보유하고 있으며 향후 동아시아 정국의 주도권을 잡기 위해서도 북한 문제를 적극적으로 풀어야 한다는 주장과, 지금까지 중국은 할 만큼 했고 더 이상은 능력 밖이라는 반론이 서로 팽팽했다.

　2016년 1월 6일 4차 핵실험은 확실히 시청자들의 주목을 끌었다. '북한의 수소탄 실험 성공, 중국을 심각하게 위협하나'라는 의제로 방영된 1월 7일자 토론은 4만 8천여 명이라는 높은 투표참여율을 보였고 그 중 78퍼센트가 '그렇다'에 답했다. 그런데 토론 내용을 자세히 들어보면, 정작 핵실험의 위협을 심각하게 느끼고 있는 것 같지는 않았다. 토론 서두에서 사회자는 수소탄 발사가 성공했다는 북한의 공식 보도를 미국, 영국, 일본, 한국의 언론들이 모두 허풍으로 본다면서, 상당히 희화화하는 분위기로 끌어갔다. 패널들 역시 찬반을 막론하고 수소탄 성공은 북한의 허장성세라는 전제를 공유하고 있었다. 핵실험이 중국에 위협이 된다고 보는 패널조차도, 직접적이라기보다는 간접적·장기적인 차원에서의 위협을 논할 뿐이었다. 그 중에는, 수소탄 실험이 이번엔 성공하지 못했더라도 이는 북한이 미국의 본토 타격을 목표로 탄두의 경량화·원거리화에 매진하고 있음을 보여준 만큼, 미국이 구상 중인 한반도 사드배치에 명분을 제공함으로써 궁극적으로 중국에 위협이 될 것이라는 피닉스뉴스 기자 창뤄원(常洛聞)의 주장이 눈에 띈다. 아울러 그는 북한의 핵실험은 결과적으로 일본의 군사 재무장과 러시아의 군사력 강화를 야기함으로써 동아시아 전반에 군사적 긴장을 가져올 것임을 강조했다.

　재미있게도 창뤄원의 이런 진지한 반응은 반대 패널은 물론 같은 패널에게조차 과장으로 치부되었다. 찬성 패널의 경신(庚欣)은 핵실험의 '위협'성을 물리적이 아닌 감정적 차원으로 끌고 갔다. 4차 핵실험이 그동안 일관되게 한반도 비핵화와 북핵문제의 평화적 해결을 주장해 온 중국의 얼굴에 먹칠함으로써 중국인의 감정을 상하게 했다는 것이다. 심지어 그는 이번 핵실험이 한국과 가까워지는 중국에 대한 불만의 표시라고도 했다. 이처럼 핵실험의 위기를 군사적 물리적 차원이 아닌 감정적 정서적 차원에서 받아들이는 기조는 이날 토론의 공통된 분위기였다. 이로 보건대, 비록 78퍼센트의 투표자가 4차 핵실험이 중국에 심각한 위협이 된다는 쪽에 표를 던지고 있지만, 이들이 북한 핵실험을 체감하는 위기의식이나 불안감의 정도는 우리와는 상당히 다른 것이었다. 4, 5차 핵실험 사이 북핵 관련 의제가 네 차례 더 다뤄졌지만 시청자들의 큰 관심을 끌지 못한 것도 이런 맥락에서 이해될 수 있을 것이다.

　5차 핵실험이 단행된 9월 9일의 토론 분위기는 이보다는 좀더 진지했다. 사회자는 4차 때보다 다소 경직된 표정으로 5차 핵실험에 관한 자료 화면들을 보여주며 사태의 심각성을 강조했다. 그러나 투표 참여자 수가 4차 때보다 절반 이하로 줄어든 것이나, 위협을 느낀다는 쪽이 62퍼센트로 줄어든 상황으로 보건대, 핵실험에 대한 중국 대중들의 위기의식은 여전히 높지 않아 보였다. 주목할 점은 이날의 의제에, 4차 때 의제에서 사용한 '위협'이라는 단어가 빠지고 그 자리에 '이익'이 들어간 지점이다('북한 5차 핵실험, 중국의 이익을 심각하게 훼손하나'). 토론 내용을 보아도, 패널들의 논쟁은 핵실험이 중국에 미칠 물리적 위협보다는 포괄적인 차원에서 국가 이익을 다루고 있었다.

　그 중 주목할 것은 핵실험과 사드 배치를 연결시키는 논리이다. 당

그림 2 '시사변론회' 5차 핵실험에 관한 자료화면

시는 한국 내 사드 배치가 이미 공식적으로 선언(2016년 7월 8일)된 후였다. 찬성 패널들은, 가뜩이나 사드 배치를 놓고 중국이 미국·한국과 힘겹게 대치하는 상황에서 북한 핵실험이 사드에 반대할 명분을 약화시킴으로써 중국 입장을 불리하게 만든다고 불평했다. 나아가 북한의 핵실험은 중국이 글로벌 대국으로 발전하려는 이 중요한 시기에 그 필수 조건인 동북아 지역 안정을 파괴함으로써 중국에 심각한 방해가 된다고 덧붙였다. 한편, 반대 패널은 북한 핵실험은 미국·일본·한국을 겨냥한 것이므로 중국이 위협을 느낄 필요가 없으며, 위협과 책임을 느껴야 하는 쪽은 미국·일본·한국이라는 반론을 폈다.

북핵문제에 대한 상대적으로 낮은 위기의식은 대북제재에 대해서도 그대로 나타났다. 중국의 대북제재 참여를 놓고 여론이 들끓었던 한국의 상황과 달리, '시사변론회'가 '대북제재'를 직접적으로 다룬 안건은 세 개에 불과하다. 대북제재에 대한 생각은 대체로 부정적이었다. 〈표 2〉를 보면, 4차 핵실험 발발 전인 2015년 12월 11일, 북한이 수소탄 보유를 선언하면 엄중히 제재해야 한다는 데 78퍼센트 이상이 찬성했지만, 정작 핵실험이 단행된 뒤인 2016년의 두 의제를 보면 제재의 효

표 2 대북제재 관련 의제와 투표 상황

날짜	의제	찬성	반대	투표자수
20160226	중미 대북제재 결의하면, 북한 문제 해결할 수 있나	38.01	61.99	40,943
20160129	중국의 대북제재를 얻어내기 위해 미국은 다른 문제에서 중국에 양보할까	20.6	79.4	1,660
20151211	북한, 수소탄 보유 선언 엄중한 제재 받아야 하나	78.39	21.61	9,785

과에 시큰둥한 반응을 보이고 있었다. 제재를 부정적으로 보는 패널들의 논리는 대체로 이러했다. 첫째, 제재는 북한의 민생과 경제를 악화시킴으로써 북한에 불안을 조성하고 그것은 다시 북한의 핵실험 의지를 자극하는 악순환을 형성한다는 것, 둘째, 제재의 궁극적 목적은 북미 평화협정을 통해 한반도 평화체제를 정착시키는 것이어야 하므로 북한의 붕괴를 목적으로 하는 미국의 제재 방침에 동참할 수 없다는 것, 셋째, 제재로 인해 발생하는 비용은 결국 중국이 지게 된다는 것 등이었다.

북한 핵실험에 대해 중국 대중들이 위협이나 불안을 감지하는 온도가 상대적으로 낮은 데에는 무엇보다 북핵이 중국을 겨냥한 것이 아니라는 인식이 커 보인다. 그렇기 때문에 핵실험을 비교적 강경하게 비판하는 입장조차 물리적 위협보다는 핵실험이 국제사회에서 중국의 입지를 어렵게 만드는 측면을 강조하거나, 더 많은 경우 북한이 중국에 등을 돌리고 중국의 체면을 깎는다는 감정적인 불만으로 전환되면서, 어딘가 문제의 핵심에서 비껴가고 있는 것이다. 또한 대체로 부정적 반응을 보인 '대북제재'만 보더라도, 여기에는 중국이 충분히 제재를 하고 있음에도 국제사회의 비난이 중국에 몰린다는 불만, 제재의 효과에 대한 회의, 제재의 정당성에 대한 반대, 북핵문제의 책임을 중국에 떠넘기는 미국에 대한 불만 등 다양한 층위가 공존하고 있었다. 이런 토론에서 감지되는 한 가지 특징은 제재에 대한 근원적 비관주의이다. 패널들에게는 어딘가 모르게 제재가 이미 물 건너간 게 아니냐는 체념의 분위기가 깔려있었다. 토론 중 한 패널은 1994년 1차 핵실험 후 3년 대기근을 겪으면서도 핵을 포기하지 않았던 북한에 핵을 포기시킬 방법은 없다고 단언했는데, 이런 입장은 한반도의 비핵화를 타협불가능한 원칙으로 일관되게 강조해온 중국 정부의 입장과 미묘하게 어긋나는 것이었다.

2) 북한은 중국을 버리는가

북한의 핵정국이 파국으로 치달으면서 중국의 여론에서는 '중국이 북한을 버려야 한다'는 강경론이 비등해 왔다.[12] 그런데 '시사변론회'의 중조(中朝)관계 관련 토론들을 살펴보면, 오히려 중국을 멀리하려는 북한에 대한 배신감과 불안감, 그리고 안타까움이 뒤섞인 중국 대중들의 복잡한 정서가 감지된다. 북중관계의 향방을 묻는 의제는 북한 관련 의제 중 수적으로도 가장 많을 뿐 아니라(14회), 시청자의 투표 참여도 면에서도 핵문제보다 높았다. 이런 상황을 일별하면, '중국은 북한을 버려야 한다'는 강경론은 어쩌면 중국을 버리려는 북한에 대한 불안감과 표리를 이루는 게 아닐까. 2014년과 2015년 사이, 중국을 뿌리치고 러시아·일본과 가까워지려는 북한에 대한 초조감을 반영하는 의

---

12   대표적인 인물이 중앙당교 교수를 지낸 장롄구이(張璉瑰)이다. 국내에는 중앙당교『學習時報』부편집인을 지내다 해임된 덩위원(鄧聿文)의 유사한 관점이 소개된 바 있다. 이에 관해서는 이 책에 실린 이정훈의 글 참조.

제들은 다섯 차례나 등장했다. 그런가 하면 2014년 4월과 2015년 7월의 의제에서는 김정은의 방중을 은근히 기대하는 심리도 엿보인다. 그런 점에서, 2014년 12월 1일, 6만여 명이라는 높은 투표율을 보인 의제, '중국은 북한을 포기해야 하나'에 84퍼센트가 찬성을 표한 것은 액면 그대로 보기보다 중국을 멀리하려는 북한에 대한 중국인들의 감정이 표출되는 역설적인 방식으로 읽을 수 있는 것이다.

표 3 북중관계 관련 의제와 투표 상황

날짜	의제	찬성	반대	투표자수
20160602	중조관계 점차 안정되나	88.56	11.44	18,762
20160204	북한의 '위성발사' 고집, 중국에 대한 도발인가	7.46	92.53	144,816
20160125	북한은 진정 자주독립을 원하는가, 중국의 원조 원치 않는가	2.18	97.82	6,090
20160108	북한은 이미 중조관계 상관하지 않는가	97.17	2.83	14,485
20150902	김정은, 중국 멀리하고 일본에 다가가나	50	50	1,205
20150729	중국지원군에 경의 보낸 김정은, 9·3열병식 참석 암시하나	79.8	20.2	10,916
20150505	김정은 러시아에 안 간다, 상책인가 하책인가	62.9	37.1	2,428
20141222	중국 뿌리치는 김정은 외교, '첫 번째 쇼'는 러시아 방문?	75.9	24.1	5,616
20141201	중국은 북한을 포기해야 하나	83.9	16.1	62,636
20141117	러시아에 다가가는 북한, 중국을 멀리하려는 의도인가	46.1	53.9	12,154
20141027	중조국경 닫은 북한, 단지 이볼라 때문인가	88.9	11.1	441
20140626	가까워지는 한중관계, 중조관계는 점점 멀어지나	90.3	9.7	4,750
20140603	북한, 일본과 가까워지고 중국을 멀리하기 시작하나	82.3	17.7	7,642

날짜	의제	찬성	반대	투표자수
20140411	북한정권 안정되면 중국은 김정은의 방중 고려할까	51.1	48.9	10,765

먼저 '중국은 북한을 포기해야 하나'(2014. 12. 1)에 관한 토론을 살펴보자. 이날 방송에서는 시종 자조와 농담이 뒤섞인 시니컬한 분위기가 패널들 사이에 팽배했다. 찬성 패널은 북한을 버릇이 잘못 든 어린아이로 비유하며, 북한은 보호할수록 버릇만 더 나빠지니 북중관계를 성년의 관계, 즉 정상적 국가 관계로 전환해야 한다고 주장했다. 그러자 반대 패널은 북한이 어린아이이기 때문에 중국과 북한은 정상적인 국가 관계가 될 수 없다며, 중국은 길러준 양부로서 최소한의 안전보장을 해 줘야 한다고 응수한다. 물론, 북한 문제는 동북아 전 지역의 문제이자 지구적 이슈이므로 중국은 대국으로서 북한 문제를 자기 문제로 직시해야 한다는 진중한 의견도 있었다. 그러나 다수의 네티즌들은 중국이 북한을 버리는 게 아니라 북한이 중국을 버리는 것이라는 냉소적 반응을 보였다. 이러한 태도는 4차 핵실험에 대해, 위협보다는 북한에 대한 서운함과 배신감을 드러내는 의제('북한은 이미 중조관계 상관하지 않는가')로 반응한 데서도 재차 확인된다.

이상한 사실은 4차 핵실험 이후 북중관계를 보는 시선이 오히려 긍정적으로 바뀌고 있는 점이다. 4차 핵실험 20여일 후인 2016년 1월 25일의 의제 '북한은 진정으로 자주독립을 원하는가, 중국의 원조 원치 않는가'에는 무려 98퍼센트가 '그렇지 않다'고 답했다. 또한 14만 4천여 명이 투표에 참여했던 2월 4일의 의제 '북한의 위성발사 고집, 중국에 대한 도발인가'에서도 93퍼센트에 달하는 시청자가 '그렇지 않다'에 투표함으로써 북한을 옹호하는 편에 섰다. 이런 기이한 분위기는 6

월 2일 '중조관계 점차 안정되나'라는 질문에 89퍼센트에 달하는 참여자가 '그렇다'고 답함으로써 지속되었다.

먼저, 3년간 '시사변론회' 한반도 관련 의제에서 두번째로 높은 투표 참여율을 보인 의제, '북한의 위성발사 고집, 중국에 대한 도발인가'를 자세히 살펴보자. 2016년 2월 2일 중국 외교부 한반도사무특별대표 우다웨이(武大偉)가 유엔의 대북제재 결의 문제를 논의하기 위해 평양을 방문했다. 4차 핵실험 이후 중국 고위급 간부의 첫 방북이었다. 그런데 바로 그날 북한이 2월 중 인공위성 광명성호를 발사하겠다고 국제사회에 공표한 것이다. 이에 대해 중국의 여론은 평양 방문에서 빈손으로 돌아온 우다웨이에 대한 비판과 함께, 북한이 대놓고 중국의 체면을 깎았다며 분개했다. 이날 방송 서두에서도 사회자는 김정은이 갈수록 버릇없고 고집불통이 된다면서 북한이 중국의 체면을 너무 안 봐주는 게 아니냐고 푸념했다. 찬성 패널들도 적어도 위성 발사 공표 전에 중국에 귀띔은 해 줬어야 마땅하며, 이런 행태는 북한이 더 이상 중국을 믿지 않는다는 뜻이자 중국에 대한 강력한 도발이라며 가세했다. 반면, 반대 패널은 북한 문제는 감정적으로 접근할 게 아니라 국가

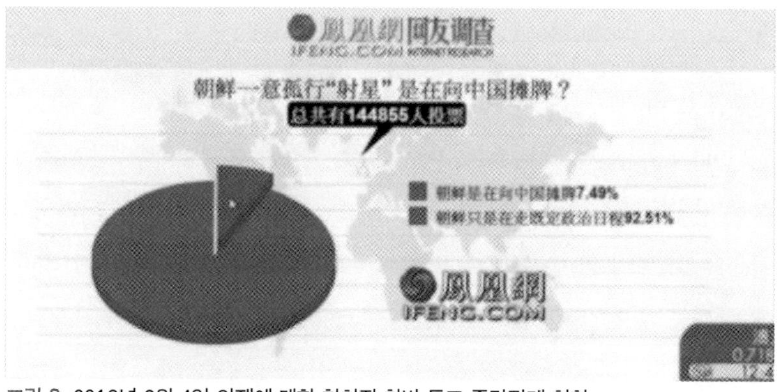

그림 3 2016년 2월 4일 의제에 대한 청취자 찬반 투표 중간집계 현황

대 국가로 이성적으로 처리해야 한다면서, 중국은 그동안 일관되게 북한이 주권국가로서 위성을 평화적으로 이용할 권리를 존중해 왔으므로 중국이 유엔 제재결의에 동참하는 것과 북한의 위성 발사는 별개의 문제라고 반박했다. 흥미롭게도 93퍼센트 넘는 투표자들이 후자에 찬성했다.

6월 2일 '중조관계 점차 안정되나'에 관한 토론도 흥미롭다. 2016년 5월 31일에서 6월 2일 사이, 북한 노동당 부위원장 리수용이 400명의 대규모 대표단을 이끌고 베이징을 방문하여 시진핑과 회견했다. 방송 서두에서 사회자는 리수용의 방중 소식과 함께 5월 30일 김정은이 중조 남자농구게임을 시청했다는 북한 매체의 보도를 함께 소개했다. 아울러 고려항공(JS561)의 평양-지난(濟南) 항선 개통(5월 31일) 소식과, 무수단 미사일 발사 실패 소식도 함께 알렸다. 사회자의 의도는 분명 이런 정보들의 조립으로부터 북중관계의 청신호를 찾으려는 데 있었다. 찬성 패널들은 리수용이 과거 스위스 대사 시절 김정은의 후견인이었음을 강조하며, 81세 노신의 방북은 김정은 방북의 포석을 간 것이라는 적극적 해석을 펴나갔다. 아울러 북한의 이런 전향적인 행보는 그간 중국의 강력한 대북제재가 효과를 본 것이며, 북중 간의 오랜 우호의 역사로 보더라도 양국은 등을 돌리지 않을 것이라 단언했다. 심지어 무수단 미사일 실패에 대해서도 중국의 눈치를 봤기 때문이라는 추론을 하기도 했다. 반면, 반대 패널은 리수용의 방중은 압박 수위가 높아지는 제재 국면과 수해로 인한 국내적 난국을 돌파하려는 일시적 수단이므로 큰 의미를 둘 필요가 없다고 반론했다. 북한 문제는 미중관계라는 큰 틀에서만 풀 수 있으며 북한이 비핵화 원칙에 따르지 않는 한 해결 방법은 없다고도 했다. 그러나 시청자의 압도적 수는 전자에 찬성을 표했다.

이 외에도 북한 체제의 유지 가능성이나 전쟁 가능성에 대한 의제들이 비교적 높은 관심을 받았다. 그러나 〈표 4〉에서 보이듯, 북한의 대미 선제 핵공격 가능성에 91퍼센트가 '그렇다'고 답하면서도 김정은 참수작전에 대해서는 부정적인 반응을 보이는 등 갈피를 잡기 어렵다. 또한 김정은의 고위간부 처형에 대해서는 부정적인 반면 김정은 정권의 안정성에 대해서는 대체로 긍정하는 편이었다.

이처럼 북한을 보는 '시사변론회'의 여론은 모종의 역설과 모순을 담고 있다. 한편으로는 중국의 말을 듣지 않고 중국에 부담을 지우는 북한을 거세게 비판하면서도 다른 한편으로는 중국으로부터 멀어지려는 북한에 대한 불안 및 배신감과 더불어 관계가 다시 회복되기를 갈망하고 또 낙관하는 심리가 뒤섞여 있었다. '중국이 북한을 버려야 한

표 4 김정은 정권, 북미관계 등 기타 의제와 투표 상황

날짜	의제	찬성	반대	투표자수
20160927	한미는 김정은을 참수할 수 있는가	17.8	82.57	37,277
20160509	조선 노동당 7차 당 대회, 김정은 시대를 여나	84.16	15.84	32,586
20160401	한미, 북한 공격 준비 마치고 시기만 기다리고 있는가	8.8	91.82	22,582
20160321	북한은 미국에 선제 핵공격 시도할까	90.74	9.26	29,854
20160311	김정은, 모든 것을 걸고 격렬한 보복할까	59.97	40.03	35,880
20160205	'참수부대' 한국 도착, 미국은 김정은을 습격할까	46.86	53.14	94,225
20150814	김정은의 빈번한 고위간부 처형, 정권 안정될 수 있나	7	93	49,006
20140929	김정은 건강 이상, 북한 정국 불안해지나	13.7	86.3	1,895
20140902	북한 외무상 15년만의 방미, 조미 관계 전기 마련하나	2.4	97.6	7,346

  중국 일상 속 북한 이미지

다'는 비등하는 강경론은 '중국을 버리려는 북한'에 대한 애증 섞인 복
잡한 감정의 역설적 표출인 것이다.

4. 기로에 선 한중관계

1) '친중'에서 '배신'으로

북중관계가 애증의 교착 속에 난항을 거듭하는 사이, 한중관계는 전략
적 동반자 관계로서 빠르게 기반을 다져가는 듯했다. 2014년 6월 26
일 '가까워지는 한중관계, 중조관계는 점점 멀어지나'라는 물음에 82
퍼센트 넘는 시청자가 '그렇다'고 답한 데서 역전된 한중관계에 대한
중국 대중들의 냉정한 인식이 그대로 드러났다. 특히 박근혜 정부 초
기의 두드러진 친중 행보는 양국의 밀월관계 형성에 큰 영향을 미쳤
다. 박근혜 대통령에 대한 중국 대중들의 호감에 대해서는 여러 가지
분석이 가능하겠지만,[13] 그 결정적인 계기는 역시 항전승리 70주년 기
념 열병식 참여였다.

　'시사변론회' 2015년 8월 10일자 방송에서는 박근혜의 열병식 참석
가능성을 두고 열띤 토론이 벌어졌다. 당시는 열병식을 코앞에 두고도
한국 외교부의 공식적인 답변이 나오지 않은 상황이었다. 57,549라는

13　중국 온라인서점 당당닷컴에서 판매되는 박근혜의 자서전, 전기, 일기 등은
총 8종에 이른다. 제목과 부제에 '상선약수', '신비한 얼음공주에서 강인한 여성
리더로', '고난 속에 자란 미소' 같은 문구들이 눈에 띈다. 2013년 1월 6일자 『중앙
일보』의 기사 「중국이 박근혜를 좋아하는 네 가지 이유」에서는 지도자 혈통, 중국
어 실력, 겸손한 태도, 좋은 인상을 호감의 원인으로 꼽았다.

투표자 중간집계 숫자는 이 사안이 중국 대중들에게 얼마나 뜨거운 관심사였는지를 말해준다. 서두에서 사회자는 미국이 박근혜의 열병식 참가 자제를 권고했다는 일본 교도통신의 보도를 소개했다. 과연 박근혜가 미국의 뜻에 반해 중국의 승전기념식에 참석할 것인지가 관건이었다. 반대 패널들은 여태껏 한국 정상이 중국의 중대 기념행사에 참석한 선례가 없다는 점, 한국은 미국의 말을 듣지 않을 수 없다는 점, AIIB도 미국의 눈치를 보다 막판에 합류했다는 점 등을 들며 부정적 견해를 피력했다. 찬성 패널에서는 한국에서는 '항일'이 '친미'보다 중요하다는 점, 대한민국의 정통성은 상하이 임시정부에 있다는 점, 박근혜 개인으로도 중국에 힘입어 자신의 외교력을 국내 정적에게 보여줄 필요가 있다는 점 등을 들어 열병식 참석을 낙관했다. 결국 9월 3일 박근혜는 열병식에 참석했고 한중관계는 최고조에 올랐다. 이런 분위기는 2015년 10월 20일 '미국은 한국의 중국 경사를 저지할 수 있을까'에 88퍼센트 이상이 '그렇지 않다'고 답하는 결과로 이어졌다.

표 5 박근혜 정부 관련 의제와 투표 상황

날짜	의제	찬성	반대	투표자수
20161129	위기일발 박근혜, 대통령직 유지할 수 있을까	4.55	95.45	8,070
20161107	박근혜 하야 여부, 한중관계 영향 미칠까	14.97	85.03	6,341
20161014	중국 어선에 포격 선포, 박근혜 중국에 등 돌리나	93.54	6.46	9,777
20160218	박근혜, 김정은 정권을 바꿀 수 있을까	44.03	55.97	58,723
20160126	북한을 따라 한국 일본도 핵개발 할까	27.38	72.62	20,013
20151020	미국은 한국의 '중국 경사'를 저지할 수 있을까	11.7	88.3	4,218
20150903	박근혜 열병식 참석, 동아시아 게임에서 미국에 대한 중국의 승리 의미하나	42.4	57.6	6,901

날짜	의제	찬성	반대	투표자수
20150810	한국 대통령, 베이징 열병식에 참여할까	51.1	48.9	57,549
20140430	'한중 결맹' 주장 제기, 의미가 있을까	26.1	73.9	12,673
20140207	한반도 통일, 중국에 '대박'인가	81.9	18.1	17,614
20140122	한중 연합항일 관계 '점차 긴밀'해질까	11.8	88.2	3,440

그러나 양국 간의 밀월관계는 2016년 4차 핵실험과 이어지는 사드 정국 속에 급격히 냉각된다. 열병식 참석에서 사드 배치로 이어진 박근혜 정부의 급격한 태도 변화는 그동안 박근혜에게 호감을 품었던 중국 대중들로서는 충격적인 배신이었다. 사드 배치를 공식 선언한 2016년 7월 이후 박근혜에 대한 비호감도는 급격히 치솟았다. 10월 14일 '중국 어선에 포격 선포, 박근혜 중국에 등 돌리나'라는 의제가 그 단적인 예로, 이 날의 토론은 정작 불법 조업보다 '박근혜의 배신'에 더 집중되었던 것이다. 주지하듯 이 의제의 배경에는 한국 해역에서 불법 조업하는 중국 어선을 저지하다 한국 해경의 쾌속정이 전복된 사건이 있었다. 반대 패널들은 불법 조업을 한 중국 어선에 일차적인 책임이 있다면서 포격 선포 조치와 반중감정은 별개로 봐야 한다고 주장했지만, 찬성 패널들은 박근혜의 이런 조치가 대북제재 및 사드 배치 문제를 놓고 한국 편을 들지 않는 중국에 대한 보복이라며 감정적인 해석을 앞세웠다. 청취자들 역시 약 94퍼센트가 후자에 편승했다.

주목할 지점은, 냉각된 한중관계의 원인을 박근혜 개인 탓으로 돌림으로써 한중관계 자체에 대해서는 가능성을 열어두려는 경향이 엿보인다는 사실이다. 친중과 반중 사이를 종횡하는 박근혜의 갈지자 행보가 한중관계의 퇴보를 불러왔다는 비판과 불만 한켠에는, 목전의 사드 정국을 박근혜 개인의 탓으로 한정지음으로써 파국으로 치달을지 모를 한중관계에 뒷문을 열어놓고자 하는 심리가 엿보인다. 탄핵 정국

이후 박근혜의 하야 가능성과 한중관계의 전망을 연결시키는 두 차례의 토론도 이런 심리의 연장선상에 있다.

2) 사드를 보는 불안한 낙관주의

표 6 사드 관련 의제와 투표 상황

날짜	의제	찬성	반대	투표자수
20161212	박근혜 직무정지, 사드 배치도 정지될까	90.58	9.42	28,282
20161102	추문에 빠진 박근혜, 사드 배치 변화 가능할까	43.05	56.95	6,058
20161010	사드 배치 '김빠졌나'	71.8	28.2	30,503
20160915	한중은 사드로 인한 반목을 피할 수 있는가	22.05	77.96	15,647
20160901	사드 배치에 반대하기보다 북핵 철거에 착수하는 게 낫다?	44	56	260,312
20160825	사드는 한중관계를 무너뜨릴 것인가	97.89	2.11	27,779
20160805	한국 사드 배치, 무기한 연장할 가능성 있나	92.7	7.3	11,219
20160727	한국 사드 배치, 중국은 '무역 냉기'로 대응해야 하나	97.38	2.62	54,319
20160711	한미 사드 배치 결의, 중국 대북제재 강도 낮춰야 하나	93.34	6.66	26,663
20160606	한국 불원간 사드 배치 부인, 중국의 압박 효과인가	41.62	58.38	10,923
20160324	한미 사드 배치 협의에 이름, 한중관계 크게 퇴보할까	90.28	9.72	76,143
20160307	한미 사드 배치, 제기 실인가 허인가	5.54	94.46	8,056
20160301	중국이 대북제재 동의하면 한미는 사드 배치 중단할까	80.17	19.83	22,320
20160219	한국 사드 배치, 한중관계 퇴보할까	74.81	25.19	27,156
20160202	중국에 대한 불만으로, 한국은 사드 배치할까	22.58	77.42	9,743

날짜	의제	찬성	반대	투표자수
20150326	한국 사드 배치, 한중관계 심각하게 좌초시킬까	83.7	16.3	10,827
20141128	중국은 한국 설득하여 사드 배치 막을 수 있을까	39.7	60.3	6,487

2016년 사드에 대한 중국사회의 관심은 그야말로 뜨거웠다. 2014년 11월 이후부터 '시사변론회'는 총 17회에 걸쳐 사드 문제를 다루었다. 그 중 15회가 2016년에 집중되었으니, 한 해 동안 사드의 열기가 얼마나 뜨거웠는지 알 수 있다. 청취자 참여도 면에서도 이 분야에 대한 투표자수는 '시사변론회'가 다룬 한반도 관련 의제 중 가장 높았다. 특히 눈에 띄는 것은, 사드 배치를 한중관계의 악화와 연동시켜 묻는 유사한 질문이 여섯 차례나 제기되었고(2015.3.26, 2016.2.19, 2016.3.24, 2016.7.27, 2016.8.25, 2016.9.15), 거기에 절대다수가 '그렇다'고 답한 점이다. 그런데 그와 함께 주목할 것은 사드 배치의 실질적 가능성을 묻는 질문 역시 일곱 차례나 던져졌고(2014.11.28, 2016.3.1, 2016.3.7, 2016.6.6, 2016.8.5, 2016.10.10, 2016.12.12), 투표자의 상당수가 그에 부정적으로 답했다는 사실이다. 이로 보건대, 중국 대중들은 사드 배치에 대해서는 강경하지만 정작 그 실현 가능성에 대해서는 비교적 낙관적으로 보고 있음을 알 수 있다.

특히 4차 핵실험 직후인 2016년 3월 초까지도 이런 느긋한 반응이 우세했다는 것은 의외다. 2016년 3월 1일의 의제 '중국이 대북제재 동의하면 한미는 사드 배치 중단할까'에 80퍼센트 이상이 '그렇다'고 답했고, 3월 7일, '한미 사드 배치 제기, 실인가 허인가'라는 물음에는 94퍼센트 이상이 '허'라고 여겼다. 이런 낙관적 분위기에는 2016년 2월 24일 중국 외교부장 왕이와 미국 국무장관 존 케리의 워싱턴 회담이

그림 4 2016년 7월 11일 '시사변론회' 방송 장면(문자메시지로 보낸 청취자의 의견이 화면에 게시되고 있다.)

일조한 듯했다. 3월 7일 방송을 시작하면서 사회자는, "사드의 한국 배치는 아직 결정되지 않았고 미국은 사드에 목말라 있거나 그런 기회를 찾기 위해 노심초사하는 것은 아니다"라는 케리의 발언을 소개했다.[14] 이를 화두로 하여 이날의 토론은 중국이 대북제재에 다소간 양보하면 사드 배치가 철회될 수 있다는 낙관적인 톤이 지배했던 것이다. 이는 그 직전인 2월 12일 왕이(王毅) 외교부장의 '항장무검(項莊舞劍)' 발언 이후 긴장이 감돌던 당시 한국의 분위기와는 상당히 대비되는 것이었다.

물론, 2016년 7월 8일 사드 배치가 결정된 이후에는 분위기가 일순 경색된다. 직후인 7월 11일엔 '대북제재의 강도를 낮춰야 하나'라는 의제로 대응하는가 하면, '한중관계 퇴보할 것인가'라는 앞 시기의 의제는 8월 25일에는 '한중관계를 무너뜨릴 것인가'라는 더 강경한 표현

---

14   존 케리의 이 발언은 한국 매체에서도 소개되었다. 「北제재 이견 좁힌 美-中: 케리 "사드 결정된 것 없다" 톤 낮춰」, 『동아일보』(2016.2.25); 「왕이-케리의 또 다른 카드?」, 『시사IN』(2016.3.8)

으로 대체되었다. 청취자들의 반응이 압도적으로 '그렇다'에 몰렸음은 말할 것도 없다.

그러나 자세히 들여다보면 이런 강경한 분위기 이면에는 모종의 곤혹스런 심리가 잠복되어 있다. 그 단적인 사례가 9월 1일의 의제, '사드 배치를 반대하기보다 북핵 철거에 착수하는 게 낫다?'이다. 이 의제의 시청자 투표참여 중간집계는 260,312라는, 지난 3년 '시사변론회' 한반도 의제 평균 투표자수의 열배에 가까운 이례적인 수치를 보였다. 그런데 정작 토론 내용을 보면 시청자들의 비상한 관심이 무색할 정도로 논점도 모호하고 시종 갈팡질팡한 상태로 난상토론이 벌어지고 있었다. 질문은 중국이 사드에 무작정 반대하기보다 북핵 폐기를 위해 다양한 방법을 모색해야 하지 않겠냐는 것이었다. 찬성 패널은 이란, 우크라이나, 쿠바를 예로 들며 북한으로 하여금 자발적이고 평화적인 핵 포기를 끌어내야 한다고 주장했다. 주의할 것은 이런 주장에는 북한 핵 포기에 대한 확실한 입론이나 실질적인 해결책이 있어서라기보다는, 4, 5차 핵실험에서 드러났듯 북한이 지속적인 핵실험을 통해 미국 본토를 타격할 기술을 키워가고 있다면 중국도 결국은 사드에 반대할 명목을 상실하지 않겠냐는 불안의 심리가 작동하고 있다는 점이다. 반면, 반대 패널들은 중국에겐 북한 비핵화를 추진할 정공법이 없으며, 있다 하더라도 북핵 포기가 곧 사드 철수로 이어지지 않을 것이라 반박했다. 북한이 핵을 포기하면 자주권을 반납하게 되며 결국 흡수통일의 위협에 놓인다고도 했다. 44대 56이라는 투표 집계 상황은 사드 문제에 강경 일변도인 정부 언론에서는 좀처럼 보기 힘든 중국 대중들의 갈피를 잡지 못하는 곤혹스런 심리 상태를 노출하고 있었다.

그렇게 보면, 2016년 연말까지 대체로 일관되게 드러나는바 사드 배치의 현실성을 부정하려는 다소 의도적으로 보이는 낙관주의는, 겉으로 강경하지만 안으로 불안을 숨기는 대중들의 모순된 심리에 기인한 것으로 보인다. 사드 배치가 공식 선언된 지 한 달 후인 8월 5일에도 사드 배치의 무기한 연장 가능성을 묻는 의제가 다뤄졌고, 10월 10일에는 아예 '사드 배치 김샜는가'라는 의제가 제기되기도 했다. 청취자들의 반응 또한 대체로 사드가 흐지부지될 것이라는 쪽으로 몰렸다. 박근혜 정부의 애매한 태도, 성주 시민을 비롯한 한국 내 반대 여론, 목전의 미국 대선과 다가올 한국 대선에 따른 변수들이 사드 배치의 불확실성에 힘을 실었다.

이런 분위기는 이후 탄핵정국이 가시화되면서 한층 힘을 얻었다. 11월 2일만 해도 탄핵과 사드 배치를 연결시키는 데 주저했던 청취자들은, 국회의 탄핵소추안이 가결(12월 9일)된 직후인 12월 12일에는 '박근혜 직무정지, 사드 배치도 정지될까'라는 질문에 90퍼센트 이상이 '그렇다'고 답했다. 이날 찬성 패널의 주된 근거는 탄핵 및 다가올 대선 정국의 불확실성, 트럼프의 한반도 정책 변수, 한중 교역 악화가 가져올 경제적 타격들이었고, 특히 여러 불확실성이 증대하는 상황에서 미국과 중국 사이에서 활용가치가 높은 사드라는 카드를 한국이 쉽게 쓰겠냐는 주장이 힘을 얻었다. 그런데 이런 일반적인 주장보다 토론을 더 뜨겁게 달궜던 것은 사드 배치의 책임을 박근혜 개인의 탓으로 한정짓고 그것을 다시 최순실 게이트 및 탄핵과 연결시키는 대목이었다. 박근혜 집권 초기의 섣부른 친중 행보가 한국과 미국 내 보수파의 반발을 야기함으로써 결국 사드 정국을 초래했다거나, 박근혜가 탄핵 위기에 몰린 것도 결국 사드 때문이라거나, 심지어 최순실이 사드와 관련되어 있을지 모른다는 발언도 나왔다. 박근혜 개인에 대해서도 '고집불통', '나르시시즘', '공주' 등 희화적 표현들이 사용되었는데 이 역시 앞 시기엔 보이지 않던 특징이다.

사드의 책임과 원인을 박근혜의 비도덕성과 무능력 탓으로 귀결시키려는 심리와 사드에 대한 낙관주의는 서로 연결되어 있다. 그리고 이런 심리는 자연스럽게 박근혜의 하야에 대한 기대로 이어졌다. 다시 말해, 박근혜라는 개인의 요소가 사라지면 사드 정국도 해결될 것이라고 보는 것이다. 여기에는 사드 반대라는 원칙을 고수하면서도, 스스로 완전하게 설득하지 못하는 불안한 심리 그리고 사드배치가 현실화되었을 때 초래할 난국에 대면하고 싶지 않은 심리가 암암리에 잠복해 있다. 사드에 대한 이러한 불안한 낙관주의는 겉으로 내세우는 강경론의 충격을 흡수하는 일종의 자가 완충장치로 기능하고 있었던 것이다.

5. 대한반도 여론의 비균질 공간

'시사변론회'의 남북한 관련 토론은 관영매체의 매끈하고 일관된 논리에서 좀처럼 들을 수 없는 균열된 목소리를 들려준다. 의도한 것인지는 모르지만, '시사변론회'의 패널 구성은 흥미로운 불균형을 보인다. 대학교수, 방송인, 학자, 군사전문가 등 십여 명의 인물들이 돌아가며 패널로 출연하는데, 그 중 피닉스위성방송 신문기자 창뤄원[15]을 비롯하여 5~6인의 패널들이 집중적으로 등장한다. 창뤄원을 제외하면 패널 대부분은 한반도 전문가가 아니다. 전체적으로 한쪽에서 창뤄원이 정돈된 지식과 자료에 근거한 논리적 주장으로 중심을 잡으면, 다른

---

15   창뤄원은 중국미디어대학(中國傳媒大學) 조선어과 출신으로 2009년 금호 아시아나배 중국 대학생 한국어 말하기 대회 수상자이다. 2011년 봉황위성방송이 생중계한 김정일 유체 고별식 등에 동시통역을 맡았다.

세 명이 비교적 상식인의 관점에서 기탄없이 자기 주장을 펼친다. 그래서 언뜻 보면 창러원과 다른 패널들 간의 격차가 확연하기도 하지만, 반면 이런 기우뚱한 불균형이 전문성과 통속성, 주류 매체의 정연한 관점과 기층 대중의 비논리적 정서를 적절한 비율로 뒤섞음으로써 흥미를 더해가는 것이다. 그리하여 '시사변론회'는 대중들에게 일정 부분 지식과 정보를 전달하고 나아가 주류언론의 관점을 이해시키는 교양의 역할을 하면서도, 다른 한편에서는 기층에 잠재된 대중들의 비논리적이고 비균질적인 목소리가 개입할 공간을 마련함으로써 전자를 균열하는 이중적 효과를 지닌다. 바로 그런 이중성으로 인해 '시사변론회'는 관영매체에선 좀처럼 볼 수 없는 한국과 북한에 대한 중국인들의 모순적이고 양가적인 심리를 비교적 진솔하게 드러냈던 것이다.

물론 이런 비논리적이고 비일관적인 데이터들이 교착상태에 갇힌 북핵문제나 위기에 놓인 한중관계에 즉각적인 해법을 찾아주지는 않을 것이다. 그러나 '시사변론회'가 드러내는 중국 대중들의 모순적이고 이질적인 목소리는, 바늘 하나 들어갈 틈 없는 주류 언론의 단단한 표면에 가려진 속내를 노출함으로써 모종의 소통의 가능성을 열어 보이는 것은 아닐까. 사드 문제만 놓고 보더라도, '시사변론회'의 토론은 『환추스바오』에 나오는 거칠고 일관된 언사보다 훨씬 복잡한 내면을 노출한다. 합리적인 수위에서 중국 언론이 강조하는 사드의 위협성은 베이징은 물론, 동북3성과 내몽골을 포함한 중국의 주요 군사시설이 사드의 레이다망에 노출된다는 것이다. '시사변론회'의 사드 관련 토론에서도 이 부분은 분명하게 짚고 있다. 그러나 이런 계몽적인 가이드라인은 이어지는 난상토론에 섞여드는 이질적 견해들 속에서 형해화된다. 한국도 방위의 권리가 있는데 무조건 사드에 반대할 수는 없다거나, 미국의 뜻을 거스를 수 없는 한국의 입장도 이해해줘야 한다거나, 심지어 북한의 핵기술이 조만간 미국 본토 공격을 할 만큼 발달해가는 판국에 사드를 마냥 반대할 명분이 있겠느냐 라는 불안의 목소리마저 섞여들면서, 애초의 가이드라인은 점차 흐물해지는 것이다.

이처럼 '시사변론회'는 남한과 북한에 대한 중국 대중들의 여론 형성 과정에서 정부의 입장이나 현실정치의 논리로 완전히 환원되지 않는 복잡한 감정의 층위를 열어 보인다. 그것이 국제관계를 보는 중국인의 보편적인 특징인지 아니면 중국과 남북한 사이의 특수한 관계나 상황 탓인지에 대해서는 별도의 비교 분석이 필요할 것이다. 아울러, 한국 대중들의 중국관에 어떤 다층성과 비균질성이 존재하는지도 연구해 볼 만한 일이다. 비록 TV라는 공식 매체에서 국내 정치를 자유롭게 토론하지 못하는 중국의 특수한 상황을 감안하더라도, 한국과 북한에서 크고 작은 이슈가 떠오를 때마다 일상 속에서 대중들과 기탄없이 토론을 벌이는 '시사변론회'의 존재는 제한된 언론의 파편적 정보를 통해 중국에 대한 시각을 형성하는 우리의 아쉬운 현실과 대비된다.

목전의 사드 위기는 25년의 한중관계가 새로운 단계로 도약할지 파국으로 추락할지를 판가름하는 중대한 계기가 될 것이다. 그것은 또한 '전략적 동반자'라는, 그동안 소극적으로 정위되어온 한중관계에 대한 발본적인 사유를 요하는 것이기도 하다. 한반도의 미래에 대한 장기적 비전 속에 우리는 중국을 어떻게 위치지을 것인가. 이에 대해 적극적으로 입론을 설계할 때다. 주류와 잠류를 유연하게 넘나들며 인식과 소통의 복수적 통로를 활용하는 열린 토론이 우리에게 절실히 요구되는 이유이다.

02

인터넷, 북한 인식의 잠재적 층위

이정훈(서울대학교 중어중문학과)

1. 북한 인식의 스펙트럼

이 글은 중국 인터넷 토론 공간에서 보이는 북한 및 북핵 문제에 관한 인식을 검토하는 것을 목적으로 한다. 인터넷 토론 공간은 그 익명성과 실시간적 정보소통 가능성 등의 특징으로 인해 대외적으로 공표된 중국 정부의 공식 입장과 구분되는 다양한 목소리들을 접할 수 있으며 이는 해당 사안에 대한 중국인들의 인식과 시각을 보다 폭넓게 이해하는 데 도움이 된다. 북핵 문제는 목하 동아시아 지역을 통틀어 가장 민감한 국제문제 가운데 하나이다. 이에 대한 중국 정부의 공식 입장이 각종 정치적·외교적 고려를 거쳐 공표되는 것과 달리, 인터넷 공간 속에서의 여론은 비교적 여과 없이 다양한 비공식적 시각을 폭넓게 대변할 가능성이 크다. 이 글은 북한 및 북핵 문제에 관한 중국의 유명 인터넷 토론 사이트(게시판)의 토론 현황을 유형별로 정리, 소개하고 관련 문제에 관한 대중적 인식의 특징을 살펴봄으로써, 우리가 흔히 접할 수 있는 중국 당국의 공식적 입장보다 훨씬 넓은 스펙트럼을 가지는 중국의 일반 대중들의 인식에 접근하고자 한다.

유엔 산하 국제전기통신연합(ITU)의 발표에 따르면 2016년 8월을 기준으로 전세계 인터넷 사용자 총수는 35억 명으로 전세계 인류의 47%에 해당하며, 그중 중국의 인터넷사용자 숫자는 7.21억 명으로 세계 최대로서 인도와 미국이 그 뒤를 잇고 있다.[1] 중국은 또한 막대한 숫자의 인터넷 사이트를 보유하고 있는데, 중국인터넷정보센터(CN-NIC)가 2016년 6월 기준으로 발표한 보고[2]에 따르면 중국 인터넷 사이트의 총수는 454만 개에 달하며 이는 2015년 12월보다 7.4%가 늘어난 숫자이다. 이처럼 방대한 사용자 및 사이트, 그리고 엄청난 양의 게시물 및 조회 수, 댓글 등을 감안할 때 중국 인터넷에서의 북한 및 북핵 문제 인식에 대한 조사는 정량적 접근에서 상당한 난점을 안고 있다. 따라서 적절한 샘플링을 통한 질적 접근을 시도하는 것이 보다 큰 효율성을 갖는다고 볼 수 있는데, 본 보고서에서는 톈야(天涯, tianya.cn), 몹(貓撲, mop.com), 우요우즈샹(烏有之鄕, wyzxwk.com) 등 중국의 대

---

1   http://tech.hexun.com/2016-09-17/186058570.html(검색일 2016.12.29)

2   http://www.askci.com/news/hlw/20160803/17564949968.shtml(검색일 2016.12.29)

표적 인터넷 토론 공간을 대상으로 최근 몇 년간 북한 및 북핵 문제와 관련하여 높은 조회 수와 댓글, 좋아요 등의 반응을 이끌어낸 게시물을 선정하고 그 논의 내용을 정리, 요약하는 한편, 댓글 및 선호 여부(동의/반대 표시 등)의 분석을 통해 해당 사안에 관한 토론의 전개 과정과 그 속에 존재하는 각종 이견들을 종합적으로 검토하고자 한다.

2. 인터넷의 확장과 북한 문제의 등장

1) 공공여론의 장으로서 인터넷

권위주의적 요소가 여전히 남아있는 중국의 사회체제 속에서 인터넷은 사회적 소통의 창구로서 중요한 기능을 담당하고 있다. 1949년 중화인민공화국 건국 이후 사회주의적 체제 속에서 언론 혹은 미디어는 하나의 독자적인 영역으로 인정되기보다 전통적으로 이데올로기에 입각한 '선전(propaganda)'이라는 범주 하에서 당과 국가에 의해 '관리'되는 대상으로서 인식되어 왔다. 이러한 사회주의적 미디어관에 일정한 수정이 가해진 것은 개혁개방을 계기로 한 일련의 변화 덕분이었다. 1978년 중국공산당 중앙의 기관지 런민르바오에 대해 기업형 관리를 내세워 독자 사업단위로의 분리 조치가 취해졌고, 1979년 이후 미디어의 상업 광고가 허용된 이래 미디어는 차츰 일방적 선전수단에서 사회적 의사소통을 매개하는 방향으로 기능을 다변화하기 시작했다. 톈안먼사태 및 그로 인한 서방세계의 중국 봉쇄정책 직후인 1993년에는 미디어가 갖는 이중적 신분, 즉 정부의 '사업 단위'이자 이익과 손실을 독자적으로 책임지는 '경영 단위'로서의 두 측면에 대한 보다 전향적 조치들이 취해졌다. 더 이상 국가의 예산으로 당과 정부의 방침에 맞추어 수동적으로 미디어를 운영하는 것이 아니라 하나의 영리추구 단위로서 소비자들의 관심과 기호에 적극적으로 부응하는 상업적 매체로 자신을 개조할 필요성이 전면에 대두하게 된 것이다. 이런 미디어의 상업화 현상은 정부의 지도를 절대적 지침으로 삼아온 관행을 변화시킴으로써 아이러니하게도 언론환경의 의사-민주화적 양상으로 이어졌다. 물론 이는 3권 분립에 이은 제4권력으로서의 미디어의 지위를 인정하는 정치개혁이라기보다, 국가의 재정능력 약화가 초래한 미디어 시장화가 낳은 부산물에 가깝다고 할 수 있겠지만 말이다.[3]

1993년의 미디어 개혁 조치가 전통적 미디어의 3차 산업 즉 서비스업으로의 변모 양상을 초래한 것과 더불어 인터넷의 등장은 사회적 소통의 새로운 통로를 제공하는 데 중요한 계기가 되었다. 1994년 4월 20일 중국은 미국의 통신 기업 스프린트(Sprint)를 통해 국제인터넷망에 접속함으로써 공식적으로 인터넷이 개통된 국가가 되었는데, 대안적 소통 공간으로서의 인터넷이 주목을 받게 된 계기는 1995년 5월 런민르바오의 인터넷 사이트(人民網)에 유고 주재 중국 대사관에 대한 나토의 폭격에 항의하는 시사논단이 만들어진 것에서 찾을 수 있다. 이 시사논단에는 사건 발생 후 40여일 동안 9만여 개의 글이 실릴 정도로 인터넷을 통한 실시간 의견표출의 위력을 드러냈고 이후 이 게시판은 별도의 독립하여 강국논단(強國論壇)으로 이름을 바꾸어 현재까지

-----

3   한 예로, 개혁개방이 일찍 진행된 광둥성을 근거지로 한 난팡미디어그룹(南方報業)의 경우, 시장화 개혁을 통해 당과 정부의 전일적 통제에서 상대적으로 자유로워진 미디어가 관료 부패 문제 등 부정적 사회현상에 대해 비판자로서 기능할 수 있음을 잘 보여주는 사례라 할 수 있다.

운영되고 있다.[4]

유고슬라비아 중국대사관 피폭을 둘러싸고 형성된 인터넷 여론은 미국과 유럽 강대국의 횡포에 대한 민족주의적 저항의 성격을 가지고 있기에 일정하게 관방적 색채를 띠고 있었고 따라서 정부의 입장에서도 환영할 만한 사건이었다. 그러나 2003년 인터넷을 뜨겁게 달군 '쑨즈강 사건(孫志剛事件)'은 정부에 대한 거침없는 비판이 터져 나왔다는 점에서 진정한 의미의 여론 형성 공간으로서의 인터넷에 주목하게 만드는 계기가 되었다.[5] 후베이(湖北)성의 어느 대학을 졸업하고 광저우의 한 기업에 취직한 쑨즈강은 2003년 3월 17일 퇴근 후 PC방에 가는 길에 불심검문을 당했는데, 신분증을 지참하지 않았다는 이유로 공안(경찰)에 의해 유랑인 수용소로 보내진 후 그곳에서 석연찮은 사망에 이르게 된다. 『난팡메트로신문(南方都市報)』에 의해 쑨즈강의 석연찮은 죽음이 보도된 것을 계기로 시츠후퉁(西祠胡同, www.xici.net) 등 인터넷 공간에서는 이에 대한 비판 여론이 거세게 일어났고 비등한 인터넷 여론의 힘은 한국의 국회에 해당되는 전국인민대표대회를 움직여, 이 문제가 전인대의 정식 의제로 채택되기에 이르렀다. 결국 이는 임시거주증, 검문, 유랑인 수용소 등과 관련된 불합리한 법규를 개정하게 만드는 결과를 이끌어 낸다.

이 밖에도 인터넷이 개혁개방 시기 중국에서 아래로부터의 민의를 전달하는 사회적 소통의 주요한 통로로 자리를 잡게 만드는 여러 계기

---

4   이에 대해서는 이민자의 『중국의 인터넷 확산과 정치개혁』(경제인문사회연구회 대중국 종합연구 협동연구 총서, 2011)를 참조.

5   최은진, 「개혁개방이래 중국 매체의 네트워크와 공공영역 형성」, 『중국과 중국학』 19, 2013, 107~131쪽.

가 존재하는데, 그 가운데서 베이징대 여학생 사망 사건, BMW 사건, '색계(色/戒) 논쟁' 등이 대표적이다.

베이징대 여학생 사망 사건은 2000년 5월 베이징대학의 한 여학생이 새로 만든 캠퍼스가 있는 베이징 외곽 창핑(昌平)에서 강의를 마치고 기숙사가 있는 하이디엔(海澱) 캠퍼스까지 도보로 돌아오던 중 피살된 사건이다. 이 사건이 학교 당국에 의해 은폐된 상황이 베이징대학 BBS를 통해 폭로되고 이에 대한 학생들의 집단적 항의가 온라인을 통해 외부로까지 확산된 끝에 학교 당국의 공식적 사과와 재발 방지 약속을 이끌어내었다.

BMW사건은 2003년 헤이룽장성의 농촌에서 양파를 싣고 오던 경운기가 마주 오는 승합차를 피하기 위해 급히 핸들을 돌리다가 접촉사고를 일으켜 정차해 있던 BMW의 사이드미러에 양파즙이 묻는 상황이 발생하자, BMW에서 내린 30대와 40대의 두 자매가 경운기에 타고 있던 농민 부부를 심한 욕설로 모욕하였으며, 주위 사람들이 이를 말리며 비난하자 농민 부부에게 차를 돌진하여 부인을 사망에 이르게 하고 주위 사람들 12명에게 부상을 입힌 사건이다. 이후 사고를 일으킨 BMW 운전자는 병보석으로 바로 풀려났는데 이 사건이 보도되자, 개혁개방 이후 증대일로에 있는 도농격차, 빈부격차에 대한 대중의 반감과 결합되어 가해자 자매와 당국의 무책임한 대처에 대한 비난이 인터넷을 통해 폭발적으로 터져 나왔다.[6]

'색계 논쟁'은 2007년 대만 출신 헐리우드 감독 리안(李安)이 중국의 유명 작가 장아이링(張愛玲)의 원작소설을 바탕으로 항일전쟁 시기 친일 왕징웨이(王精衛) 정부의 고관에게 접근하여 암살을 시도하는 여대

---

6   이민자, 앞의 글.

생의 이야기를 소재로 만든 영화 '색, 계'를 둘러싸고 벌어졌다. 이 영화는 개봉 초기에는 파격적 노출과 내용의 선정성 때문에 대중적 관심사로 부각되었으나 좌파 성향의 인터넷 토론사이트 우여우즈샹(烏有之鄉)이 이 영화를 '한간문화(漢奸文化, 매국노문화)'로 규정하고 이에 대한 대대적 비판을 전개하면서 온라인을 통해 격렬한 좌우 이념충돌로 번지게 되었다. 영화에 대한 해석을 매개로 개혁개방 이후 누적되어온 좌우 사상적 균열이 확대되었음을 여실히 드러냈을 뿐 아니라 인터넷의 비판 및 소통 공간으로서의 기능이 단지 공산당 및 정부에 대한 온라인 항의라는 비교적 단순한 구도를 넘어 이념의 문제를 둘러싼 민간 내부의 격렬한 의견 충돌의 영역까지 담아내는 수준으로 진화했음을 보여주었다.[7]

이처럼 중국의 인터넷 공간은 공적 관심사에 대한 토론과 여론 형성의 장으로서의 기능을 확대시켜 왔는데, 북한 및 북핵 문제 역시 중국이 관심을 갖는 중요한 이슈로서 인터넷 공간에서의 토론 대상이 된 것은 당연하다. 북한이 제5차에 이르기까지 핵실험을 지속하고 중국이 북핵 문제 해결을 위한 6자회담에 발 벗고 나섰으나 유의미한 합의를 도출하지 못한 상황 등을 거쳐 오면서 북한 및 북핵 문제는 중국 인터넷 토론 사이트에서 꾸준히 토론의 대상이 되어왔다. 특히 2013년 2월 북한의 제3차 핵실험 강행은 이 문제에 대한 중국 내 논란에 불을 지피는 계기가 되었다. 북한과 중국의 관계를 혈맹, 말 그대로 한국전쟁 참전 이후 형성된 피를 나눈 관계로 이해해온 중국 내부의 북한에 대한 기존 입장을 뒤흔드는 파격적 주장들이 등장하면서, 중국과 북한

---

7   임우경, 「'색, 계' 논쟁, 중국 좌파 민족주의의 굴기(崛起) 혹은 위기」, 『황해문화』 59, 2008, 288~306쪽.

의 관계설정 문제가 하나의 새로운 논란거리가 된 것이다. 북한이 주변국을 생각지 않고 핵개발 노선을 강경하게 지속할 경우 중국 역시 더 이상 북한에 대한 비호(庇護)를 지속하지 않을 수도 있다는 이른바 '북한 포기론'이 중국 학계 및 언론계 일각에서 제기됨에 따라 동북아의 지정학적 갈등을 한미일 동맹 대 북중(러) 동맹의 대결 구도로 이해해온 전통적 관점이 도전받게 되었다. 이는 혁명과 사회주의 건설을 자신의 핵심적인 역사적 국가 아이덴티티로 삼아온 중국이 더 이상 북한을 '사회주의 형제국'으로 조건 없이 인정하고 수용하는 것이 지속 불가능해지는 것을 의미하며, 역으로 이러한 북한과의 '선긋기'는 북한이라는 타자를 통한 중국의 자기이해의 새로운 국면에 접어든 계기가 된 것으로도 이해할 수 있다.

2) '북한 포기론'의 등장

북핵 위기에 관한 중국 내부에서의 토론은 오프라인 공간에서의 논의가 제한적인 중국의 여건상 주로 온라인 공간을 통해 확산되었지만 논의의 발단은 보다 주목도와 신뢰성이 높은 오프라인 공간에서 등장하였다. 오프라인 신문, 잡지 등에 기고된 기사가 인터넷에 널리 퍼지면서 일종의 온라인 여론을 형성하고 이것이 다시 오프라인에 반영되는 일종의 순환구조를 형성하는 방식이 중국내부의 일반적 여론 확산 과정이라고 할 수 있다.

3차 북핵위기 이후 '북한포기론'을 주도한 대표적 논자들로는 장롄구이(張璉瑰) 중앙당교 국제전략연구소 교수, 덩위원(鄧聿文) 중앙당교 『쉬에시스바오(學習時報)』 부주간(副篇審), 양쥔펑(楊俊鋒) 베이징 톈저경제연구소(天則經濟研究所) 특약연구원을 들 수 있다.

장렌구이는 김일성대학에서 유학한 경력을 가진 중국 내의 손꼽히는 북한전문가이며, 중국 공산당의 이데올로기 생산에 중추적 역할을 하는 기관 가운데 하나인 중앙당교의 교수를 역임한 인물이다. 그는 북한의 핵 보유가 흔히 생각하듯, 미국과의 담판(북미협상)에서 유리한 고지를 점하기 위한 협상용 카드가 아니라 1965년 소련과의 비밀 접촉을 통해 최초로 핵개발을 타진한 이래 현재에 이르기까지 추진해온 북한 당국의 일관된 정책으로서 이런 북한의 핵 보유 시도가 중국의 국가안전에 중대한 위해성을 가한다는 주장을 펼쳐왔다. 이는 북한 및 북핵 문제에 관한 중국 인터넷 여론의 향방에 상당한 영향을 미쳤다.

2012년 2월 잡지 『링다오저(領導者)』[8]에 발표한 논문에서 장렌구이는 현재 중국이 처해 있는 안보 환경은 재래식 전력에 기초한 위협과 핵전력에 기초한 위협으로 대별되는데, 미국이나 러시아 등 대국에 비해 훨씬 더 복잡하고 위험한 주변 상황에 놓인 중국의 입장에서는 핵전쟁으로까지 발전할 가능성이 거의 없는 대국과의 충돌이 가져올 안보상의 위협보다 핵을 보유한 주변 소국과의 충돌 상황이 재난적 타격을 초래할 가능성이 더 높다고 주장함으로써 북핵문제의 위험성을 간

---

8   이 잡지는 2005년 홍콩의 『차이징원자이(財經文摘)』 잡지사에 의해 창간되어 중국 대륙, 홍콩, 마카오, 대만, 싱가포르, 말레이지아 등 중국어권에서 폭넓게 배포되는 잡지이다. 이 잡지는 독특한 유통방식을 취하고 있는데, 그 배포 범위(자격)를 고급관료(각 성의 부장급 이상, 중앙기관 국장 이상, 각 지급시의 시장 이상) 및 특대형기업의 CEO, 다국적 기업의 중국지역 책임자, 중국과학원과 중국공정원 원사, 중장 및 일부 소장 이상의 군급 간부, 주중대사관 및 영사관의 주요 간부 등으로 제한하고 있다. 기증자와 수증자를 지명하면 잡지사의 자격 심사를 거쳐 기증자의 명의로 수증자에게 배포되며, 개별적 구독신청은 원칙적으로 불가능하다.

접적으로 부각시킨 바 있다.[9]

이어 그는 2015년 8월 6일 인터넷신문 펑파이뉴스(澎湃新聞, www.the-paper.cn)에 기고한 「북한의 진짜 의도를 파악했는가?」라는 제목의 글에서 황진하 한국 국회 국방위원장의 미국 방문 중 북핵 문제 해결과 관련한 발언에 관한 논평을 통해 핵보유 문제를 둘러싼 북한의 실제 의도에 대한 자신의 이견을 제시하였다.[10]

북한에 대한 중국의 핵우산 제공이 문제 해결의 열쇠가 될 수 있고, 북한이 필요로 하는 비군사적 목적의 위성 발사를 중국이 대행함으로써 탄도탄 개발에 대한 국제사회의 의혹을 해소할 수 있으며, 중국의 항일전쟁 승리 70주년 기념식에 남북한 정상을 초청하여 베이징에서 제3차 정상회담을 개최하도록 주최할 필요가 있고, 현재 남북 간의 직접 무역이 경색된 상황에서 중국이 중간에서 3각 무역 형식으로 남북한 경제 교류 촉진제 역할을 담당할 필요가 있다는 황진하 국방위원장의 제안에 대해, 장롄구이는 비록 이러한 제안이 선의에서 나온 것이지만 북한의 핵개발 의도에 대한 오해에서 나온 발상이라고 반박한다. 그는 북한은 핵개발을 일종의 만능열쇠로 인식하고 있는데, 첫째, 강성대국의 증표로서 핵을 개발하여 민심 이반을 방지하는 한편 정권 공고화에 활용하고 있으며, 둘째, 핵 외교를 통해 국제관계에서 정치, 경제적 이익을 실현하는 지렛대로 활용하고, 셋째, 핵전쟁 불사 등의 군사적 우위를 과시하는 수사를 통해 남북 관계 및 통일 문제에 있어 무력에 기반한 주도권을 장악에 활용하고, 넷째, 주변 강대국의 전략무

---

9   張璉瑰, 「朝鮮核問題與我國安全」, 『領導者』 第44期, 2012, 32~44쪽.

10   張璉瑰, 「朝鮮要什麼, 你讀懂了嗎?」, 『澎湃新聞』(2016.8.5)
http://www.thepaper.cn/newsDetail_forward_1360644(검색일 2016.12.30)

기에 대한 억제 수단으로도 활용한다는 종합적 활용 범위를 염두에 두고 있다는 것이다.

우선, 장롄구이는 황진하 위원장의 외부 역량에 의한 핵우산 제공 등 군사적 보호라는 발상에 대해, 북한이 1955년 12월 '연안파의 종파주의'를 숙청한 후 사대주의 배격 및 주체노선을 천명한 이래 지금까지 일관되게 외부 세력의 간섭을 배제해 왔음을 고려할 때 실현 가능성이 없다고 단언한다. 북한은 일관되게 핵 보유 문제가 외교적 협상의 대상이 아니라는 입장을 천명해왔으며, 북한의 위성 발사는 위성 자체가 아닌 발사에 그 핵심적 목적이 존재하는 것으로 10,000킬로미터 이상의 사정거리를 가진 대륙간 탄도탄 보유를 통해 핵 능력을 극대화하는 것이야말로 북핵 개발의 진정한 목표라는 것이다. 뒤이어 장롄구이는 2015년 8월 31일 홍콩 피닉스TV(鳳凰衛視)의 『오늘의 뉴스평론(新聞今日談)』에 출연하여, 중국이 국제사회의 영도적 역할을 하기 위해서는 북한이라는 불량국가에 대한 비호를 더 이상 지속해서는 안 된다는 입장을 공개적으로 천명하였다.[11] 중국내에서 '북한통'으로 알려진 김일성대학 유학 경력을 가진 장롄구이의 이러한 '반북'적 주장은 한국전쟁 이래 '혈맹' 관계에 기반해 북한을 동정적 입장을 취하는 것을 당연시해온 중국 내부의 분위기를 감안할 때 상당한 파격성을 지닌 발언이라 할 수 있다.

그런데 이러한 시각의 변화를 나타내는 발언이 장롄구이에 의해 처음 등장한 것은 아니다. 2013년 중국 당교 기관지이자 당교의 이론적 방향을 대표하는 주간매체 『쉬에시스바오』의 부편집장 덩위원(鄧聿文)의 서방 매체 기고를 둘러싼 논란 당시 이미 그 조짐을 드러낸 바 있

---

11   張璉瑰, 앞의 글.

다. 덩위원은 2013년 2월 27일자 영국 파이낸셜타임즈에, 북한의 3차 핵실험 강행은 중국이 북한의 김씨 세습왕조와의 오랜 혈맹 관계를 재규정할 좋은 기회가 왔음을 말해준다는 취지의 칼럼을 실명 기고하여 상당한 파장을 불러일으킨 바 있다. 이러한 주장의 근거는 다음과 같다. 첫째, 세습왕조 체제를 유지하는 북한과의 혈맹관계는 이미 시효가 지났으며 이데올로기에 기초하여 관계를 유지하는 것은 위험한 선택이다. 둘째, 같은 사회주의 국가라도 중국과 북한 사이의 차이는 이미 중국과 서방 사이의 차이보다 더 크다. 셋째, 일단 북한이 핵개발에 성공하게 되면 그 종잡을 수 없는 세습정권의 속성상 중국에 커다란 위해요소가 될 가능성이 있다. 이를 종합할 때, "중국은 제3차 핵실험을 빌미삼아 북한을 내치는 한편, 한반도 통일을 새로운 관점해서 추진할 필요가 있다"는 것이다.

이 글을 파이낸셜타임즈에 기고한 이후 덩위원은 『쉬에시스바오』의 부편집장직에서 물러나 '자유기고가' 신분이 되었다. 한 국내 매체는 덩위원이 과거에 발표한 「후진타오, 원쟈바오 정권의 유산」이라는 글[12]에서 정치개혁 및 민주화의 지지부진, 사회 도덕체계의 붕괴, 이데올로기적 파산, 가족계획 및 호적제도의 강경 집행 등을 비판하여 소속기관에서 정직 상태에 있던 중 파이낸셜타임즈에 기고한 북한 관련 기사로 인해 직장을 사직하기에 이르렀다고 보도했다.[13]

북한포기론을 전면에 내세운 담론은 이후에도 다시 등장한다. 2014

---

12   http://www.chinaelections.org/article/1779/226783.html(검색일 2016.12.28)

13   http://weekly.chosun.com/client/news/viw.asp?ctcd=C02&n-NewsNumb=002259100015(검색일 2016.12.28)

년 7월 시진핑의 한국 방문 직후 텐저경제연구소 특약연구원 양쥔펑은 파이낸셜타임즈 중국어 사이트에 「중국은 마이너스 자산인 북한을 버려야 한다」는 제목의 기고문을 통해, 덩위원의 주장을 보다 강력한 형태로 반복하여 주목을 끌었다. 그는 우선 시진핑이 북한보다 먼저 한국을 방문한 것의 특별한 의미를 강조하면서, "이는 북한을 멀리하고 한국을 가까이하겠다는 신호를 매우 분명하게 보낸 것으로, 중국과 세계가 이에 대해 갈채를 보내야 한다고" 주장했다.[14] 중국에게 북한은 갈수록 부담이 커지는 '마이너스 자산'이므로 진작에 내려놓아야 했다는 것이다. 또 그는 북한이 전략적 차원에서 마이너스 자산일 뿐 아니라 현실적인 면에서도 막대한 무역고를 자랑하는 한국과는 비교 불가하고 신용과 규범을 상실한 불량한 무역상대국일 뿐으로, "대중무역의 블랙홀"과 같은 존재라고 주장한다. 또한 최근 북한이 외화 획득을 위해 마약류와 위조지폐를 유통시킴에 따라 동북 지역의 안전에 큰 위협이 되고 있으며, 핵실험에 의한 핵 오염 확산 가능성 등을 종합적으로 고려할 때 북한으로 인해 중국이 입는 피해가 막심하다고 주장한다. 따라서 이데올로기를 버리고 실용주의를 취하는 덩샤오핑 이래의 입장에 근거하여 마이너스 자산인 북한에 대한 정치·경제적 지원을 중단하고 핵실험 책동에 외교적·경제적 나아가 군사적 압박을 강화하는 한편, 북한의 체제 붕괴 시 예상되는 북한 이탈주민의 중국 진입에 대한 현실적 대책을 마련하는 것이야말로 북한에 대한 바람직한 정책적 대응이라는 것이다.

2013년 덩위원, 2014년 양쥔펑 그리고 2015년 장롄구이로 이어지

14　　楊俊鋒, 「中國應放棄'負資産'朝鮮」 FT中文網(2014.7.7). http://www.ftchinese.com/story/001057090(검색일 2016.12.30)

는 북핵포기론의 등장과 확산은 오프라인과 온라인을 넘나들며 중국 내에서 '북한을 버릴 것인가'의 여부를 둘러싼 열띤 논의를 불러일으켰으며, 이는 정부의 공식입장으로 수렴되지 않는 다양한 목소리가 분출되는 계기가 되었다. 다음 장에서는 중국의 대표적 온라인 토론 공간이라 할 수 있는 톈야, 몹, 우여우즈샹의 세 사이트를 중심으로 북한 및 북핵 문제에 관한 토론의 사례들을 검토함으로써 중국 네티즌들의 북한 및 북핵 문제에 관한 인식과 토론의 양상을 보다 구체적으로 검토하기로 한다.

3. 북한 문제에 대한 인터넷 토론장의 지형

1) 톈야의 사례: 현실주의적 접근

중국에서 가장 영향력 있는 인터넷 토론 공간으로 톈야서취(天涯社區)를 들 수 있다.[15] 톈야는 중국에서 인터넷이 확장되기 시작하던 1999년 창립 이후 사회 문제에 관한 논쟁, 인터넷 문학 등을 중심으로 발전하기 시작했다. 창립 직후 나토의 유고 주재 중국대사관 오폭 사건에 대한 네티즌의 분노를 표현하는 창구로 기능하기도 했고, 2000년에는 당시 중국 지식계의 열띤 화두였던 신좌파-자유주의 논쟁을 인터넷으로 끌어와 관심을 모으기도 했다. 당시 오프라인에서 대표적 지식인 잡지였던 같은 제호의 『톈야』와 협력브랜드로서의 제휴 관계를 맺어 오프라인 잡지의 주요 내용들을 온라인에 소개하는 등, 타겟 이용자층

---

15   최은진·김판수, 「중국 온라인 커뮤니티에서의 규율기제: '톈야서취(天涯社區)'를 중심으로」, 『한국동북아논총』 제69호, 2013, 23~42쪽.

인 고학력, 중산층의 기대를 충족시키는 콘텐츠의 생산 및 의견 교류를 주도하여 해당 업계의 선두주자로 일찍 자리매김하였다. 상업화한 대규모 포털들에 비해 이용자수나 조회면에서 현저한 열세에 놓인 지금도 인터넷 공간에서 펼쳐지는 진지한 토론이라면 중국의 인터넷 이용자들은 우선 톈야를 떠올리는 것이 일반적이다.[16]

대표적 인터넷 토론 공간으로서 톈야에서는 북한 및 북핵 문제와 관련한 논의 또한 지속적으로 이어져왔다. 해당 사이트의 '국제관찰(國際觀察)'란에 올라온 총 154만 개의 게시물 가운데 북한을 지칭하는 중국어 '차오시엔(朝鮮)'을 포함하는 게시물 중 1만 뷰 이상의 조회 수를 기록한 것만도 1,400여 개에 달한다. 그 중 최고 조회 수를 기록한 것은 「북한 정권 내부 권력 투쟁에 관한 북한 문제의 진상, 단독 내막, 모든 궁금증이 풀리다」라는 제목의 게시물로서, 262만 여 회의 조회 수와 11,400여 개의 댓글 수를 기록하고 있다.[17] 북핵 문제 역시 상당한 관심을 모으는 주제이다. 국제관찰란에서 '차오허(朝核)'라는 키워드로 조회되는 게시물 가운데 조회 수 1,000회 이상을 기록한 게시물만 117개에 달하며 그 가운데 최대 조회 수를 기록한 것은, 「박근혜가 말한다: 내가 사드를 배치한다고 원망하지 마라, 북핵 문제에 있어 나는 너(중국)를 믿지 않는다!」[18]라는 제목의 게시물로, 17만회 이상의 조회수

---

16   최은진·김판수. 앞의 글; 허진·원춘잉·류샤오화, 「중국 네티즌들의 반한 정서와 인터넷 민족주의-톈야논단을 중심으로」, 『언론학연구』 17(4), 2013, 227~256쪽.

17 「朝鮮問題的真相, 独家内幕, 百谜皆破」 http://bbs.tianya.cn/post-world-look-1276608-1.shtml(검색일 2016.12.30)

18 「朴槿惠說: 別恨我部署薩德！在朝核問題上, 我不信任你了！」 http://bbs.tian-ya.cn/post-worldlook-1720659-1.shtml(검색일 2016.12.30)

와 1,900여 개의 댓글 수를 기록하고 있다.

2013년 2월 14일 'zhaojwhr'이라는 이용자가 게시한 「북핵 문제로 인해 중국은 모처럼 좋은 카드를 손에 쥐게 되었다!」[19]라는 게시물은 고학력 이용자 중심의 고급정보 교류 공간으로서의 텐야의 성격을 특징적으로 보여주는 사례에 속한다. 2016년 말까지 총 3,100여 회의 조회 수와 50여개의 댓글 수를 기록한 이 게시물은 북핵 문제를 북한 혹은 한반도 문제의 틀에서 살펴보는 것에서 한 걸음 더 나아가 중국의 동북아 전략이라는 각도에서 검토하는 내용을 담고 있다. 또한 댓글을 통한 반응도 단순한 감정적 호오나 지지 여부 표현을 넘어서서, 해당 주제에 대한 심도 있는 논의를 전개하고 있다.

원 게시물의 저자는 우선 이명박과 오바마, 한국과 미국의 두 지도자가 제3차 북한 핵실험과 관련하여 통화를 했다는 피닉스TV(鳳凰衛視)의 기사를 소개하는 것으로 서두를 시작한다. 이어 미국이 핵실험 당일 강력한 비난 성명을 발표한 것, 이후 미국 주도로 유엔안전보장이사회 성명이 발표된 것 등의 사실을 열거하면서, 중국의 입장에서는 "이 핵실험이 악재가 아닐 뿐 아니라 오히려 대단한 호재이며, 중국이 미국과 북한 사이에서 협상에 활용할 수 있는 좋은 카드를 쥐게 되었다"라고 평가하고 있다. 미국이 북한 핵무기 개발에 관해 적극 저지를 확고한 입장으로 가지고 있고 중국의 대북제재 참여를 요구하는 만큼, 북핵 문제에 관한 협상을 통해 조어도(센가쿠) 문제 및 기타 중국의 국가 핵심이익과 연관된 문제에서 미국의 상당한 양보를 받아낼 수 있는 기회로 활용할 여지가 존재한다는 것이다. 한편 이 게시물의 필

---

19 「朝核问题讓中国拥有了一副難得的好牌！」http://bbs.tianya.cn/post-world-look-681726-1.shtml(검색일 2016.12.30)

자는 북한이 개발한 핵이 장차 중국을 겨냥할 수도 있다는 일부의 우려를 거론하며, 북한이 적의를 가진 우선적 대상이 미국과 한국이며 북한이 설사 핵을 보유했다손 치더라도 그 보유량이 지극히 적기 때문에 중국을 우선적으로 겨냥할 가능성은 없다며 일각에서 제기되는 북핵 위협론을 일축한다. 그는 또 중국 외교부가 발표한 북한의 핵실험 반대 성명에 대해서는, "중국에 백해무익한 조치이며 사실상 미국의 부역자 노릇을 한 것으로 미국으로 하여금 중국을 얕보게 하는 동시에 북한의 원한을 사게 되는 어리석은 행동"이라며 대단히 부정적인 평가를 내리면서 지금 중국에 절실한 것은 북한 핵실험 강행이 낳은 "이 천재일우의 기회에 얻게 된 카드를 적절히 활용해야 한다"는 주장을 펼친다.

중국의 북한 제재 동참 여부를 미국과 중국의 핵심이익을 둘러싼 문제에 대한 협상 카드로 활용해야 한다는 이상의 주장에 대해 댓글에서는 뜻밖에도 동의와 지지를 표현하는 의견이 주류를 차지하였다. 그밖에 "좋은 팬지 나쁜 패인지는 1년은 지나봐야 알 수 있을 것이고 결정적으로 중국은 플레이어로서의 자질이 모자란다('观光团吃大面')"[20]는 관망 의견이나 "중국은 책임을 져야 하는 대국이지 여기저기 눈치를 봐야하는 소국과 다른 입장이며 패권 노선으로 일관해온 미국과는 더더욱 다르다. 좋은 패냐 나쁜 패냐가 중요한 것이 아니고 어떻게 동아시아 평화, 안정을 촉진할 것인지가 문제"라는 일부의 비판적 혹은 회의적 반응도 없지 않았다.

지식인 토론공간으로서의 톈야의 성격을 잘 보여주는 것은 '충충샤오페이(虫虫小非)'라는 아이디를 사용하는 한 이용자의 댓글이다. 이 이

---

20 괄호 안은 아이디, 이하 상동

용자는 원글 이상으로 상세한 댓글을 통해 원글에 대한 보충과 비판적 입장을 제시한다. 이 댓글의 내용을 요약하면 첫째, 중국 역시 미국과 더불어 북핵 개발로 인해 피해를 보는 입장이라는 지적, 둘째, 대북 압력 행사 여부를 떠나 북한의 핵개발 과정에 대한 엄밀한 주시가 필수적으로 요청되며, 중국은 필요하다고 판단될 시 북핵 문제 해결에 있어 이른바 '외과수술식 타격' 등의 물리적 수단을 배제하지 말아야 한다는 주장, 셋째, 북한 내부 불안정 국면의 확대라는 기회를 틈타 김정은 정권의 붕괴 및 이후 북한 정권 관리 문제를 포함하여 한반도 문제에 대해 중국이 주동적이고 적극적으로 개입하는 시나리오가 필요하다는 점 등을 주장하고 있다.

이상의 주장은 익명의 네티즌의 의견이지만 중국정부의 한반도 문제에 대한 공식적 입장 표명에서는 찾아보기 어려운 매우 대담하고 수위가 높은 의견을 펼친 사례라 할 수 있다. 이 이용자는 중국이야말로 북한 제재 문제에 있어 미·일·한과 협상을 벌일 수 있는 자격을 갖춘 동시에 북한을 직접 제재할 수단을 보유한 유일한 국가라는 사실을 강조하면서, 이러한 위상을 잘 활용하기 위해서는 첫째, "다른 나라들이 결코 중국에 앞서 북한에 실질적 조치를 취하도록 방치해서는 안 된다는 것(대북제재의 중국 주도권), 둘째, 대북제재 문제에 대한 협의를 원하는 국가는 반드시 (중국이 제시하는) 6자회담 틀 안으로 들어와야 한다는 것(이것이 받아들여지지 않을 시, 중국은 차라리 북한의 핵개발을 지지하겠다는 입장을 공언할 필요가 있음), 셋째, 제재 여부와 별도로 북한의 핵능력 발전수준에 대해 북한과 별도 협상을 진행함으로써 북핵을 중국의 실질적 통제 하에 두는 것"이 필요함을 주장하고 있다.

이러한 논의 사례를 통해 우리는 중국의 인터넷 토론공간에서의 논의가 대중들의 상식적인 반응 이외에도 우리의 상식적 기대를 크게 상회하는 국제정세에 대한 식견, 전략적 판단 능력, 정보 접근 능력 등을 두루 포괄하는 높은 수준에까지 확장되어 있음을 살펴 볼 수 있다. 폐쇄적인 중국의 언론환경에서 이러한 대담한 논의가 등장할 수 있는 것은, 토론참여자들이 익명성이 보장되는 온라인 매체의 속성을 잘 활용함으로써 공식적 토론장에서 작동하는 정보의 통제 및 각종 정치적 금기나 외교적 고려 등의 제약에서 벗어나 자유로이 의견을 개진하는 것이 가능하기 때문으로 이해할 수 있다.

2) 몹과 즈후의 사례: 젊은 세대의 호기심과 실용주의

몹(MOP, 중문명 猫扑網, mop.com)은 1997년 출범 당시 게임 및 TV 프로그램 등에 관한 엔터테인먼트 관련 커뮤니티로 출발하여 현재는 1.3억의 등록사용자 수를 자랑하는 중국어권 최대 규모의 종합 엔터테인먼트 포털로 자리를 잡은 온라인 커뮤니티이다. 엔터테인먼트를 중심으로 중국 인터넷의 최신 유행을 주도하는 사이트답게 평균 연령 18세에서 32세 사이의 사용자의 비중이 상대적으로 높아, 젊은 네티즌들의 북한 및 북핵 문제에 관한 태도를 파악하기에 적합하다.

몹에서도 여타 사이트에서 발견되는 각종 북한 및 북핵 관련 게시물들도 '퍼오기' 형식으로 게시판에 등장하지만, 묻히는 경우가 많고 호응의 정도도 그리 크지 않다. 북한과 관련한 뉴스가 몹 게시판에서 주목을 끌기 위해서는 2015년 한국에서도 한때 인구에 회자된 바 있는 현영철 인민무력부장에 대한 고사포를 이용한 처형 사건[21]과 같은 강한 자극성과 화제성을 가져야만 한다. 이 소식은 관련 동영상과 더불

---

21   「朝鮮二號人物炮決現場動圖」 http://dzh.mop.com/49094785(검색일 2016.12.30)

어 몹을 비롯한 여러 사이트에 널리 퍼졌고 나중에는 한국에까지 전파되어 일부 국내 매체가 정식 기사로 다루기도 했다.[22] 이 소식은 후에 오보로 밝혀졌는데, 첨부된 동영상 역시 2013년 IS가 공개한 포로 처형장면이 중국 네티즌에 의해 '현영철 고사포 처형 장면'으로 제목을 바꾸어 유통된 것으로 드러났다.[23]

북한 문제에 대한 흥미 위주의 접근 성향은 몹에서 높은 관심을 끈 다음과 같은 게시물의 제목을 일별하면 더욱 분명해진다.「북한 인터넷의 비밀을 들추다: 오직 28개의 인터넷 사이트만 존재」[24],「탈북자 불법 월경 시 아편 휴대로 인한 동북 3성의 마약 범람」[25],「북한의 사기 행위를 막으려면 대북한 투자를 중단해야」[26] 등의 게시물은 북한의 폐쇄적 인터넷 환경, 탈북자를 통한 마약 확산, 국제 거래에 있어서의 신용 결여 등 젊은 층의 북한에 대한 부정적 인상에 호소하는 게시물들을 통해 낙후성과 소통 불가능성 등 부정적인 면모를 강조한다. 이는 이들 세대가 북한을 흥미롭긴 하지만 정치적 폐쇄성과 경제적 낙

---

22   한국에서는 국가정보원의 국회 정보위원회 비공개 현안 보고를 통해 황병서와 현영철의 숙청 사실 및 고사포 뉴스가 흘러나와 여러 매체를 통해 확산되었다. http://sports.donga.com/Enter/3/02/20150513/71222250/2(검색일 2016.12.30)

23   중국 웨이보를 통해 퍼진 고사포 처형 및 장성택에 대한 사냥개 처형이 미국 공영방송 NPR 및 워싱턴포스트 등에 의해 오보임이 밝혀진 것에 관해서는 다음 국내 기사 참조.
http://www.fnnews.com/news/201505221052590001(검색일 2016.12.30)

24   http://dzh.mop.com/50357115(검색일 2016.12.30)

25   http://tt.mop.com/16273890_0.html(검색일 2016.12.30)

26   http://tt.mop.com/16273822_1.html(검색일 2016.12.30)

후성 등 부정적인 느낌을 주는 기괴한 이국(異國)의 이미지로 상상하는 현실을 짐작케 한다.

그러나 젊은층의 북한에 대한 인상이 부정적 측면에 고착되어 있는 것은 아니다. 북한 특유의 폐쇄성은 다른 한편에서 북한에 대한 호기심을 자극하는 계기가 되어 '신비의 나라'를 직접 체험해 보고자 하는 관광에 대한 관심으로 이어진다.[27] 「북한 관광 갈 때 꼭 알아야할 아홉 가지(몰랐다간 큰일 나는 것 포함)」라는 게시물[28]은 몹 이용자의 대다수를 차지하는 젊은 층의 관심에 부응하여 북한 관련 게시물 가운데 높은 관심을 끈 사례에 속하는데, 2014년 5월 12일에 게시된 이래 2016년 말까지 무려 13만 9천여 회의 조회 수를 기록하고 있다.

이 게시물은 핸드폰, 망원경, 북한 화폐, '반동' 서적 및 외국 신문 잡지, 미국 및 한국의 국기와 휘장 등의 금지물품, 북한 지도자 동상 앞에서 포즈 흉내내기, 북한 주민과의 허가 없는 접촉 및 사진촬영, 야간의 숙소 무단이탈 같은 금기사항, 그리고 여행단의 가이드 외에 행동을 감시하는 '안전요원'이 별도로 배속되어 있다는 점 등 북한여행에 대한 정보를 상세히 소개하고 있다. 여기에 달린 다양한 댓글을 통해 우리는 몹 이용자들의 북한에 관한 다양한 반응을 엿볼 수 있다.

"직접 한번 가서 봤으면 좋겠네. 우리의 과거를 체험해보고 오는 거잖아(shanghai666)", "거기 자연 풍광은 어때?(暗-星)"와 같이 북한에 대한 호의적 관심을 표현하는 댓글도 있지만 부정적인 입장의 댓글이 훨씬 더 큰 비중을 차지한다는 점은 텐야의 경우와 상반되는 점이다. "진짜 번거롭구먼. 안가고 말래!(鬼淵之鬼鳳)", "허접한 동네에 뭐 볼 게 있

27　이 책에 실린 주윤정의 글 참조.

28　http://dzh.mop.com/47237429.html(검색일 2016.12.30)

다고(익명)”, “미쳤어? 밥 먹고 할 일 없이 거길 가다니 정말 돈 쓸 곳이 없나 보네.(익명)”, “자학하고 싶으면 북한을 가야겠네(익명)” 등의 댓글은 북한 관광 자체에 대한 회의적 시각을 여과 없이 드러내는 사례이다. 더 심한 경우에는 “낙후된 농촌에 가서 뭐하려고? 다녀와서 그래도 외국여행 다녀왔다고 하려고?(handapeng0105)”, “누가 이런 독재국가에 가겠어, 병신이야?(柠蜜憂幸)”, “자유도 없는 나라에 가봐야 무슨 의미가 있겠어(梓樹的俊悄)”, “머리에 총 맞은 인간이나 그런 X 같은 델 가지!!! 전세계에 절대로 가면 안 되는 10대 공포의 장소 가운데 여기가 분명 1등일 걸(修身不養性)”, “여기로 여행가는 건 감옥 가는 거랑 다를 것이 없을 듯(星辰の北极光)”과 같은 댓글에서 볼 수 있듯 회의적 시각을 넘어 노골적인 부정과 경멸의 감정이 거침없이 표현되기도 한다. 몹을 이용하는 젊은 네티즌의 상당수가 갖는 북한에 관한 인상은 '낙후'와 '독재', '깡패국가', '자유 없는 나라', '공포의 장소' 그리고 '감옥' 등과 연결되는 것이다.

　몹 사이트 외에도 북한 관광에 관련된 정보공유가 발견된다. 과도한 말초적 흥미 중심으로 흘러가는 중국의 인터넷 환경 속에서 최근 사용자수가 늘어나고 있는 즈후(知乎 www.zhihu.com)는 한국의 네이버 지식인과 유사한 형식의 질의응답 전문 인터넷 사이트로서 흥미 위주의 상업적 인터넷 여건 속에서 양질의 정보공유를 표방하며 새롭게 각광 받고 있다. 몹 게시판에서 다루어졌던 북한 여행 관련 정보는 이 사이트에서 보다 심화되고 확장된 형식으로 이어지고 있다.[29] 이들이 사진과 함께 올린 상세한 북한여행기는 어떤 외부 미디어보다도 자세하면서도 실시간으로 북한의 내부 사정을 엿볼 수 있는 인터넷 상의 통로가

29　https://www.zhihu.com/question/20158971(검색일 2016.12.30)

되고 있다. 이들이 올린 활발한 댓글을 통해 관련 정보의 최신 업데이트가 이루어지도 한다. 'zp1975'라는 이용자의 댓글은 원글[30]이 소개한 북한 입국 시 핸드폰 등을 소지할 수 없다는 규정에 대해, "이거 규정 바뀐 지가 언젠데요. 작년(2013년) 1월 1일부터 핸드폰 가지고 들어갈 수 있고 이젠 그렇게 엄격하게 검사도 안 해요. (추신) 작년 10.1 국경절 연휴에 내가 다녀왔음"과 같이 실제 경험에 기반한 규정 변경 상황을 적시하고 있다. 또 다른 댓글의 "관광일정 중에 자유활동이 금지되어 있으면 북한 가서 거기 아가씨들 얼굴 처다볼 기회도 없겠네(我要奶酪)"에 의문에 대해서도 곧바로 "북한 호텔에 외국 관광객 상대 유흥시설 다 갖춰져 있어요. 카지노도 있고 여성 접대원도 있어요, 다들 알면서...(lucksuresl)"와 같은 답변이 등장한 것도 유사한 사례이다. 같은 게시물의 댓글 형식으로 'Yichi ZHANG'이라는 아이디의 필자는 2015년 7월 27일부터 30일까지 상하이 출발 항공편을 이용한 북한 여행 경험을 비슷한 방식으로 소개하고 있다. 가장 최근의 댓글로는 2016년 11월 28일자로 'Smiles雨田小卷兒'라는 사용자가 자신이 2016년 8월 19일부터 25일까지 북한을 여행한 경험을 "북한, 내가 그 베일의 한 끝을 가볍게 걷어 올린 나라!(朝鮮, 一個被我輕輕撩起面紗一角的國家！)"라는 제목으로 역시 여러 장의 사진과 함께 일정을 자세히 소개하고 있다. 이런 의미에서 중국 인터넷 사이트의 북한 여행 경험 공유 게시물은 북한의 내부사정을 어떤 외부 미디어보다도 자세히 그리고 거의 실시간으로 소개함으로써 중국 네티즌들의 북한에 대한 부정적 인상을 일정하게 중립화시키는 효과를 갖는다.

---

30   https://www.zhihu.com/question/22153371 (검색일 2016.12.30)

3) 우여우즈샹의 사례: '사회주의 형제국'에 대한 동정

우여우즈샹(烏有之鄕, wyzxwk.com)은 "애국주의와 사회주의를 견지하고, 학술을 통해 국가이익 및 인민의 이익에 대한 복무를 원칙으로 삼으며, 마오쩌둥주의만이 중국의 미래를 바른 방향으로 이끌 수 있다"는 사이트 소개의 말에서 엿볼 수 있듯, 개혁개방이 초래한 부정적 결과로서 사회 부패, 양극화, 국유자산 유출 등의 사회 문제에 대해 비판적 입장을 견지하는 '마오 좌파'의 입장을 대변하는 인터넷 사이트라 할 수 있다. 마오주의에 입각하여 과거 중국 혁명 및 사회주의 전통을 계승하는 입장을 표방하기에 우여우즈샹은 북한 문제에 관해서도 전통적인 사회주의 형제국으로서 존중과 옹호를 강조하는 전통적 입장을 고수한다. 이들은 북한이 개혁개방을 통해 정통 사회주의 노선에서 벗어난 중국과 달리 사회주의 체제의 정통성과 역사적 정당성을 유지하고 있다고 본다. 따라서 지금까지 북한이 유지하고 있는 무상교육, 무상의료, 무상주택분배 등의 사회주의 복지 시스템은 현재의 중국을 비판하는 근거가 된다. 이들이 마오주의 좌파의 시각에서 현재의 중국에 대해 갖는 불만은 북한이라는 사회주의의 순수성을 유지하고 있는 이상화된 거울에 투영되어 한층 더 강화, 증폭되는 셈이다.

개방적인 게시판 활동을 중심으로 운영되는 타 인터넷 토론 사이트와 달리, 우여우즈샹은 시사, 경제, 국제, 사조, 역사, 논쟁, 사건, 심층 연구 등 섹션별로 주로 기명 칼럼 형식으로 게시물을 배치하고, 토론은 주로 댓글을 통해 이루어지는 체재로 되어 있기에 일종의 인터넷 잡지(網刊) 형식으로 운영되는 셈이다. 이 사이트의 '논객'들은 기본적으로 북핵 문제가 미국의 중국에 대한 군사적 포위 및 동아시아에서의 미국의 패권주의의 결과물이라는 반제국주의적 인식을 내세우며, 따라서 북한의 독자적 핵무장 시도 역시 미국의 군사적 압박으로 인해 정당한 자위권을 행사하는 것으로 간주된다.

우여우즈샹의 북한에 관련된 게시물 가운데는 한국전쟁 당시의 혈맹관계 및 마오 시대(개혁개방 이전)까지의 중국과 북한 사이의 역사적 우의를 강조하는 내용 역시 빈번히 등장한다. 이들은 또 현재 북한이 보이는 각종 난맥상에 대해서도, 그 주요한 원인을 90년대 말 사회주의권 붕괴 이후 소련 및 중국에 의해 북한이 버림받게 된 사태에서 그 원인을 찾는다. 따라서 북핵 문제에 대한 중국의 바람직한 대응 역시, 동아시아에서의 미중 간의 군사적 갈등의 전략적 완충지대로서 북한이 가지는 중요한 의의를 고려해서라도 중국은 결코 북한을 저버려서는 안 된다는 입장이다.

2016년 3월 10일 게시된 '마지막 숨은 붙어있다(一息尚存)'라는 이용자가 '대북제재와 일부 중국인의 국민성'이라는 제목으로 올린 글[31]은 우여우즈샹의 성향을 적절히 보여주는 사례라 할 수 있다. 이 글의 필자는 글의 서두에서 당시 자유주의 성향의 사이트 꿍스왕(共識網 www.21ccom.net)[32]에서 북한 제재 참여 문제에 관해 벌인 다음과 같은 설문조사의 내용을 소개하는 한편 그 설문 결과에 대한 불만을 토로한다. 꿍스왕의 설문은 북핵문제에 대한 중국의 대응을 다음과 같은 다섯 개의 선택지로 제시하고 있다. 첫째, 중국이 미·일·한과 공동보조를 취해 경제원조를 중단하고 북한과 선을 긋는 방안. 둘째, 일정 수준

---

31   「制裁朝鮮與某些中國人的國民性」 http://www.wyzxwk.com/Article/shiping/2016/03/360024.html(검색일 2016.12.30)

32   꿍스왕은 앞서 소개한 잡지 『링다오저』의 자매 미디어로 오프라인 잡지의 온라인 확장판 기능을 담당하고 있으며, 홍콩에 근거지를 둔 피닉스TV와도 같은 계열에 속한다.

에서 제재하되 원조 등은 지속하여 비공식적 영향력 유지 및 내부 변혁을 촉진하는 방안. 셋째, 제재에 불참하는 대신 경제원조는 중단함으로서 한미일의 책임추궁을 피하는 방안. 넷째, 제재불참 및 북한에 대한 우호적 입장 표명. 전면적 협력과 대화 시도. 다섯째, 기타가 그것이다.

이상의 설문에 대해 1,299건의 네티즌 투표의 결과는 1번을 선택한 설문참여자 수가 1,039표(79%, 1위), 2번이 196표(15%, 2위), 4번이 3위(28표, 2%)를 차지했다. 이에 대해 윗글의 필자는 크게 불만을 표시하며, "대북제재에 대한 찬성률이 이처럼 높은 것은 북한에 대한 분노 때문"이라고 비판한다. 즉, 자신들과 정반대 입장이라 할 소위 '자유주의' 성향의 논자들이 북한을 "역사적으로는 외적이 중국을 침략하는 데 북한이 하나의 디딤돌 역할을 해왔"으며 "현실적으로는 소국 북한이 감히 미국에 공공연하게 대들어서 중국에 문젯거리를 안겨주었기 때문"이라며 왜곡된 인식을 유포한 것이 원인이라는 것이다.

이상과 같이 북한에 대한 동정적 시각에 입각하여 중국의 대북제재 참여를 비난하는 주장은 우여우즈샹의 다른 게시물에서도 쉽게 찾아볼 수 있다. 2016년 4월 20일 '梅花歡喜漫天雪'이라는 사용자[33]가 게시한 '결코 북한이 또 하나의 베트남이 되도록 만들어서는 안 된다'라는 제목의 게시물은 현재의 북한에 대한 압박이 과거 베트남과의 관계 악화의 역사적 경험을 또 한 번 반복하는 우를 범하는 결과가 될 수 있음을 경고한다. 이 이용자는 해당 게시물을 통해 역사적으로 북중관계는 과거 중월관계와 마찬가지로 "동지에 형제를 더한 정도거나 심지

33　「切莫讓朝鮮成了越南」 글 말미의 서명을 통해 게시물 작성자가 안후이(安徽)성 남부에 위치한 스타이(石台)현 중등학교 교원이며 게시자의 실명이 장신궈(張新國)임을 짐작할 수 있다.

어 그 이상"의 관계였으며, 이러한 역사적 우의는 "중조, 중월 인민들의 피와 바꾼 것"임을 강조한다. "조선(북한)은 국공내전 당시 중국 공산당의 동북지방 근거지 건설 당시부터 요심(遼西-沈陽)전투 시기까지 자신들의 주요 무장역량 몇 개 사단을 중국공산당의 지휘에 조건 없이 배속시킴으로써 중국인민의 해방 사업에 참가하였고, 이 병력은 향후 린뱌오(林彪)가 이끄는 제4야전군과 더불어 하이난(海南島)에까지 이르렀으니, 중국의 최북단에서 최남단까지 이들(북한)의 도움 속에 중국의 절반이 해방된 셈"이라는 것이다.

소위 '북한포기론'이 자유주의적 입장의 논자들에게서 나왔다는 점으로 인해 이들의 북한 옹호론은 자유주의 비판으로 향하는 경우가 많다. 우여우즈샹의 주요 논객 가운데 한 사람인 리양(黎陽)은 2016년 8월 29일 발표한 「'공공지식인'의 공덕: 대북제재 참여가 사드 배치로 돌아오다」라는 글[34]에서 그간 북한 제재론을 공공연히 주장해온 자유주의 성향의 지식인, 즉 서구적 보편가치를 내세우며 스스로를 이른바 '공공지식인(公知)'으로 자처해온 이들이야말로 한국의 사드배치라는 최악의 결과를 이끌어낸 장본인이라고 주장한다. 그는 이 글에서 반북 여론을 주도한 바 있는 런민대학 정치학과 교수 장밍(張鳴)의 주장들, 즉 "최근 몇 년 간 북한은 조직적으로 대중 마약 판매에 나서 동북지방이 마약류의 집산지가 되고 있다"(2013), "사실 지금 북한이 가장 적대시하는 대상은 중국인이다"(2015) 등의 사례를 적시하면서 이 같은 주장의 유포가 중국의 대북한 제재 참여 여론의 확산으로 이어졌고, 결국 "한국으로 하여금 중국의 눈치를 볼 필요가 없어지는 결과를 낳게

---

34   「公知的'貢献': 制裁朝鮮, 换来了'薩德'」 http://www.wyzxwk.com/Article/shehui/2016/08/370211.html(검색일 2016.12.30)

만들었다"는 것이다. "일 년 전만 하더라도 '만면에 웃음을 띠고' 중국을 방문해서 가는 곳마다 중국어 실력을 자랑하고, 그토록 '화기애애'하고 '친근한' 모습을 보여 중국의 무수한 '공공지식인'을 설레게 했던 '박근혜 누님(朴大姐)'이 어떻게 이토록 갑자기 태도를 바꾸게 되었는가"라고 작금의 상황을 개탄하면서, 그는 "중국이 공개적으로 대북제재에 참여함으로써 북중관계는 더 이상 굳건한 동맹이 아님을 대외에 공포하는 결과를 낳았고, 이는 한국이 앞으로 북한에 대해 어떤 행동을 취하더라도 중국의 눈치를 볼 필요가 없게 만들"었다고 주장한다. 중국 일각에서 "한국의 이런 입장 변화를 두고 '배신'이니, '은혜를 원수로 갚는다'느니 하고 뒤늦은 불만을 표출하기도 하지만, 한국은 본래 미국과 굳건한 동맹 관계에 있으며 한국의 대중 외교 목표의 핵심이 애초에 북중 동맹 관계를 무력화시키는 데 있음을 상기한다면 이러한 불만 표출은 어리석은 생각에 불과"하다는 것이다. 상대적으로 이용자들의 이념적 동질성과 결속력이 강한 우여우즈샹 사이트의 특성상 동의와 지지를 표명하는 의견(댓글)이 대부분을 차지했다는 점도 흥미롭다.

4. 북한 인식의 비공식 층위

중국의 정치적 조건 속에서 인터넷 공간은 일정한 폐쇄성이 존재하는 여타 미디어에 비해 상대적으로 "큰 개방성과 솔직성이 충분히 가능한 공간"으로서의 성격을 가지는 것으로 볼 수 있다.[35] 중국정부가 오

---

35   이홍규, 「인터넷 시대의 중국 지식인 네트워크의 형성과 영향」, 『중국학논총』 제40집, 2013, 369~370쪽.

프라인 미디어에 상대적으로 엄격하게 적용하는 검열에 대해서도 온라인 미디어는 상대적으로 자유로운 측면을 지니며,[36] 온-오프라인을 두루 망라하여 획득된 정보를 실시간으로 가공, 재편집하여 단시간에 넓게 확산시킬 수 있는 기술적 잠재력 또한 구비하고 있다. 인터넷을 통해 사회적 소통의 범위를 확장하는 이상의 과정은 어떤 의미에서는 관료적 명령체계를 대체하는 다중의 집단지성이 조직화되는 과정이라고도 할 수 있다. 중국의 인터넷 공간에서 토론되는 북한 및 북핵 문제에 대해서도 이러한 방식의 종합과 재구성 그리고 정보의 확산이 행해진다.

중국 인터넷 공간 내에서 이 문제에 대한 토론은 먼저 그 정보와 논의내용의 깊이라는 차원에서 평범한 대중적 수준에서 전문가적 수준까지 넓은 스펙트럼을 가지고 있으며, 다른 한편에서는 북한에 관한 인식, 태도와 관련하여 반북-중립-친북 성향을 두루 포괄하고 있다.

묘의 경우가 '고사포 처형', '북한 관광 필수 유의사항' 등 대중의 눈높이 수준에서 말초적 흥미나 실용적 관심을 중심으로 북한 문제를 다루는 사례를 대표한다면, 텐야 및 우여우즈샹 사이트의 논의는 북핵 문제에 관한 전략적 대응 방안에 대한 심도 있는 논의 수준을 보여주는 사례라 할 수 있다. 전자와 후자 사이의 이 같은 차별성은 다른 관점에서 보자면 각 사이트의 주된 이용자층를 이루는 서로 다른 세대 사이의 관심사 혹은 성향 차이를 반영하는 것으로도 해석할 수 있

---

36   그러나 이러한 개방성에 가해진 제약의 측면을 강조하는 견해도 있다. 중국 인터넷 여론공간에 부여된 자유는 '새장 속의 자유'로서 이 속에서 생산되는 여론 역시 '통제와 자유의 공존'이라는 정부의 유연한 대응을 통해 관리되는 여론으로서의 제한성을 가진다. 그런 의미에서 시민과 정부 사이의 줄다리기 게임은 여전히 진행 중이라 할 수 있다.

다. 즉 전자의 흥미와 실용적 관심을 중심으로 한 북한 문제에 대한 접근이 개혁개방 이후에 출생, 성장하여 이념 문제에 대한 관심의 정도가 낮으며 탈이데올로기, 탈정치화적 성향이 강한 '80후', '90후'[37] 세대의 특징을 반영하고 있다면, 톈야, 우여우즈상 등 후자의 사례는 사회주의적 과거에 대한 향수, 냉전적 진영 논리에 입각하여 국제관계를 파악하는 시각(우여우즈상) 혹은 탈냉전시기 확대된 민족주의적 관심 속에서 국제문제에 대한 국익 중심의 탈이념적·실용적 접근의 성향(톈야)을 보여준다고 할 수 있다.

그러나 한편에서는 세대별 성향차이를 절대화기 곤란한 면도 존재한다. 징뤼에왕(經略網, jingluecn.com)은 80후와 90후에 속하는 젊은 세대가 운영진의 주축을 이루는 토론공간인데, 여기서 발견되는 정치 및 국제문제에 대한 이들 세대의 열렬한 관심은 이들이 단순히 말초적 흥미나 실용적 관심에만 관심을 두고 있다는 세대론적 편견을 무색하게 만든다. 또한 공산당 정부의 입장을 옹호하는 댓글을 다는 네티즌들을 일컫는 '우마오당'[38]이나 민족주의 정서를 거리낌 없이 표출하는 젊은 세대를 지칭하는 '펀칭'[39] 등의 인터넷 유행어에서도 정치적, 국가적

---

37 '80후' 및 '90후'는 각각 80년대 및 90년대 출생자를 가리키는 중국식 세대 명명법이다.

38 댓글 하나당 런민비 0.5위안(5毛)을 받는다고 하여 '五毛黨'으로 불린다. 여기서 한 걸음 더 나아간 '쯔간우(自乾五)'라는 용어도 널리 쓰이는데, 스스로('自') 전투식량('乾'糧)을 마련하여 '五'毛黨 활동을 하는 사람, 즉 돈을 받지 않고도 자발적으로 정부에 유리한 댓글을 다는 등 인터넷에서 정부입장을 옹호하는 활동을 하는 네티즌의 한 부류를 가리킨다.

39 펀칭은 '憤靑', 즉 '분'노를 표출하는 '청'년 세대를 가리킨다. 앵그리 영맨(angry youngman)의 중국어 번역에서 기원했으나 중국 인터넷에서는 민족주의, 애국주의 성향의 젊은 세대를 가리키는 말로 쓰인다.

이슈에 적극적인 반응을 보이는 젊은 층이 폭넓게 존재한다는 사실을 짐작할 수 있다.

중국 인터넷 공간에서의 북한 및 북핵 문제에 관한 인식은 전반적으로 부정적인 측면이 더 큰 비중을 차지한다고 볼 수 있다. 정치적 독재와 경제적 낙후, 폐쇄성과 통제 체제 등 한국이나 서구의 시각에서 북한 체제를 바라보는 시각들이 중국의 인터넷 공간에서도 대체적으로 통용되고 있는 실정이다. 우여우즈샹 등 일부 인터넷 사이트가 북한을 다소 낭만화, 이상화하는 견지에서 접근하는 경우도 존재하지만, 과거 사회주의 시대의 유산에서 벗어나지 못한, 기아와 독재로 불안정한 체제, 인터넷 등 외부와의 접촉이 통제되고 고립된 사회로 북한을 인식하는 것이 일반적이다. 이 같은 인식은 종종 북한에 대한 노골적 폄하, 예컨대 삼대에 걸친 권력 세습이나 북한 최고통치자의 외모(두발, 비만 등) 등에 대한 직설적 비하나 여과 없는 적대감을 표출하는 것으로 나타나며 이에 대한 별다른 제재는 취해지지 않는다.

이와 같이 북한에 대한 부정적 인식을 표출하는 행위는 비교대상으로서의 북한을 통해 개혁개방 이래 경제성장과 사회적 다양성을 확대해온 중국의 발전상을 강조함으로써 국민으로서의 자긍심을 고취시키는 심리적 효과를 갖는 측면도 있다. 이런 방식의 자긍심 고취가 목하 중국이 처한 갖가지 난제들, 빈부, 지역, 도농 삼대 격차의 확대, 성장 동력의 둔화, 소수민족 문제 등을 직시하고 극복하는 데 있어서는 그리 큰 유효성을 갖기 힘든 것 또한 자명하다.

최근에는 북한이 단순히 '가난한 친척'이 아니라 새로운 종류의 불안을 조성하는 대상으로 인식되는 경향도 나타나기 시작했다. 탈북자들의 범죄 사례나 이들을 통한 마약 확산에 관한 우려 등이 여러 경로를 통해 사회적 이슈로 등장하고 있다. 이러한 '위험한 이웃'론의 등장

은 북한의 핵개발이 북한에 인접한 국경 지역의 방사능 오염 가능성이
라는 현실적 차원의 안전문제와 결합되어 중국의 대북제재 참여를 정
당화하는 여론의 근거가 되기도 한다.[40]

　이러한 부정적 시각에 대해 반론과 저항이 존재하는 것 역시 당연하
다. 예컨대 몹이나 즈후 등의 사이트에서 인기리에 공유되고 있는 북
한 관광 체험담은 북한 여행의 실제 경험을 통해 널리 유포된 부정적
'소문'을 검증하고 교정하는 장치로 기능한다. 다시 말해 정보의 편향
성을 집단지성의 작동을 통해 교정하는 균형장치의 역할을 하는 것이
다. 북한 여행 체험자들은 관광 개방 초기에 엄격하게 취해졌던 북한
당국의 핸드폰, 카메라 등의 소지 금지가 완화되면서 자신이 몸소 체
험한 북한의 다양한 모습을 영상으로 담고 또 이를 인터넷을 통해 공
유함으로써 북한사회의 부정적 면모에 대한 과장된 이해를 일정하게
바로잡는다. 이들은 남긴 관광 가이드, 버스 기사, 안전요원, 호텔 및
레스토랑의 복무원, 판문점 등 방문지의 경비원, 군인 그리고 일반 시
민들과의 기념사진이나 교류 경험은 독자들로 하여금 결국은 '거기도
사람 사는 곳'이라는 인상을 얻게 만든다. 가짓수가 적지 않은 만찬 메
뉴 사진을 통해 북한의 식량 부족 문제에 관한 과도한 선입견이 누그
러지기도 하고 자신들이 방문한 카페, 바, 카지노 등의 사진을 통해 북
한에서 확산되는 서구적 소비문화의 일단이 드러나기도 한다. 관광지

40　중국의 연구자는 핵오염 가능성에 관한 중국의 대응 사례를 다음과 같이 소
개하고 있다. "중국은 북한의 3차 핵실험 이후 동북3성과 산둥성 등지의 무려 34
개 곳에서 핵물질 측정을 진행하면서, 북핵실험이 물리적으로 중국에 미치는 영향
에 촉각을 세우고 있다. 북한 핵이 중국에 직접 위협이 될 수 있다는 판단이 여기
에 전제되어 있는 것이다." 진징이(金景一), 「북한의 '변화'와 북중 관계」, 『성균차
이나브리프』 38호, 2016, 76~81쪽.

에서 보안요원의 감시를 피해 런민비를 현지 화폐로 환전한 경험이라 거나 심야에 호텔을 벗어나 별다른 제약 없이 평양 시내를 돌아다닌 에피소드는 북한사회가 물샐 틈 없이 폐쇄적이고 억압적이라는 고정 관념이 상당 부분 과장된 '상상'의 산물임을 자연스럽게 유추하게 만 들어 준다.

북한에 대한 편견의 극복에서 나아가 북한을 우호적 시각에서 바라 보는 태도는 우여우즈상의 경우에 두드러진다. 이들은 북한을 부정적 으로 보는 인터넷 이용자 일반의 시각과 대립각을 세우면서 북한의 긍 정적 측면을 부각시킨다. 즉, 중국이 개혁개방 과정에서 잃어버린 '어 떤 가치'를 유지하고 있는 장소로서 북한을 이상화·낭만화하는 경향 을 띤다. 여전히 의료와 교육이 무상 제공되는 북한의 상황을 사회주 의의 모범으로 제시하면서 교육·의료 등에 적용되어온 사회주의적 복 지가 시장주의적 민영화로 대체된 개혁개방 이래 중국의 현실을 비판 하는 식이다. 이처럼 이념적 향수(鄕愁)의 대상으로 북한을 바라보는 자세는 북한의 대외정책에 대한 긍정적 평가로도 이어져, 북한의 핵 개발을 강자의 압박 앞에서도 민족적 자존감을 잃지 않고 '자위권 행 사'에 견결한 입장을 보이는 것으로 높이 평가하기도 한다. 이런 입장 에서 이들은 북핵 문제를 둘러싼 갈등에서 중국의 대북제재 참여에 대 해서도 반대 입장을 고수한다.

북한에 대한 이 같은 낭만화와 이상화가 또다른 반론을 불러오는 것 역시 당연하다. 대중들의 북한관이 경제적 낙후성이나 정치체제의 폐 쇄성에 주목하여 현재의 북한에서 개혁개방 이전 중국의 부정적 면모 를 발견하는 회고적 이해에 경사되어 있는 것과 달리, 북한을 중국의 국익에 대한 실체적 위협으로 보는 현실주의적 시각도 새롭게 등장하 고 있다. 북한의 핵개발에 대한 고집이 핵 확산 방지에 관한 국제적 공감대를 무너뜨리는 한편, 미국에 대한 대결적 자세의 고수가 동북아 정세 불안 가중으로 이어져 중국 주변에 안보 불안을 조장하고 있다는 인식이 확산되고 있다. 2013년 2월 북한의 3차 핵실험은 '북한 위협론'이 등장하는 계기가 되었는데, 중국 정부의 전례 없는 강도 높은 비난 성명에 이어 푸단대학 선딩리(沈丁立), 베이징대학 자칭궈(賈慶國) 등 민간 전문가들 역시 북한에 대한 강경조치를 주문하기도 했다.[41]

2장에서 검토한 바와 같이 장롄구이, 덩위원, 양쿼펑 등으로 이어지는 일련의 흐름은 북한을 위협으로 인식하고, 중국의 대북제재 참여를 주장하며, 궁극적으로 동맹적 관계에 있는 북한을 포기할 것을 주문하고 있다. 이러한 목소리의 등장은 결코 돌발적 사건으로가 아니라 북한 및 북핵 문제에 관해 당과 정부의 공식적 방침과는 별개의 다양한 논의들이 인터넷 공간을 통해 이루어져온 흐름 속에서 이해해야 한다. 북한의 핵개발이 체제를 인정 받기 위한 대미 협상용이 아니라 핵 보유 자체를 통해 유리한 고지를 점하는 데 목표를 두고 있다는 장롄구이의 분석이나 북한은 중국의 입장에서 더 이상 전략적 자산이 아닌 짐 보따리에 불과하다는 덩위원과 양쿼펑으로 이어지는 주장은 중국 내에서 축적, 확산되어 온 북한에 대한 부정적 인식이 국제문제에서의 전략적 태도 변화를 촉구하는 것으로 나타나는 현상의 한 가지 사례로 볼 수 있다.

북한을 글로벌한 보편가치의 훼방자로 보는 이 같은 인식은 중국 국내 문제에 대해 자본주의적 경제발전의 보편성을 옹호하고 공산당의 정치적 권위주의에 반대하는 이른바 자유주의적 입장에 의해 뒷받침

41　이정남, 「중국 대외정책 결정과정에서 인터넷여론의 역할-제3차 북한 핵실험을 중심으로」, 『EAI 프로젝트 리포트』, 2014, 1~23쪽.

되어, 우여우즈샹으로 대표되는 좌파적 시각과 날카로운 이념적 대립 국면을 연출한다. 북한을 사회주의 혁명의 교리에 충실한 반미·반패권주의의 구현자로 보는 우여우즈샹의 논자들은 소위 자유주의 진영에서 내세우는 글로벌한 보편성을 띠는 가치(서구적 인권 관념, 민주주의, 개방경제)를 부정하는 한편, 개혁개방이 초래한 부정적 현상들을 마오쩌둥 시대의 권위주의적 리더십의 회복을 통해 타개할 것을 주장한다. 이러한 점에서 보자면 자유주의와 마오좌파 양 진영은 실사구시적으로 접근하기보다 각자의 이념적 지향을 투사하여 북한 문제를 사고한다는 점에서는 공통점을 지닌다고도 볼 수 있다.

이상의 양극화된 태도와 거리를 유지하면서 북한 및 북핵 문제를 현실적으로 접근하는 예로 톈야의 사례를 들 수 있다. 이들은 중미 간 패권 충돌이라는 글로벌한 지각변동을 전체적 배경에 놓고 북한 문제를 동아시아 지역구도의 재편이라는 시각에서 살피는 입장을 취한다. 따라서 북핵 문제는 중미 갈등의 하위범주로 인식되는 경향이 있으며, 동북아 지역 구도에서 중국의 주도권 확보 및 대미협상력 강화에 필요한 카드로서 북한 및 북핵 문제가 갖는 실용적·도구적 의의가 강조된다. 북핵 문제 해결을 둘러싼 당사국들의 복합적 교섭이 존재하더라도 중국이 북한에 직접 접근하는 단일 창구가 되어야 한다는 주장이다. 그러나 중국의 제재 참여 여부를 전략적으로 조율하는 것과 별도로 필요하다면 북한의 정권 교체와 북핵 정밀타격까지 배제하지 않는 과감한 개입을 강조하는 등, 실질적으로 북핵문제를 중국의 통제 아래 두어야 한다는 이들의 주장은 해당 문제에 대한 중국정부의 모호한 입장에 익숙해진 한국독자들에게는 상당히 이채롭게 받아들여질 법하다.

공개된 인터넷 토론공간에서 중미관계와 동아시아 정세에 대한 거시적 판단과 상황분석, 국익을 강조하는 지극히 현실적인 접근 전략

등이 활발히 논의되고 있다는 사실은 북한 문제에 관한 중국인들의 사고 수준이 우리가 알고 있는 것보다 훨씬 더 넓고 깊을 수 있음을 시사한다. 이는 우리가 북한 및 북핵 문제에 관한 중국의 반응을 대함에 있어 공식적인 것과 공개된 것에만 과도하게 주의를 기울여 비공식적인 것, 그리고 내부적으로 토론되는 것 등 다양한 층위에 존재하는 잠재적 카드를 망각할 수 있다는 사실에 자각적일 것을 요구한다고 하겠다.

03

'신비의 나라': 중국인의 북한 관광

주윤정(서울대학교 사회발전연구소)

1. 관광객의 시선

중국인들의 관광 열풍은 폐쇄적인 북한사회에도 이어지고 있다. 중국
인의 북한 관광은 북중관계의 한 측면을 보여준다. 중국인의 관광 경
험과 북한 관광 여행기들은 북중관계의 현황과 북한에 대한 중국인의
대중적 인식의 단초를 드러내 보여준다. 흔히 북중관계는 북핵문제나
정치적 관계로만 이해되기 때문에 대중적 인식이나 실제적 교류에 대
해서는 잘 알려져 있지 않다. 이 글에서는 중국인의 북한 관광 여행경

험과 여행기에 나타나는 중국인의 북한 인식을 살펴보고자 한다. 북한의 대표적인 외화벌이 수단인 외국인 관광객 중 가장 많은 비중을 차지하고 있는 것이 중국인들이며, 북한과 가장 활발한 교류를 하고 있는 사회가 중국사회이다. 실제적 교류를 통해 발생한 경험과 인식을 통해, 한국인들이 쉽사리 접근할 수 없는 북한사회와 북중관계를 간접적으로나마 이해할 수 있을 것이다. 또한 '관광객의 시선(tourist gaze)'[1]을 통해 폐쇄적이고 이질적인 사회를 바라볼 때 어떤 시선과 인식이 도출되는지를 분석할 수 있다. 관광객의 시선은 관광지의 사회와 문화를 타자화하기도 하지만, 이는 오히려 본국인들의 거울로 기능하기도 한다. 다시 말해 중국인들이 북한을 바라볼 때, 북한 자체의 모습을 보기보다는 중국사회의 거울로 인식하고 중국의 과거 혹은 중국이 가지 않은 다른 길로 보는 측면이 있다. 북중관계를 관광을 통해 살펴볼 경우, 미디어나 공식적 정치 관계를 넘어선 복잡한 양상을 살펴볼 수 있다. 정치적 관계의 경우와 달리, 일상생활 속에서의 다양한 관계는 중국인들의 북한에 대한 다층적 인식을 파악하게 할 수 있을 것이다.

북한 관광에 대한 연구는 최근 시작되고 있다. 김한규는 북한 관광의 조직 등을 비롯하여 북한 관광산업에 대한 전체적인 분석을 했다. 금강산 관광 시기에 대한 연구[2]들도 있다. 대체로 정책학이나 관광학적 관점에서 접근하는 연구가 다수라고 볼 수 있다. 최근에는 북한의

---

1   John Urry, *Tourist Gaze: Leisure and Travel in Contemporary Societies*, London: SAGE Publications, 1990.

2   김한규, 『북한 외래관광 연구: 담당조직과 유치 구조 및 전략을 중심으로』, 북한대학원대학교 박사학위논문, 2015; 김연중, 「금강산사업과 남, 북한 관광 공동개발에 관한 연구」, 『北韓研究學會報』 Vol.5, No.2, 2001.

문화외교(cultural diplomacy)에 대한 연구가 증가하면서 북한 관광을 일종의 문화외교와 체제선전의 관점에서 분석[3]하기도 했다. 연구들이 증가하고 있는 상황이지만, 중국인의 북한 관광과 경험 등을 보다 실증적인 차원에서 분석하는 연구는 다소 부족하다고 볼 수 있다. 최근 서구를 중심으로 북한에 대한 문화사회학적 관심이 증가하면서, 북한에 대한 표상 연구 등이 증가하고 있는 상황이다. 대표적으로 정병호·권헌익의 『극장국가』(2013)와 데이빗 심의 『가시성의 정치와 북한』(2014)이 있는데, 북한사회를 시각적 자료 및 여러 표상을 통해 심도 깊게 분석하여 북한사회에 대한 새로운 시각을 보여주고 있다.

한편 사회주의 국가의 관광에 대한 연구도 증가하고 있다. 사회주의 국가에서는 관광은 정치적이고 경제적인 목적에서 중요시되었다. 사회주의 국가들이 국제관광을 활성화했던 것은 기술과 기계 등을 구매하기 위해 서방권의 화폐를 획득하기 위한 경제적인 목적이 강했지만, 한편으로는 비사회주의 국가의 관광객들에게 사회주의 성과를 선전하기 위한 이데올로기적 목적으로 기능하기도 했다.[4] 북한사회에서도 사회주의 국가에서의 관광은 서방권 외화 확보의 목적과 프로파간다적 목적이 동시에 작동했음을 알 수 있다.

북한 관광을 이해하기 위해서는 중국인들이 북한 여행 경험을 서술한 여행기와 온라인 여행기를 참고했다. 중국 서점에서 유통되고 있는

3　　Dean J. Ouellette, "The Tourism of North Korea in the Kim Jong-un Era: Propaganda, Profitmaking, and Possibilities for Engagement," *Pacific Focus*, Vol.16, No. 3, 2016, pp. 421~451.

4　　Duncan Light, *The Dracula Dilemma: Tourism, Identity and the State in Romania*, Aldershot: Ashgate, 2012, p. 14.

평양 주재 기자, 중국 지방정부 관료 등이 서술한 여행기 등과 인터넷을 통해 유통되고 있는 여행기와 사진 등의 분석을 통해, 중국인의 시각을 포착할 수 있다. 언론의 자유가 취약한 중국사회에서 웨이보(微博), 웨이신(微信) 등의 SNS는 중국인들이 자신을 표현하는 중요한 수단으로서, 개인들의 보다 생생한 목소리를 들을 수 있는 장치라고 볼 수 있다. 또한 베이징 시내 여행사들에 대한 현지 조사[5]를 통해 북한 관광이 중국에서 어떻게 진행되고 있는지를 조사했다. 이 글에서는 외국인 대상 북한 관광사업의 얼개, 중국인 대상 북한 관광상품의 현황 등을 검토하고, 중국인의 여행 경험을 통한 북한 인식을 분석하고자 한다.

2. 북한 관광 현황과 중국인의 경험

북한에서 관광사업은 중요한 외화획득 수단으로 인식되고 있다. 국내 정책 보고서에 의하면 북한의 1년간 해외관광객 수 10만 명(중국인 9만5천여 명, 서구권 5천여 명)이며, 북한의 관광수입은 최소 3,069만 달러(한화 약 350억 원)에서 최대 4,362만 달러(한화 약 497억 원)[6] 등으로 추산되고 있다. 북한의 관광정책은 국내인 대상이 아니라, 외국인을 유치하기 위한 목적의 국제관광이다. 북한에서 관광업은 1953년 8월 24일 조선국제여행사가 창립되면 시작되었다.

---

5   변경지역 여행사에 대해서는 자료조사만을 실시했으며, 보다 전국적인 여행 상황을 파악하기 위해 베이징 시내의 여행사를 조사의 대상으로 삼았다.

6   윤인주, 「김정은 시대 북한의 관광산업 평가 및 전망」, 『북한연구학회보』 19권 1호, 2015, 115~116쪽.

당시에는 "려관도 식당도 없었고 오직 남은 것은 재가루뿐. 잿더미 우에서 모든 것을 령으로부터 시작한 전후 복구 건설의 첫 대상에는 다른 나라 사람들을 위한 려관건설도 들어있었다. 이렇게 하여 1956년 평양에는 나라의 첫 려관으로서 대동강려관과 같은 국제려관이 건설되고 다른 나라들과의 관광계약과 교류활동이 시작되었다. 처음에 100여 명의 관광객을 접수하여 봉사하기 시작한 때로부터 40년이 되었다."[7]

북한은 1960~1970년대까지는 사회주의 국가들 간의 친선유지 차원에서 소규모 휴양관광단을 유치하고 해외교포를 대상으로 한 '조국방문단' 사업을 추진하면서 국제관광을 육성하였다. 이후 지속적으로 해외 관광객을 유치하기 위하여 관광특구나 관광 프로그램을 개발하고 관광 안내원들을 육성했다. 영어, 중국어, 일본어 등이 가능한 관광 안내원들을 육성하여 활용하고 있다.

하지만 북한의 관광정책은 외화획득의 목적 이외에도 체제선전을 병행[8]하려는 목적을 가지고 있다. 조선국제여행사가 해외 관광객을 위한 대표적인 창구이며, 자주, 평화, 친선의 이념에 맞추어 해외관광객을 유치하고 있다. "공화국 정부는 순수한 돈벌이를 위해서 호색적인 관광·도박관광과 같은 변태적이며 속물적인 관광을 발전시키지 않으며 배격한다."[9] 북한에서 관광은 단순히 외화를 획득하기 위한 목적이 아니라, 체제선전의 도구로서 자본주의 관광과의 차별점이 강조되고 있다.

---

7   조선국제여행사 , 『조선관광문답』, 평양: 조선국제여행사, 1994. 10쪽.

8   김한규, 같은 책. 213쪽.

9   조선국제여행사, 같은 책. 6쪽.

현재 대표적인 해외관광객 대상 여행사로는 조선국제여행사총회사가 있는데, 이 안에는 제1, 제2, 제3 조선국제여행사들이 있다. 제1조선국제여행사는 중국, 홍콩, 마카오, 대만 지역을 담당하고 있으며, 제2조선국제여행사는 일본, 태국, 싱가포르를 비롯한 아세아·태평양 지역을, 제3조선국제여행사는 유럽, 미주, 대양주 지역을 담당한다. 여행사에는 관광객의 안내 통역을 위해 영어, 중어, 일어, 러시아어, 독일어 등 공용어와 민족어를 구사할 수 있는 백 수십 명의 통역사가 있으며 그 중 중국어 관련 통역사가 제일 많다고 한다.[10] 최근에는 관광과 관련된 인력양성뿐 아니라 관광특구 개발 역시 강조되며, 관광은 북한 내 지역 개발 프로젝트의 일환으로 활용되고 있다. 한편 북한 내에서 영어권, 중국어권, 프랑스어권 외국인 대상의 여행안내 책자들이 발간되고 있다.

중국인들의 북한 관광이 본격적으로 활성화된 것은 2010년부터이다. 중국은 정식 해외관광 개방을 점차적으로 시행해왔는데, 1983~1992년에는 홍콩, 마카오 등을, 1998년에는 한국 관광을 개방했다. 북한 관광의 경우 캐나다 등과 같이 2010년에 개방되었다.[11] 북한을 방문하는 중국인의 수는 정확히 파악되지는 않고 있지만, 북한의 해외관광객의 90% 정도를 중국인이 차지하고 있는 것으로 추정되고 있다. 중국인들 관광객은 단순히 여행객들뿐만 아니라 나선 지구 등에 대한 투자관광

10　「北, 中 이어 대만 관광객 유치 공들여」,『연합뉴스』(2012.10.17) http://www.yonhapnews.co.kr/bulletin/2012/10/17/0200000000AKR20121017168900103.HTML?did=1179m(검색일 2016.8.1)

11　中國旅游研究院,『中國出境旅行發展報告書』, 北京: 旅遊敎育出版社, 2015. p. 132.

단까지도 포함하고 있다.[12]

북한에서 제공하는 관광상품에 대해 조선국제여행사에서 출간한 『조선관광문답』에서는 다음과 같이 소개하고 있다.

> "조선의 관광회사들에서는 감상, 인식, 교육, 휴식, 휴양, 등산을 위주로 하는 관광 일정을 제안한다. 기본 관광 일정은 1박 2일로부터, 14박 15일까지. 전문 관광은 그 조직 형식에 따라 40일까지 할 수도 있다. 자주 조직하는 일정은 3박 4일~7박 8일 등이 있다. 일정에 따르는 기본 관광 로정은 평양-평양-개성, 평양-묘향산, 평양-개성-남포, 평양-묘향산, 평양-묘향산-개성, 평양-원산-금강산, 평양-개성-원산-금강산, 평양-묘향산-백두산-금강산, 평양-묘향산-백두산-남포-개성-금강산, 평양-백두산 등이다."[13]

현재 중국 내에서는 다양한 여행사들이 북한 관련 관광상품을 취급 중이다. 중국의 대표적인 온라인 마켓인 타오바오(淘寶網)에는 다양한 상품들이 판매되고 있다. 방문하는 장소 역시, 평양, 개성, 38선 부근, 국경 관광 등 다양하게 구성되어 있다. 중국에서는 관광이 출경여행(해외여행), 변경여행(국경지대여행), 국내여행 등으로 구성되어 있는데, 북한 관광은 출경여행이면서도 변경여행적인 성격이 있다. 라선 지역과 단둥 지역의 여행은 변경여행 상품으로 판매되고 있으며, 단둥 및 두만강, 백두산 관광 등은 변경여행적인 성격이 있다고 볼 수 있다.

온라인뿐 아니라 중국의 일반 관광사에서도 대체로 북한 관광을 취급하고 있다. 베이징 시내의 일반 관광여행사에서 북한 관광에 대한

---

12   Ouellette, 같은 책. 425쪽.

13   조선국제여행사, 같은 책, 7쪽.

정보를 쉽게 구할 수 있다. 하지만 북한 관광만을 독점적으로 취급하는 관광사도 일부 있다. 몽골과 북한만을 취급하는 아리랑여행사와 서양인들의 관광을 베이징을 통해 매개하는 고려여행사가 그 예이다. 고려여행사의 경우에는 서양인들을 상대로 관광상품을 판매하고 있기 때문에 가격의 차이가 상당히 나는 것으로 보인다. 아리랑여행사의 경우에 가격대는 중국 런민비로 2,000~6,000 위안으로 다양하게 구성되어 있다. 이들은 북한 관광을 "신비의 북한"이란 방식으로 광고하고 있다. 또한 영국인들이 운영하는 고려여행사는 경우에는 베이징의 번화가인 산리툰에서 회사를 운영하고 있으며, 영국인들과 영어에 능통한 중국인들이 회사를 운영하고 있다. 일반적인 관광상품에서 강조하는 명승지나 자연경관만이 아니라 사회주의 문화를 강조하며, 다양한 문화상품 내용을 특화해서 운영하고 있다고 볼 수 있다. 주로 서양인을 대상으로 하는 고려여행사는 7박 8일의 경우 1,000 유로에서 1,700 유로 등으로 가격이 형성되어 있다. 중국 단체관광 회사에 비해 서양인을 대상으로 하는 회사가 보다 풍부한 관광 콘텐츠를 가지고 운영하고 있다. 북한 건축 기행, 북한사회주의 문화 관련 기행, 2017년 4월 9일 개최되는 평양 마라톤대회 참가자 모집 등 다양한 상품을 제공[14]하고 있다. 북한 관광상품을 취급하고 있는 파이어니어투어스는 "북한은 자연경치로 관광객들을 끌어 모으려 하지만 관광객들은 북한 시스템에 관심이 있고 공장이나 학교 등을 방문해서 북한 사람들과의 접촉을 하고 싶어한다"[15]고 한다. 관광객 입장에서는 자연경치보다는 북한사

---

14   http://www.koryogroup.com/pyongyang-marathon.php(검색일 2016.8.1)

15   Gareth Johnson & Troy Collings, "DPRK Tourism in the Kim Jong Un

회주의 사회의 특색 및 일반사람들과의 접촉에 대한 관심이 더 높다고 볼 수 있다. 이런 맥락에서, 여행 상품 역시 최근에는 해외 여행객들이 조선전통의 특색 있는 혼례 등을 체험하게 하는 체험식 관광을 확대[16] 하고 있다.

북한 관광 상품들은 중국 런민비 2,000~3,000 위안대의 한국 관련 상품들보다 가격대가 두 배 정도로 비싼 편이다. 필자가 2016년 8월 현지 조사에서 인터뷰한 베이징 시내의 한 여행사 직원에 의하면, 북한 관광객 중에는 가족 단위 여행객도 많으며 청년 여행객도 많다고 한다. 여행상품에서의 가격 차이는 단순히 상품 판매 회사에 따르는 것이 아니라 관광객의 국적에 따라서도 차이가 난다고 한다. 북한 관광 경험이 있는 한 유학생에 따르면, 같은 회사의 상품 중에서도 중국인, 화인(해외거주 중국인, 싱가포르인, 말레이시아인, 대만인), 러시아인 등 등급에 따라 상품 판매 가격이 달라지기도 한다. 예를 들어 2014년 신의주 일일관광의 경우 중국 본토 주민 780 위안, 홍콩과 마카오 주민 1,080 위안, 대만과 싱가포르 국민 1,380 위안, 일반 관광객 1,680 위안 등으로 차등화되어 있다. 국적에 따라 북한 관광의 상품의 가격이 다르다는 의견도 있다. 북한을 찾는 중국인들 중에는 화인들이 포함되는데 대만 사람이나 홍콩 사람들이 포함되는 경우가 많다고 한다. 이런 가격 차이는 관광객 국적에 따라 경제력의 차이를 고려했을 것이며, 또한 북한과 각 지역의 관계를 고려했을 것으로 추정된다. 북한 관광은 단순히 시장의 원리에 의해 작동하는 것이 아니라 정치적으

Era: Cases and Prospects,"「북한의 개발역량 강화와 국제협력을 위한 지식 공유」(경남대 극동문제연구소 국제학술회의 자료집, 2014년 6월 11일), 122쪽.

16   杜白羽, 『朝鮮印象』, 北京: 人民日報出版社, 2014, 78쪽.

로 안배되고 있음을 알 수 있다.

관광상품의 가격 차이가 발생하는 이유 중의 하나는 교통편의 차이 때문이다. 관광상품들은 션양, 베이징 등 중국 대도시에서 출발하는 여행상품, 국경지역에서 출발하는 여행상품 등으로 구성되어 있다. 중국인이 아닌 외국인의 경우 북한을 관광하기 위해서는 철도가 아닌 비행기를 통해서만 가능하다고 한다. 최근 UN대북제재로 인해 관광상품이 축소되고 있다는 보도도 있지만, 중국 내의 조사 결과 비교적 정상적으로 판매되고 있는 것으로 보였다. 그리고 관광객들은 청년, 어린이 동반 가족여행, 노년층 단체관광 등 다양하게 구성되어 있으며, 해외여행을 취급하는 중국 내의 여행사에서는 일반적으로 상품을 취급하고 있었다. 이런 상품들은 주로 비행기를 통해 북한에 들어가는 것이었다. 비행기를 통해 들어갈 경우에는 4박 5일의 경우 4,650 위안, 5박 6일의 경우에는 5,780 위안 정도이다.

중국 내에서 판매되고 있는 대표적인 관광상품은 단둥, 신의주를 거쳐 평양을 가고, 이후 묘향산, 금강산, 개성, 판문점 등을 둘러보고, 다시 단둥으로 돌아온다. 대표적인 여행 코스로는 '김일성 동상, 백두산 천지, 고려박물관, 김일성광장, 건당기념탑, 주체사상탑, 묘향산, 보현사, 소년궁전, 중조우의탑' 등이 있으며 대표적 북한의 오락으로 '아리랑 대공연조선서커스, 민생관광(생활이 소박한 조선의 농민), 미녀 교통경찰, 조선의 영화' 등이 소개되고 있다.[17] 이런 식의 관광안내에서는 "신비한 조선"이라는 표현이 즐겨 사용되고 있다. 관광 광고에서 묘사되는 북한은 쉽게 가보지 못하는 나라로, 호기심의 대상으로 표현되

---

17   여행사 등지에서 수집한 북한 관광 안내 정보를 종합한 것임.

그림 1 북한 관광 상품 홍보 전단지

는 측면이 있다.

중국인들이 북한 비자를 획득하는 과정은 상당히 간단한 편으로, 북한 단체관광에 등록만 되어있으면 가능하다. 말레이시아와 싱가포르 국민은 북한에 무비자 입국이 가능하다고 한다. 원래는 북한 입국 시 여권과 각종 서류가 필요했지만, 최근에는 국경여행의 경우 반나절 정도는 무비자로도 입국이 가능하다.[18] 이런 일련의 과정을 살펴보았을 때, 중국인들에게 북한 관광은 다른 해외관광과 마찬가지로 비교적 접근이 용이하긴 하지만 다소 호기심을 유발하는 관광상품 중 하나일 뿐이다.

---

18 「朝鮮允中国游客無需護照入朝旅游」, 『中華論壇』, 2016.7.12. http://club.china.com/data/thread/1011/2785/11/72/0_1.html(검색일 2016.8.1)

　북한 여행 시 관광객들이 준수해야 할 다양한 주의사항이 있다. 중국인 관광객들이 증가하면서, 각 나라에서 다양한 사건사고가 늘고 중국인 관광객의 행동에 대한 비판이 제기되고 있다. 하지만 북한을 관광하기 위해서 중국 관광객들은 북한 정부에서 요구하는 규칙을 엄격히 준수해야만 한다. 첫째, 조선 입국 시 휴대폰 등의 사용에 대해 주의해야 한다. 미국과 한국 국기 및 국가상징의 물품들을 허용하지 않는다. 둘째, 신의주로부터 평양까지 가는 길에서는 사진 촬영을 허용하지 않는다. 사진 촬영은 지방에서 가능한 곳이 있으니 확인을 해야 한다. 시장 내의 촬영, 군인의 촬영 등은 금지되어 있다. 특히 "(북한사회의) 어두운 면"은 촬영이 불가한데, 예를 들어 쓰레기나 의관이 단정하지 않는 사람 등이다. 또한 사진 촬영 시, 김일성 동상 등 사진을 찍을 때는 전신을 찍어야지 일부를 찍으면 안 된다. 셋째, 조선에서는 '한국'이란 말을 사용하지 말고 남조선이라 말해야 한다.[19]

　중국인들은 인터넷상에서 북한 관광의 안전여부에 대해 질문을 제기하기도 한다. 미국인들의 추방이나 억류 등이 종종 언론에 보도되기 때문에, 중국인들도 북한여행이 안전한지에 대해 궁금해하고, 북한 내 행동 수칙을 확실히 숙지[20]하고 싶어 한다. 중국 관광객이 촬영한 어느 동영상을 보면, 중국인 가이드가 중국인들에게 여행 시 주의사항에 대해 상세히 설명하는데, 특히 북한 지도자들에 대해 말하는 것을 주의시키고 있다. 말을 잘못할 경우, 자칫하면 북한에 억류될 수

19　이는 여행사 안내 책자들을 바탕으로 하여 정리한 것이다.

20　https://www.youtube.com/watch?v=E8YttCRuU1s, 「朝鮮一日游, 導游在講座注意事項」 http://zhidao.baidu.com/link?url=fw5TG6-j06LAXTduwis2_G5xYigIVYpCGFS2mGVgbjx1IW_vg7fEvYfbYOz2XbzkQtSgff7tX1B_BwrLocT8Dq(검색일 2016.8.1)

가 있으니 조심해야 한다고 말이다. 북한 내부의 민감한 사항에 대해서는 이야기하지 말고 북한의 긍정적인 면에 대해서만 이야기를 해야 한다. 여행가이드는 중국인 관광객들에게 특히 북한의 의료, 교육, 집이 무료인 상황에 대해 이야기를 나누라고 권한다. 여행지인 신의주에서 기억을 남기기 위해 김일성 동상 등과 사진을 찍을 경우, 김일성 동상의 동작을 따라하는 모양을 하거나 혹은 전신을 다 찍지 않고 일부만 찍을 경우, 벌금을 내거나 사진기를 압수당할 수 있으니 조심하라고 한다. 중국의 청년이 와서 이런 문제를 당한 경우가 있었는데 "벌금도 내야하고, 반성문도 써야하는데, 문혁을 겪지 못한 세대로들은 이런 상황이 문혁과 유사하다고 생각"하게 된다고 한다. 또한 가이드는 지속적으로 자유행동을 엄금하고 여행객들에게 "조선의 여행가이드는 매우 무섭다. 그래서 (여러분이 잘못할 경우) 나는 내일부터 관광객들 데리고 오지 못하게 되니 내 밥그릇이 달린 문제다"라고 주의를 주고 있다.[21]

관광객들이 북한 관광 시 특히 엄격한 예절을 지켜야 하는 경우가 있다. 예를 들어, 김일성의 시신이 있는 금수산 기념궁전에 중국인 단체관광객들은 참배할 수 없다고 한다. 중국인 단체관광객이 너무 시끄럽기 때문에 북한 당국에서 허용하고 있지 않다고 하는데, 서양인 관광단의 경우에는 허용되고 있다고 한다.[22] 현재 중국인이 해외 여행지

<hr>

21 https://www.youtube.com/watch?v=E8YttCRuU1s(검색일 2016.8.1)

22 중국 현지 조사 시 여행사 인터뷰. 2016.8. 서양인 대상 중국인 관광을 전문으로 하는 회사에서는 중국인이 중국인 여행사가 아니라, 서양인 여행사와 같이 갈 경우의 장점으로 금수산 기념관을 관광가능하다는 것으로 꼽고 있다. 중국인 단체 관광객들의 여행기 중, 김일성 무덤을 참배한 것이 기록된 경우가 있기도 한데, 정책이 때에 따라 변화하는 것으로 보인다.

에서의 방문국의 공중도덕을 지키지 않아서 세계적으로 지탄의 대상이 되고 있지만, 북한에서만은 비교적 엄격하게 규칙을 지켜야 중국인의 여행이 허용되는 것으로 보인다. 북한 관광 시의 엄격한 규칙과 이에 대한 중국인의 반응은 북중관계의 한 양상을 보여준다고 할 수 있다. 흔히 북한이 중국에 다소 종속적인 관계로 인식되고 있지만, 실제 생활 속에서는 양자 간에 복합적 관계가 있다고 볼 수 있다. 북한사회의 통제적인 방식으로 인해, 중국인 여행객들이 북한사회의 규칙을 엄수하기 위해 노력하고 있다고 볼 수 있다.

3. 중국인의 북한 여행기

중국인들의 북한 여행기는 여행기, 잡지 출판물, 인터넷을 통해 다양하게 표현되고 있다. 출판물의 경우에는 필진이 중장년층이라 비교적 중국사회체제의 공식적인 시각이나 중조우의를 강조하는 전통적인 시각이 많이 반영되어 있다. 중국인들의 한국 여행기의 경우 비교적 저자층이 젊어 쇼핑에 관한 내용이 다수인 반면, 중국인들의 북한 여행기는 비교적 역사적 내용과 북한사회에 대한 관심도 깊은 편이다. 다른 한편에서는 인터넷을 통해 다양한 성격의 북한 여행기가 유통되고 있으며, 이는 비교적 젊은 층의 시각을 보여주는 것이라 할 수 있다.

1) 중조우의론과 홍색관광

지린성 문화국 부국장을 역임했고 중국 작가협회 회원인 뤼밍후이(呂明輝)는 북한을 여러 차례 방문했다. 저자는 『김정일 시대』등 북한 관련 책을 출판한 북한통이라고 볼 수 있다. 뤼밍후이의 여행기 『조선기행』[23]은 일종의 조선 근대혁명사를 기념하는 홍색관광의 한 경로를 보여준다. 만경대, 봉화리 사적지, 칠곡 사적지, 백두산, 삼지연 보천보 등 항쟁의 유적 등을 강조했다. "이 책은 단순히 여행의 풍광을 서술한 것만이 아니라, 조선의 역사, 지리, 경제, 문화 사회를 소개하고자 하는 책으로 이 책의 가장 중요한 목표는 선열이 이룩한 중조우의를 다지기 위한 것"이다.

> "조선은 하나의 사회주의 국가로, 중국 산수와 밀접한 연관을 갖고 있는 중요한 우방이다. 세계화 시대에 중조 양국의 인민이 상호 이해를 통해 같이 나아가야 할 것이다. 조선에 있는 동안 나는 조선 인민은 중국 인민의 전통적 우의를 결코 잊지 않고 있다는 깊은 인상을 받았다. 중국 인민이 조선에서 생사존망을 같이한 시기를 잊지 않고 있으며, 생명과 선혈로 그들에게 지원했다는 것을 잊지 않고 있다. 조선 인민은 중국을 잘 이해하고자 하며, 중국의 개혁개방 중에, 중국의 경제건설과 사회발전이 성과를 높이 얻고 있다는 것에 대해 행복해하고 있다. 그들은 중국이 강대국이 되고, 자신들도 같이 강대해지기를 바랄 뿐이다."[24]

저자에 의하면, 중국에서 기차를 타고 조선에 들어가는 길은 세 가지 방법이 있다. 랴오닝성 단둥에서 신의주로 들어가는 길과, 지린성 지안(集安)에서 자강도의 만포시로 들어가는 길, 그리고 지린성 투먼(圖們)에서 남양시로 입경하는 방법이다. 중국인이 북한을 방문할 경우, 대표적인 경로는 기차를 타고 단둥을 거쳐 신의주, 평양으로 가는

23　　呂明輝, 『朝鮮紀行』, 北京: 世界知識出版社, 2010.

24　　呂明輝, 같은 책, 7쪽.

노선인데, 매주 네 차례가 있다. 저자는 최근 국제열차의 승객이 늘고 있다고 말한다. 조선, 중국, 러시아 각국의 국제열차가 평양과 베이징, 모스크바 사이를 왕래하고 있다.

> "단둥은 중국 랴오닝성과 조선의 접경지대로 아름다운 도시이다. 단둥에는 평양, 대동강, 금강산, 해금강, 묘향산, 옥류관, 아리랑 등 다양한 여행사, 상점, 식당, 호텔 등이 있으며 식당의 특색의 음식은 대부분 조선과 관련이 있는 것이다. 단둥은 중국인에게 조선의 기운을 느끼게 하는 곳이다."25

또한 저자는 북한의 열차가 국제열차란 점을 강조하고 있다. "모스크바-평양의 표식이 있고, 러시아 국제열차는 모스크바-만주리-하얼빈-장춘-선양-단둥-평양을 오가"기 때문이다. 이렇듯 북한 관광에서도 전통적인 홍색관광과 중조우의에 대한 시각이 강조되는데, 북한은 사회주의적 국제주의 속에 개방된 국가로 묘사되고 있다. 중국인의 여행기 속에서 북한은 폐쇄된 나라가 아니라 대륙과 기차로 연결되어 자유로이 왕래하는 나라이다.

2) '신비의 나라'와 청정국가

북한 관광을 묘사하는 대표적인 상투어는 '신비의 나라', '세상 밖의 도화원'이다. '조선 반도는 흔히 삼천리 금수강산'으로 알려져 있는데, 풍경의 아름다움과 신비로운 측면들이 여행 책자에서 여러 차례 강조되고 있다. 『세계는 내가 안다(世界我知道)』 북한 편에서 조선은 "독립자

---

25   呂明輝, 같은 책, 6쪽.

주 외교정책을 실행하고 있으며, 국제, 국내의 각종 영향 아래에서 국제적인 교류와 합작을 하고 있지만 외국인이 보기에는 신비한 나라로 보인다." 또한 조선인의 생활에 대해서는 "백의민족", "동방예의지국" 등으로 묘사하고 있다.[26] 조선인들은 원래 동방예의지국이라 불리고, 조선 민족은 부모를 공경하며 경로사상과 효를 사랑하는 것을 가장 기본적인 품덕(예의범절)으로 삼았다. 조선인은 상당히 예의를 강조하는데, 집안에서만이 아니라 사회에서도 마찬가지이다. 예의는 조선인 개인들에게 수양이 되는 것뿐만 아니라, 외재적으로도 표현되어 조선인민정신과 사회문명에서 구체적으로 드러나며 사회생활을 아름답게 한다고 기술되어 있다. 북한은 중국이 상실한 일종의 유교적 도덕을 유지하고 있는 곳으로 인식되고 있다.

또한 북한에 대한 중국인들의 중요한 인상 중의 하나는 북한이 깨끗한 나라라는 점이다. 뤼밍후이 역시 『조선기행(朝鮮紀行)』에서 "국제열차를 타고 조선을 갔을 때의 첫번째 감상은 깨끗함이다. 조선은 상당히 깨끗한 느낌으로 땅, 태양, 공기 모두 모두 깨끗하다."고 강조한다. 『세계는 내가 안다』에서도 다음과 같이 평양의 청정도시의 면모를 강조하고 있다.

> "평양은 녹색의 도시이다. 현대화한 대수도이고, 330만 명이 18개 구에 나뉘어 살고 있다. 조선의 제 일대 강은 대동강이다. 공기오염도 없고, 나쁜 환경이 없으며, 평양에는 일종의 정신적 활력이 존재한다."(128)

26　王俊, 『世界我知道: 朝鮮』, 長春: 東北師範大學出版社, 2012, 51쪽.

"평양은 '유경'이란 호칭도 있다. 도시 내에 다양한 버드나무가 자라기 때문으로, 조선인은 예로부터 버드나무를 좋아했다. 평양의 봄은 매력적이고, 다양한 꽃이 있어서 개방되고 있고, 도시가 일종의 꽃밭에 있는 것 같은 느낌을 들게 한다. 평양은 '4월 봄 예술제전"을 펼치기도 한다. 도시의 오염을 막기 위해서, 평양은 공업공장 지역을 별도로 해두었다. 파란 나무에 둘러싸인 아름다운 도시이다."(129)

질서정연하고 깨끗한 지역이란 점이 중국인들에게는 북한의 특색으로 보이는 듯하다. 그 외에도 우여우즈샹 같은 인터넷 사이트에 올라온 여행기에도 유사한 감상이 보인다.

"조선은 위생과 청결, 치안이 좋은 나라이다. 거리, 잔디밭, 광장, 강변, 정원 등에는 쓰레기가 없다. 광장에도 쓰레기의 흔적을 찾아볼 수 있다. 북한의 청결과 위생은 놀랍다."[27]

이처럼 '신비의 나라' 북한은 중국이 문혁과 발전과정에서 상실한 유교도덕과 깨끗한 환경을 유지하고 있는 이상향적인 모습으로 그려지고 있다.

3) 사회주의 노스탤지어

중국인들이 북한 관광에 대한 우호적 감정이 가장 잘 드러나는 곳은 중국의 좌파 매체인 우여우즈샹이라는 온라인 매체이다. 이 매체에서는 정기적으로 북한을 방문하고 있으며, 필진들이 북한 관련 여행기

---

[27]　黄河, 「朝鮮之行見聞錄」(2014), http://www.wyzxwk.com/Article/lvyou/2014/04/318600.html(검색일 2016.8.1)

를 지속적으로 탑재하고 있다. 「조선여행 수상록」, 「조선여행 견문록」, 「아름다운 조선여행」, 「공유제를 옹호하고 사유제를 억압하는 조선여행 감상기」 등 다양한 여행기들이 게재되고 있다. 2014, 2015년 여행의 경우 참가비용은 6,200 위안 정도였다. 중조양국 인민의 우의와 중국 인민지원군 열사를 기억하기 위해 방문 활동이 전개되고 있다.

여행에 참가했던 한 청년은 북한을 사회주의 이념을 보다 철저히 간직하는 곳으로 인식하고 있었다.

> "조선에서 교사의 지위는 높은 편이며, 병원에 가기 위해 줄설 필요가 없다. 집의 노예가 존재하지 않는다. 민주주의와 정의가 반드시 일치하는 것은 아니며 서방이 반드시 진보적인 것도 아니다. 돈이 있다는 것이 풍족함과 동일한 것이 아니다. 이렇게 전력을 다하고 있는 조선 민족과 이 지역을 연구할 만한 가치가 있다."[28]

"다수의 민중들이 부유하진 않지만, 도시이건 농촌이건 상관없이 조선 인민들은 모두 교육, 의료, 주거 등을 무상으로 제공받고 있어" 북한사회가 민주적이지는 않지만 사회정의를 구현하고 있다는 것이다. 말하자면 그는 북한에서 사회가 관리되고 통치되는 또다른 방식과 가능성에 주목하고 있었다. 이는 북한사회를 중국사회가 자본주의화하는 과정에서 상실한 가치를 계승 유지하고 있는 국가로 바라보는 시각이라 할 수 있다.

칭화대 교수인 치핑옌(祁平喆)은 「악마화된 사회주의, 북한(一個被妖魔

28　「一個90後大學生隨烏有之鄉赴朝鮮遊記」http://www.wyzxwk.com/Article/lvyou/2015/07/348720.html(검색일 2016.8.1)

化的社會主義朝鮮)」[29]이란 글에서, 북한을 여행할 때 사진도 찍을 수 없고 말하는 것도 조심해야 한다는 중앙매체의 한 기자를 비판하면서, "북한에 대한 부정적인 시각은 모두 우파가 주도하는 사회주의에 대한 반동적 선전이다. 북한이 그런 상황이라고 볼 수 없다. 5, 60년대의 북한과 중국을 서방이 악마화하던 것과 비슷한 상황이"라고 말했다. 치핑옌은 중국의 우파들이 "빈곤이 사회주의는 아니다"라는 구호를 이용해, 중국의 사회주의적 경향을 악마화하며 우파적 성격의 중국을 건설하고자 한다고 주장한다. 그는 이렇게 말한다, "빈곤함이 사회주의는 아니다. 하지만 어째서 소수의 사람들만이 부유한 것이 사회주의란 말인가." 이렇게 보면 북한의 사회주의에 대한 평가는 단순히 북한만의 문제가 아니라, 중국사회 내부의 좌우파 논쟁 및 중국사회의 미래에 대한 평가와 밀접하게 연관이 되어 있다고 볼 수 있다. 치핑옌의 눈에 비친 북한은 이러하다.

> "북한은 매력적인 나라이다. 세 가지 사항을 완전히 장악하고 있다. 삼림을 잘 관리하며, 녹지 관리를 잘 하고 있으며, 농작물 역시 관리가 잘 되고 있다. 헐벗은 산을 거의 볼 수 없다. 특히 평양에는 나무가 많은데, 나무와 녹지가 우거져 있다. 아름다운 나라로, 다른 나라와 비교할 수 없다!"

> "조선의 전 국민은 육아, 교육 등이 모두 무상이다. 모든 국민은 무상 주택의 혜택을 받고 있으며, 의료 역시 무상이다. 60~70% 이상의

---

29   元平言, 「被右派妖魔化的美麗的社會主義朝鮮-朝鮮旅遊紀實」(2016), http://www.wyzxwk.com/Article/shidai/2016/08/369367.html(검색일 2016.8.1)

국민들이 이런 혜택을 받고 있다. 그래서 사람들은 유쾌하고, 안정되고 행복한 생활을 하고 있다. 돈으로 인해 고생할 필요도 없고, 인생이 고달프지도 않다. (중국의) 우파가 북한에 대해 이야기할 때, 자유가 없고, 먹고 마실 것이 없고, 기근으로 인해 굶주려 있고 등으로 비난하지만 이는 사실이 아니다."[30]

또한 이 매체에 정기적으로 기고하는 콩칭동(孔慶東) 등의 필진도 북한을 방문하고 상세한 여행기를 남기기도 했다. 북한에 대한 우여우즈상의 시각은 대체적으로 중국의 급속한 자본주의적 발전 속에 사라져 가는 사회주의적 향수를 느끼고 있는 것이라 볼 수 있다.

4) 청년층의 호기심

중국인들의 북한 인식은 세대와 관심에 따라 상이해 보인다.[31] 때로는 사회주의 사상, 중조우의를 강조하며 홍색(紅色)관광을 중시하기도 하지만, 또한 '신비의 나라', '청정의 나라'라는 시각도 강조되고 있다. 청년들의 경우에는 보다 다양한 시각이 있는데, 기본적으로는 호기심에 기초한다. 웨이보 등 SNS상에서 찾아볼 수 있는 다양한 여행기에서 중국 청년들이 북한에 대한 호기심에 북한을 방문하고 이를 재미있고

---

30   元平言, 「被右派妖魔化的美麗的社會主義朝鮮－朝鮮旅遊紀實」(2016), http://www.wyzxwk.com/Article/shidai/2016/08/369367.html(검색일 2016. 8.1)

31   인터넷 상에서는 김정은에 대한 희화화와 비판적인 논의가 다수라고 한다. 하지만 웨이보에서 조선작가 등 북한 소식을 우호적으로 알려주는 이의 경우, 수백만의 팔로워가 이 사람의 소식을 구독하고 있다. 북한 관련한 소식이 대중적인 관심의 대상이 되기도 한다.

그림 2 〈머나먼 곳, 북한〉 다큐멘터리

장난스럽게 표현하는 경우가 많다. 블로그 등에서 자신들의 특이한 활동을 표현하기 위해 북한 관광기를 적는 경우들이 있다. 청년들은 북한을 방문하기 원하는 이유 중 하나는 중국 문혁의 분위기를 느껴보기 위한 것으로, 일종의 부모 세대의 삶을 일시적으로 경험하는 시간여행을 하거나 민속촌을 방문하는 등 중국의 과거에 대한 복고적인 관심에서 비롯된 것으로 보인다. 중국 청년들에게 북한은 신기한 국가이면서, 중국과 유사하면서도 상이한 체제를 유지하고 있기에 중국이 가지 않은 다른 길을 보여주는 곳이다.

이런 경향을 가장 잘 보여주는 것이, 2015년 홍콩의 한 방송이 방영한 '홍콩여행기: 머나먼 곳, 북한'[32]라는 프로그램이다. 홍콩의 TVB라는 텔레비전에서 북한을 여행한 토니 홍이라는 유명 연예인이 8일 간 북한의 여러 지역과 기관을 다니며 경험한 것들을 보여주고 있다. 방송에서는 그가 평양의 이발소를 방문하여 이발을 하는 장면이 나온다. 북한에서는 흔히 김정은의 머리형을 똑같이 따라 한다고 알려져 있지

---

32 http://v.youku.com/v_show/id_XMTMyNzgzNDA4OA==.html?from=y1.2-1-88.3.2-2.1-1-1-1-0(검색일 2016.8.1)

만, 북한 사람들의 헤어스타일을 보면 꼭 동일하지 않고 다양한 형태
가 있다고 말하고 있다. 또한 그는 실제 길거리에서 만나는 사람들을
카메라에 비추며 모두가 김정은 식의 헤어스타일을 하지 않고 있다고
주장한다.[33] 이런 시각은 비교적 북한사회에 대한 편견 없는 젊은 층
이기에 가능한 것이라 볼 수 있다. 자본주의 세계의 사람들이 흔히 북
한에는 자유가 없음을 보여주는 대표적 사례로 북한 남성들의 모발의
형태가 김정은과 동일하다고 주장하지만, 실제는 그렇지 않다는 것을
말해주는 것이다. 그러면서 가장 폐쇄적인 공산주의 사회인 북한사회
에서 향유할 수 있는 최고급의 소비생활과 서비스를 향유하는 모습을
보여주면서 북한과 세계와의 간극을 좁히려는 시도를 하고 있다. 하
지만 홍콩의 인권단체들은 이런 프로그램이 북한에 대한 잘못된 인상
을 심어주고 체제선전에 이용당할 수 있다면서 상영을 반대하기도 했
다.[34] 이런 논쟁에 대해 토니 홍은 "북한의 상황을 잘 알고 있지는 않
지만, 북한에서 발생하는 일에 대해 무지하지 않다. 이 프로그램은 여
행 프로그램으로, 북한의 한 측면을 시청자들에게 보여주고 내가 북한
에 머무르는 동안 목격한 사실들을 보여줄 뿐이다"[35]라고 말했다.

---

33 김정은 식 두발에 대한 논의는 중국인 기자가 쓴 북한 여행기에도 등장한
다. 북한 남성들이 장발을 하지 않는 것은 장발을 좋아하지 않아서이지, 금지된 것
은 아니라는 주장이다. 杜白羽, 같은 책, 18쪽.

34 "TVB to air N Korea program despite objection from rights group",
Ejinsight(2015.8.27)
http://www.ejinsight.com/20150827-tvb-to-air-north-korea-program-de
spite-objection-from-rights-group(검색일 2016.8.1)

35 https://www.yahoo.com/news/tony-hung-am-not-ignorant-north-
korea-064100349.html?ref=gs(검색일 2016.8.1)

이 논쟁은 독재국가에 대한 관광의 윤리적 딜레마를 드러낸다. 외국인 관광객들은 폐쇄적 사회에서 가장 높은 수준의 대우를 받는다. 중국과 소련의 경우에도 과거 사회주의 국가 시절 외국인에 대한 제한적 관광 허용을 통해 이중경제를 구축하여 외화를 획득했었다. 자신들에게 우호적인 외국인들에게 사회의 일부를 개방하는 것은 선전을 목적으로 사는 사회주의 국가 관광의 전형적인 사례라고 볼 수 있다. 관광객이 제한되고 통제된 환경을 경험한 것을 그 사회의 전체로 표상할 경우, 의도하지는 않았지만 선전에 활용될 수 있다. 더욱이 북한사회에서 외부 관광객, 특히 서양인 관광객들이 김일성 동상에 절하는 모습 등은 북한 주민들에게도 일종의 선전의 효과가 있다고 한다.[36] 그렇다면 북한의 해외 관광객 유치는 체제 외적인 선전과 체제 내적인 선전의 이중적 목적을 달성하고 있는 것으로 보인다. 북한 관광을 논의할 때 북한사회에서 보이는 영역과 은폐되는 영역에 대한 고민이 필요하다.

4. 보이는 곳과 보이지 않는 곳

금강산 관광 중단 이후 한국인들이 쉽게 방문할 수 없는 북한을 중국인들은 자유롭게 관광하고 있다. 특히 2010년부터 중국인들의 북한

---

36   "Tourism or propaganda: how ethical is your North Korean holiday?" *Guardian*(2015.10.8)
https://www.theguardian.com/travel/2015/oct/08/north-korean-tourism-ethics(검색일 2016.8.1)

관광이 활성화되었다. 중국인들의 각종 여행 경험과 여행기를 통해 드러나는 북한사회의 모습은 사람이 살고 있는, 나름대로 정상적인 사회이며, 김정은식 헤어스타일을 따라하는 전체주의 국가가 아닌 활력 있는 사회로 그려지고 있다. 또한 중국인 관광객의 북한사회에 대한 시선은 중국사회가 갖고 있는 경험에 근거해 있어, 중국사회의 모순을 투영하는 일종의 거울의 역할을 한다. 북한은 중국에서는 사라져가는 사회주의적 유산에 대한 향수, 환경오염 없는 청정한 지역에 대한 동경, 그리고 중국과 북한의 전통적인 우의관계에 대한 기억이 투영되는 '신비의 나라'로 그려지고 있다. 관광객의 시선은 대상 국가 사회의 모습 자체에 향하기보다는 자기 사회를 보는 거울로 기능하는 경우가 많다. 환경오염이 심각한 곳에서 살고 있는 중국인들은 비교적 청정한 북한의 환경에 매력을 느낀다. 또한 좌우파 논쟁 속에서 북한의 존재는 전통적 사회주의적 가치를 옹호하기 위한 전략적 동반자로 인식된다. 관광객의 시선은 대상 국가, 타자를 향하고 있기보다는, 자기 사회의 모순과 과거, 즉 내면을 향하고 있다고 볼 수 있다.

한편 북한 관광을 통한 일시적인 북한사회에 대한 체험은 그 사회 전체를 보기보다는 북한체제가 보여주고 싶어 하는 가장 아름다운 모습을 중심으로 구성되어 있으므로 북한사회의 실상을 파편적으로 재현할 수 있는 위험성이 있다. 이런 측면에서 서구의 매체들은 북한 관광의 윤리성에 대한 고민을 토로하고 있다. 북한 관광은 체제 유지를 위해 실제로 자금을 제공하는 것이며 또한 체제선전에 이용된다는 것이다. 특히 홍콩 엠네스티의 북한 관광 관련 다큐멘터리에 대한 항의와 논쟁에서도 보이듯이 북한을 일반적 상식이 통용되는 정상적인 국가로 표상하는 것은 북한사회가 갖고 있는 여러 모순과 문제점을 은폐하고 비가시화하는 효과가 있다. 여행 등 직접적인 교류를 통해 타 사회에 대한 이해를 높이고 편견을 줄이는 것도 중요하지만, 그 체제가 갖고 있는 구조적 문제점들을 은폐하는 효과를 야기할 수 있다. 이는 사회주의 국가와 권위주의 국가의 관광이 지니는 핵심적 딜레마라고 할 수 있을 것이다. 이런 비판은 한국이 금강산 관광을 진행할 때도 제기되었던 문제이며, 남북교류와 관광이 다시 시작될 때 북한 인권문제 등 은폐되고 비가시화된 북한사회의 문제는 지속적으로 제기될 것이다.

필자는 북한 관광에 대한 연구를 진행하면서 중국의 인터넷 매체 등에서 북한에 대한 언급과 여행기, 소개 등을 많이 발견할 수 있었다. 흡사 바이두(白度)라는 인터넷을 사용하는 세계와 구글로 검색 가능한 세계를 중심으로 북한과 남한이 분리되어 있는 게 아닌가라는 생각이 들기도 했다. 중국 청년들에게 북한은 일종의 문화대혁명 시대의 민속촌처럼, 자신들의 과거에 대한 일종의 향수를 불러일으키는 공간이자 호기심의 대상이었다. 같은 문화와 언어, 역사를 공유하는 같은 민족이지만, 현재 대한민국 국적을 갖고 있는 사람들을 제외하고 대부분의 사람들이 북한을 방문할 수 있다. 외국인들이 만든 단편적인 정보를 통해서만 북한사회에 대한 연구와 이해가 가능한 현재의 상황이 변화하기만 바랄 뿐이다.

04

중국 영화와 드라마의 '항미원조' 재현

김란(서울대학교 사회학과)

1. 시진핑 시대의 변화와 지속

동아시아 냉전의 문화적 유산과 관련해서는 아직 정리가 제대로 이루어지지 않았다.[1] 그 중 주목할 만한 것이 중국이 한국전쟁 때 북한에 지원군을 파견한 '항미원조'이다. 항미원조는 여전히 논란거리이며,

---

[1] 기시 도시히코·쓰치야 유카 엮음/김려실 옮김, 『문화냉전과 아시아-냉전 연구를 탈중심화하기』, 소명출판, 2012.

각 시기의 중미관계를 많이 반영한다.

대략 1990년대 중후반부터 시진핑 집권 이전까지 중국은 항미원조 문제를 본격적으로 다루기를 꺼렸던 듯하다. 이를테면 중국 CCTV는 1996년부터 무려 5년 동안 공들여 제작한 드라마 〈항미원조〉를 2001년 방영하려 했지만 방영금지조치가 내려졌으며, 이후 2017년 현재까지도 방영되지 못하고 있다. 항미원조 63주년인 2013년 10월 CCTV는 〈잊어서는 안 될 대승리〉라는 제목의 12부작 항미원조 다큐멘터리를 방영했는데, 시청률이 적은 저녁 10시 이후로 방영 시간을 배치하기도 했다. 이 다큐에서는 항미원조를 '조선전쟁'으로 바꾸어 부르는 경우가 많았다.[2]

그런데 당시에도 일각에서는 다른 분위기가 존재하였고, 시진핑 집권 이후에는 이 같은 '다른 분위기'가 좀 더 강화된다. 시진핑 집권 몇 해 전인 2008년, 항미원조에 참가했던 고위 군장성들은 앞서 상영금지되었던 드라마 〈항미원조〉를 상영해달라고 당국에 요청하였고, 2010년에는 중앙군사위원회도 같은 제안을 했다.[3] 2011년에도 일부 고위 장성들이 국방부장에게 항미원조 승리 60주년인 2013년에는 이 드라마를 방영해달라고 요청했다. 이때에도 중국공산당 외교부서는 "항미원조의 역사적 의미는 이미 퇴색했으며, 미중 외교에 해롭다"는 이유로 거부했다. 이렇듯 항미원조를 공식적으로 다루기 꺼려하는

2　　「항미원조전쟁 대신 조선전쟁, 정전 60년에 용어 바꾼 중국」, 『중앙일보』(2013.07.26); 다만 시진핑 시대 들어 항미원조를 다시 관영매체에서 본격적으로 다루기 시작했다는 점은 징후적인 것이었다.

3　　필자는 항미원조 참전 포로의 생애구술사를 다룬 다음 연구를 수행한 바 있다. 정근식·김란, 「두 갈래 길, 중국지원군 포로의 생애서사: 장저쓰와 류촨지엔의 구술사에 기초하여」, 『구술사연구』 7집 1호, 2016.

분위기 속에서도 시진핑은 2010년 한국전쟁 참전 60주년 기념일 '항미원조 출국작전(出國作戰) 60주년좌담회'에서 참석하여 "60년 전에 발생한 전쟁은 제국주의가 중국 인민에게 강요한 것"이며, "위대한 항미원조 전쟁은 평화를 지키고 침략에 맞선 정의로운 전쟁"이라며 과거식 역사관을 천명하고 북한과의 혈맹관계도 재확인하는 등 이러한 다른 분위기에 동참했다.[4]

필자는 시진핑 집권 이후 대중문화에서 항미원조 언급을 꺼리던 이 같은 분위기에 의미심장한 변화가 시작되었음을 보여주고자 한다. 2015년에 인기리에 방영된 〈38선〉은 제목 그대로 항미원조를 전면적으로 다루고 있다. 또한 〈마오안잉〉(2010)과 〈펑더화이 원수〉(2016)도 부분적으로나마 항미원조를 다루고 있다. 최근 부활하는 중국의 항미원조 소재 드라마는 단순히 한국전쟁을 다시 다루는 것에 머무르지 않으며 한국전쟁의 전쟁 수행 주체인 중국, 북한, 미국, 남한을 묘사하고 재현하는 시각의 변화를 보여준다. 이러한 최근의 변화는 불과 2000년대만 해도 스스로 G2로 불리는 것을 거부하던 중국이 본격적으로 '대국굴기'를 내세우는 데서 보이듯, 중국의 강화된 자신감과 자긍심을 반영할 뿐만 아니라 최근 들어 강화되는 중미간의 갈등을 반영한다고 할 수 있다.

이 글은 신중국 건국 이후 항미원조를 소재로 한 영화와 드라마에서 드러나는 항미원조 기억과 재현의 변화 과정을 살펴봄으로써 최근의 변화와 지속을 이해하려는 시도이다. 다큐멘터리를 다룬 연구는 기존

---

4   시진핑의 이러한 발언에 대해 한국과 미국이 즉각 반발하면서 국제적 논란으로 비화하기도 했다. 「시진핑, 항미원조 전쟁은 정의로운 전쟁」, 『서울신문』(2010.10.26)

에 존재하므로, 영화와 드라마에 한정하려 한다.[5] 시진핑 집권 이후의 작품에 많은 분량을 할애하되, 건국 이후 역사적 변화를 4단계로 먼저 고찰함으로써, 항미원조의 재현이 역사적 상황을 반영하면서 현재까지 이어지고 변화하였음을 보여줄 것이다. 그러한 변화는 특히 중국의 '자긍심'의 변화와 중미관계를 반영한다. 각 시기별로 대중문화의 중국·북한·(소련)·미국·남한에 대한 시각, 전쟁의 의미에 대한 시각, 주인공의 전쟁 동기, 전쟁에서의 희생에 대한 태도 등에서 드러나는 차이를 살펴볼 것이다. 또한 대중문화의 재현 양식이 종전의 이데올

---

5   항미원조에 대한 국내 연구는 아직 많지 않다. 아마 그것이 가진 정치적 민감성 때문인 것으로 보인다(정근식, 「중국의 한국전쟁기억과 기념: 항미원조기념관을 중심으로」, 『한국전쟁의 기억과 기념의 문화정치』, 진인진, 2016, 195쪽). 다만 항미원조를 한국전쟁 역사의 한 부분으로 보고 중국의 항미원조 참전 원인과 과정 등을 분석하는 연구가 있으며(보론초프, 「한국전쟁에서 중국의 개입을 둘러싼 논쟁연구」, 『한국민족운동사연구』 Vol. 22, 1999; 김옥준, 「중국의 한국전 참전과 국내정치-참전의 대내적 요인과 영향을 중심으로」, 『국제정치논총』 42집 1호, 2002; 쉬융, 「20세기 중국의 지역전략과 항미원조전쟁과의 관계」, 『만주연구』 6호, 2007; 김정현, 「중국의 항미원조전쟁과 주은래」, 『만주연구』 17호, 2014), 항미원조 시기 중국 내의 한반도 인식과 민중동원에 대한 연구 등이 있다(손해룡, 「1950년대 항미원조운동 중 나타난 한반도 인식」, 『중국현대문학』 59호, 2011; 김창규, 「항미원조운동 시기 인민동원과 국가통합 이념으로서의 애국」, 『동양사학연구』 129호, 2014). 공간적 재현물인 항미원조기념관에 대해서도 연구가 이루어지고 있다(태지호·정헌주, 「중국의 항미원조기념관을 통해서 본 한국전쟁의 기억과 정치적 함의」, 『한국정치학회보』 48집 4호, 2014; 정근식, 앞의 책, 2016). 중국의 '대중문화'에서 재현되는 항미원조 기억에 대한 연구로는 항미원조 다큐멘터리에 대한 중국 학자의 연구가 있으며, 국내 학자에 의해서는 50~60년대의 항미원조 영화 3편에 대한 분석이 이루어졌다(Sun Keshi & Xu Dan, "Chinese Documentarie and the Korean War," *International Journal of Korean History* 19(2), 고려대 한국사연구소, 2014; 이승희, 「전쟁의 정치적 변용: 50~60년대 항미원조 전쟁영화를 중심으로」, 『사이間SAI』 17호, 2014).

로기적 방식에서 '개인주의화, 인격화'되는 방향으로 진행됨을 보여줄 것이다. 특히 시진핑 집권기에 접어들면서 미국에 대한 비판적 시각이 다소 '세련된' 방식으로 부활하고 있음도 확인하고자 한다.

표 1 항미원조를 다룬 중국 대중문화(영화와 드라마)

구분	대표작
건국~80년	〈상간링(上甘嶺)〉(1956), 〈하늘을 날다(長空比翼)〉(1958), 〈전장에서 온 편지(前方來信)〉(1958), 〈우의(友誼)〉(1959), 〈38선 위에서(三八線上)〉(1960), 〈기습(奇襲)〉(1960), 〈침략에 저항하라(打擊侵略者)〉(1965)
80년~2000년	〈심금(心弦)〉(1981), 〈전쟁터의 별(戰地之星)〉(1983), 〈38선 상의 여병(三八線上的女兵)〉(1990), 〈마오쩌둥과 그의 아들(毛澤東和他的兒子)〉(1991)
2000년~시진핑 집권 이전	〈원대한 포부(壯志凌雲)〉(2000), 〈역사의 하늘(歷史的天空)〉(2004), 〈훈장(勳章)〉(2010)
시진핑 시대	〈마오안잉(毛岸英)〉(2010), 〈3.8선(三八線)〉(2016), 〈펑더화이원수(彭德懷元帥)〉(2016)

2. 신중국 건국~1980년: 냉전적 표상들

개혁개방 이전 영화들에서 항미원조 전쟁은 냉전체제를 반영하면서 매우 이데올로기적인 대립구도로 재현된다. 휴전으로 마무리되고 중국지원군의 피해가 막대했음에도 불구하고, 항미원조 전쟁은 당시에는 '승리'한 전쟁으로 표상되는데, 그것은 중국의 '궁핍'한 현실과 묘한 대비를 이룬다.[6] 미국은 주로 '폭격'의 이미지로 현상된다. 이 시기 작

---

6 이 시기 영화의 주된 소재 중 하나는 물자 식량 보급에 필수적인 대교 폭파를 막는 작전이다. 예를 들어 〈봉화열차〉는 청천강대교 폭파 사건을 다루며, 〈기습〉

품들에서 빈번하게 등장하는 폭격 장면은 미국을 엄청나면서도 불가해한 악으로 표상하는 효과를 지닌다.[7] 미군들 개개인에 대한 인격적 묘사는 거의 등장하지 않으며 그들은 내면성 없는 존재로 '대상화'된다. 또한 미군들은 향락을 추구하는 타락한 존재이자 돈을 밝히는 존재라는 '전형적(typical)' 형태로 묘사된다. 한반도에서 전쟁이 발생했음에도 불구하고 이 시기 영화들에서 북한군과 남한군은 조연의 자리조차 제대로 차지하지 못한다. 북한군은 가끔 등장하되, 남성 북한군은 거의 등장하지 않고 여성 북한군이 등장하며, 그보다 더 많이 등장하는 것은 북한 민간인 여성이다. 특히 이 시기 영화들에서 북한은 '여성'으로 표상되면서, 중국과 북한 간의 '위계관계'를 암시한다. 주인공들의 전쟁참여 동기는 이데올로기적인 근거(이념과 애국 등)에 기반을 둔 참전이며, 전쟁에서의 희생에 대해서도 개인보다는 '집단'을 우위에 두는 논리가 지배하는데, 이에 따라 개인의 감정적 고통에 대한 묘사는 거의 생략된다.

영화 〈상간링〉을 보면, 항미원조 전쟁은 철저히 중국군과 미군의 전쟁이다. 남한군은 물론 등장하지 않으며, 북한군도 잠깐 등장하긴 하지만 중국어를 사용함으로써 등장효과를 감소시킨다. 게다가 영화 말

도 미군의 주요 보급로인 강평교를 파괴하는 작전을 다룬다. 영화 〈철도를 지켜라〉(1960)도 미군의 압록강대교 폭파 작전을 다루며, 영화 〈푸른바다 붉은 파도〉(1975), 〈창공의 독수리〉(1976)도 미군의 지원군 보급로 차단 작전에 대한 저지를 다룬다. 이렇듯 빈번하게 사용되는 보급로 차단 문제는 한국전쟁기 그것이 중요한 문제였을뿐 아니라, 신중국 건국 직후의 궁핍한 경제상황을 반영한다고 할 수 있다.

7   惠雁冰, 「複合視角, 女性鏡像, 道德偏向: 論抗美援朝文學中的"朝鮮敘事"」, 『人文雜誌』 第4期 , 2007.

미에 '나의 조국'이란 노래가 흐르는데, 이상하게도 전투가 벌어지는 한반도가 아닌 중국의 장소들이 화면을 채운다.[8] 심지어 한글조차 등장하지 않는다.

이 영화에서 미군은 US철모를 쓴 존재로만 등장한다. 미군이 개별적·인격적 존재로 묘사되기보다는 '대상화된' 적으로 표상되는 것이다. 영화 〈38선 위에서〉에는 미군이 지원군 병사를 돈으로 회유하는 장면이 나온다. 미군이 돈주머니를 주자 지원군은 "우리는 돈으로 친구를 살 수 없습니다."라고 말하며, 미군이 "우리 미국은 가장 부유한 나라입니다. 뭐든지 있습니다. 말해봐요."라고 말하자 지원군은 그냥 "북한에서 나가라"고 단호하게 답한다. 미국은 "국제법을 위반하여 일본 전범을 사용"한다고 비난받는다. 북한인 어머니는 심지어 미군장교 면전에서 이렇게 말한다.

데이비스 대위: 이 여자(북한여성)가 여기서 막말하지 못 하게 하세요.

어머니: 오랫동안 일본놈들은 칼로 많은 우리 동포들 죽였고, 미국놈의 폭탄은 우리의 수많은 도시, 마을을 파괴했어. 가족이 파괴되고 사람이 죽어가고 있다고. 이 미국 깡패들아, 그것도 모자라서 일본전범을 키우냐?

여기서 미국이라는 악은 '일본'이라는 악과 등치된다. 이처럼 민간인의 입에서도 냉전적 대립구도를 반영하는 이데올로기적 진술이 직설적으로 제시되는 것이다. 미국은 자본주의를 대표하는, 돈을 밝히는

---

8 이승희, 「전쟁의 정치적 변용: 50~60년대 항미원조 전쟁영화를 중심으로」, 『사이問SAI』 17, 2014.

천박한 존재로 묘사된다. 그러면서도 미국은 '종이호랑이'에 불과하다고 묘사되기도 한다. 휴전협정이 체결되자, 영화는 북한 인민군의 입을 빌려 "미 제국주의 종이호랑이가 우리 조중 군인들에 의해 패배했습니다. … 우리 승리의 과실을 지키고 아시아와 세계의 평화를 지켜야 합니다. … 우리가 승리했습니다. 승리 만세"라고 말한다. 휴전을 했음에도 불구하고, 한국전쟁이 승리한 전쟁으로 표상되는 것이다.

중국=남성, 북한=여성 메타포는 이 시기 영화들에서 일관되게 드러나는 특성이다.[9] 영화 〈우의〉에서는 중국지원군이 미군에게 폭행당하는 북한여성을 구조한다. "남성이 여성을 돕는다"는 메타포가 전형적으로 드러나는 작품이다.[10] 북한 여성 김순옥이 낳은 아이 이름은 '우의(友誼)'로 지어진다. 이것은 중국과 북한의 혈맹관계를 전형적으로 표상하는 것이라 할 수 있다. 하지만 이 영화에서 남성 인민군은 등장하지 않는다. 또한 여성이 등장하되 북한여성의 성애적 특성은 생략된다. 〈기습〉에서도 북한여군이 등장하는데, 잠깐 치마를 입는 장면 이외에는 성애적 특징을 강조하는 묘사가 없다. 북한여군은 총을 들고 종횡무진하는 등 명확한 계급의식을 지닌 '가족'이나 '동지'로 호명된다.[11] 북한남성이 등장하는 영화는 〈봉화열차〉가 유일한데, 철도부서

---

9   惠雁冰, 같은 글, 2007.

10   중국과 북한의 관계는 이렇듯 남성-여성으로 표상되는 반면, 미국과 남한의 관계에서 남한은 '벌거벗은 고아'로 표상된다는 점은 의미심장하다. 여성 표상과 고아 표상의 차이점이 어떠한 것인지는 검토해볼 주제로 보인다. 미국 박물관의 한국 전쟁 재현에 있어 '고아' 표상에 관해서는 다음 연구 참조. 김다니엘, 「미국의 '자유의 대가' 전시와 한국 전쟁기념관의 민족주의 테크놀로지」, 정근식 편, 『전쟁 기억과 기념의 문화정치』, 진인진, 2016.

11   이승희, 같은 책, 91쪽.

직원으로서 민간인이다. 〈침략에 저항하라〉에서도 인민군 공작요원은 여성(윤옥선)인데, 북한유격대 대장(김철규)을 구출하는 것은 여성인 윤옥선이다. 이렇듯 북한을 여성군인과 여성민간인 위주로 재현하는 것은, 중국과 북한 간의 (비록 혈맹이지만) 위계서열을 암시하는 의미가 있다.

〈38선 위에서〉에는 이 시기 영화로서는 유일하게 남한군이 등장하지만 '스파이'다. 남한군이 파견한 스파이 취춘생은 부상을 입어 북한여성의 집에 신세를 지지만, 결국 그 북한여성을 칼로 찌르고 도망친다. 하지만 결말에서 그 북한 여성이 취춘생의 생모라는 사실이 밝혀진다. 뿐만 아니라 취춘생의 아버지를 죽인 것은 공산당이 아니라 일본이었음이 마지막에 밝혀진다. 생부를 죽인 존재를 일본인으로 묘사함으로써, 미군과 일본이 동일선상의 악으로 표상되는 효과를 거둔다.

〈하늘을 날다〉는 공군 조종사 스토리이다. 이 영화에는 주인공 장레이의 전투에서의 '단독행동'을 비판하면서 협력작전을 강조하는 내용이 나온다. 기술문제보다는 '사상문제', 즉 개인주의적 태도가 더 나쁘다는 점을 강조한다. 이러한 주장은 상사인 정치위원뿐 아니라 동료들의 입을 통해서도 강조된다.

정치위원: 기술문제지요. 그러나 더 중요한 것은 사상문제요. ... 그의 사상에 심각한 개인주의가 있습니다. (중략)

장레이: 내가 개인주의라고? 설마 적군을 소멸시키려는 생각이 나 자신을 위해서란 말인가? (중략) 5년이나 됐어, 나는 매일매일 그녀(메이화)를 그리워했고, 그녀를 위해 복수하고 싶었어. 그러나 내가 한 것이 너무 적다고 생각했어. 정찰소대장을 할 때 나는 늘 내 손으로 언제나 미국의 비행기를 추락시키는 것을 꿈꿨어. 이제 내가 오히려 낙후분자,

그림 1 분노의 눈빛으로 미군을 바라보는 북한 여성(《우의》)

개인주의자가 되었군. (중략)

마싱: 장레이, 네 생각이 잘못된 거야. 전투에서 혼자 단독행동을 하는 건, 네 명예를 추구하는 거야.

이러한 개인주의 비난의 연장선상에서, 이 시기 작품들에는 전쟁으로 인한 희생을 개인적으로 고통스러워하는 장면도 거의 없다. 국가와 대의에의 헌신이라는 이데올로기적 명분으로 개인의 고통스러운 희생이 '봉합'되어 버린다. 희생으로 인한 슬픔은 감정적 고통에 대한 묘사를 극소화하면서 금세 극복된다. 〈전장에서 온 편지〉를 보면, 아들의 전사 소식을 들은 어머니는 금세 용기를 얻으며, 〈기습〉에서 북한 민간인 어머니도 자식의 전사 소식에 아랑곳하지 않고 자신을 끌고가는 남한군에게 "강도! 토비!"라고 하며 분명한 이데올로기적 신념을 표명한다.

정리하면, 이 시기 항미원조 전쟁에 관한 드라마에서 전쟁의 참상이나 모순에 대한 고민이나 혼란은 드러나지 않는다. 그것은 정당한, 그리고 승리한 전쟁으로 표상될 뿐이다. 이러한 시각은 개혁개방 이후 조금씩 변화된다.

3. 개혁개방 초기(1980년~2000년): 설득 가능한 미국

개혁개방 이후로 오면 중국의 상대적인 자신감이 포착되기 시작한다. 담론의 공간을 단순화된 이데올로기적 대립에서 '설득의 구조'로 어느 정도 이동시킨다고 볼 수 있다. 그러면서 미국은 종전의 대상화된 적으로부터, '설득 가능한 존재'로 재현된다. 북한은 여전히 여성이자 어머니로서 표상되지만, 이데올로기적 경직성을 보충할만한 '가족주의' 요소가 등장한다. 전쟁을 냉전적 구도 하에 의문의 여지없이 당연시하기보다는 전쟁의 의미에 대해 의문시하는 담론도 등장한다. '전쟁을 왜 하는가'란 질문이 제기되면서 전쟁수행 주체의 정체성에 서서히 '균열'이 가해진다.

이 시기 영화들은 가족주의적 장치를 통해 기존의 국가주의나 집단주의를 보완하고 있다. 〈심금〉에서는 북한 민간인 여성의 비중이 극대화된다. 북한 여성이 부상당한 지원군 주인공 샤오펑을 구출해주고 '엄마의 노래'를 불러준다. 북한을 여성으로 표상하는 것은 그대로이나, '어머니' 상징이 강하게 부여된다. 초반의 참전하려는 주인공을 말리던 친어머니와 이후 만난 북한의 어머니가 동일시되면서, 중국의 어머니와 북한의 어머니는 '한 아들'을 공유한다고 볼 수 있게 된다. 이북한의 어머니도 한국전쟁에서 아들이 전사하였기에, 주인공을 친아들처럼 여기게 된 것이다. 샤오펑은 작별인사 없이 지원군으로 돌아오

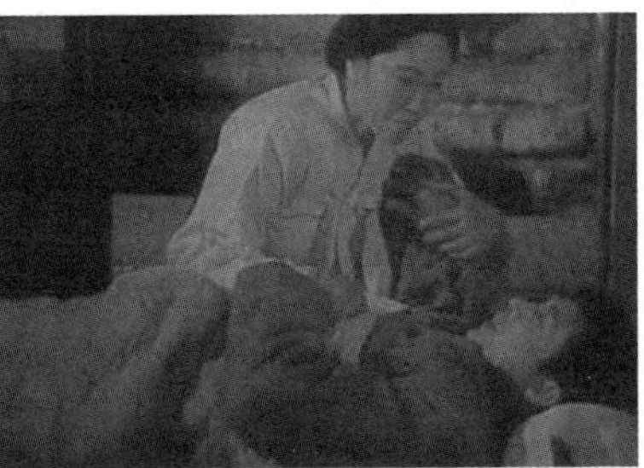

그림 2 동일한 어머니로서 표상되는 중국인 친모와 북한 여성(《심금》)

며, 북한 어머니에게 메모를 남긴다. 이로 인해 북한의 어머니는 또 한 번 아들을 잃은 듯한 느낌을 갖게 된다. 시간이 흐른 뒤 샤오펑은 북한 어머니를 다시 만나러 오는데, 혼자 온 것이 아니라 지원군 동료 여러 명과 같이 와서는 북한 어머니에게 꽃을 선물하면서 다같이 '어머니'라고 부른다. 어머니는 "이렇게 많은 아들딸이 있구나"라고 말하며 기뻐한다.

이 영화에서 드러나는 것은, 가족적 상징이 전면에 나서면서 국가주의가 가족주의로 보충되는 지점이다. 이 작품에서 전쟁의 거시적 맥락은 뒤로 물러나고, 가족적 관계 등을 통해 개인적 '감정'을 강조하는, 대중문화 재현에서 '개인화·인격화'가 시작되고 있다고 볼 수 있다. 이러한 시각은 평화로운 가정과 가족을 산산조각 내는 전쟁의 참상을 강조함으로써 더욱 강화된다.[12] 물론 아직까지는 개인화가 전면에 나오지는 못한다. 왜냐하면 북한 어머니는 친아들을 한국전쟁에 내보내면서, "장군님 말씀 잘 들어라"라고 말하기 때문이다.

12 이 영화는 북한 어머니의 회상장면을 제시하는데, 전쟁 발발 이전 '평화로운 가정'의 모습을 매우 강조한다. 이로써 전쟁이 가정의 평화를 파괴했다는 측면이 강조된다. 이러한 측면은 이전 영화들에서는 볼 수 없는 것이었다.

〈전쟁터의 별〉은 흥미롭게도 '심리전'을 다루는 작품이다. 여대생 바이루가 등장하여 미군들에게 방송을 시도하는 '설득 담론'이 처음으로 드러나는 작품이다. 이 영화에서 여대생은 미군들에게 심리전 방송을 하고, 전쟁수행 주체인 미군들은 정체성 혼란에 빠진다. 항미원조 전쟁은 '불행한' 전쟁으로 규정된다. 〈심금〉과 이어지는 유사한 측면은 가족서사의 활용이다. 바이루는 방송을 통해 미군병사들에게 고향과 가족을 떠올리도록 유도한다. 전쟁의 의미에 대해서도 문제를 제기한다.

"미군 사병에게, 오늘은 주말입니다. 고향의 풍경을 아직 기억하고 있습니까? 미시시피 강에서 유람선을 타본 적이 있습니까? 세인트헬렌스 화산을 구경한 적이 있습니까? 샌프란시스코의 금문대교를 본 적이 있습니까? 이 순간, 당신들 고향의 풍경, 어머니의 눈물, 가족들의 기다림이 아득히 먼 곳에 있습니다."

"이 전쟁은 조선인민과 중국인민에게 심각한 재난을 가져왔습니다.

그림 3 미군 병사들이 바이루의 마지막 방송을 경청하는 장면(〈전쟁터의 별〉)

반대로 이 전쟁이 당신과 미국인민에게 무엇을 얻게 했나요? … 잘못된 시간, 잘못된 장소에서 잘못된 대상과 잘못된 전쟁을 한 것입니다. 이 잘못된 전쟁에 대해 깊이 생각할 필요가 없을까요?”

미군병사의 편지는 바이루의 방송내용에 미군병사가 흔들리고 있음을 보여준다.

“어머니, 아무 의미 없는 이 전쟁이 언제 끝날까요? 저는 모르겠습니다. 지금 유일하게 소식을 알려주는 사람은 산 맞은편에 있는 아가씨(바이루)입니다. 그녀는 우리에게 미국의 민요를 틀어줍니다. 어머니, 많이 보고 싶습니다.”

영화 〈38선상의 여병〉은 5명의 지원군 여군이 산속에 포위된 상황에서 미군과의 ‘협상’에 대해서 다룸으로써, ‘설득담론 구조’를 극대화하는 작품이다. 지원군과 미군, 그리고 미군 종군여기자(메리)간의 토론이 전개된다. 처음에 여기자 메리는 미국의 휴머니즘을 신봉하는 존

그림 4 미국 기자 메리가 중국 군사박물관에 기증한 여군 초상화(〈38선상의 여병〉)

재로 재현되지만, 이후에는 중국여군들에게 '미안함'을 갖게 된다. 다시 말해 지원군에게 '설득' 당하는 것이다. 미군장교는 포위된 여군들에게 "살아남아야"하지 않겠냐고 강조하면서도, 미군의 힘의 우위를 강조한다. 메리도 처음에는 미군 측에 정당성이 있다고 믿는다. 이를테면 "당신들도 중국 땅에서 싸우는 것이 아니라"고 메리가 지적하자, 지원군 대표는 "당신들이 압록강까지 전쟁을 벌였으며, 우리는 단지 보가위국"하는 것이라고 반박한다. 또한 미군의 압록강 폭격에 대해 비난하자, 메리는 단지 "실수"였다고 반론한다. 옆에 있던 미군장교는 실수라는 논리가 통하지 않자 힘의 논리를 도입하여 그것은 어쩔 수 없는 일이었다고 말한다. 메리는 어쨌든 투항하여 "살아남는 것"이 옳다고 수세적으로 주장할 뿐이다. 뿐만 아니라, 지원군 여군 중 한 명인 쑨나나는 안둥 교회학교의 음악선생인데, 그녀는 미국에 대해 비우호적인 감정이 전혀 없었는데 자신이 일하던 학교가 미군의 폭격을 받아서 참전하게 되었음을 메리에게 말해준다. 이러한 과정들을 통해 메리의 기존 논리는 가로막히고 그녀는 설득당한다. 결국 메리는 항일노래 〈의용군 행진곡〉을 듣고는 눈물을 흘리게 된다. 이 영화는 여군 5명이 수류탄으로 투항을 거부하고 자살하는 것으로 끝난다. 여군 5명과 함께 갇힌 북한 여성은 마침 그 순간 아기를 출산하게 되는데, 메리는 그 아이를 50년 뒤 만나서, 자신이 갖고 있던 4명 여병의 초상화를 보여주고 중국 군사박물관에 그것을 기증한다.

1991년 제작된 〈마오쩌둥과 그의 아들〉은 뒤에서 분석할 〈마오안잉〉과는 달리, 마오쩌둥이 먼저 자신의 아들 마오안잉의 참전을 원한 것처럼 묘사하고 있다. 물론 그것은 강압적이거나 일방적이지 않다는 점에서, 이데올로기적 경직성까지 갖고 있지는 않다. 이러한 담론적 유연성이 생기면서, 대중문화는 이후 더욱 개인화되고 인격화되는 방향으로 나아간다.

마오: 봤지? 네 생각은 어떠니.

마오안잉: 나라가 망할 지경인데, 그냥 지켜볼 수만은 없습니다.

마오: 어떻게 할 계획이냐?

마오안잉: 아버지의 계획에 따르겠습니다.

마오: 이야기도 꺼내기 전에 따르겠다니?

마오안잉: 벌써 예상했습니다.

마오: 안잉아, 아버지를 원망하지 않지? 결혼한 지도 얼마 안 됐고, 쓰치(마오안잉의 부인)는 입원 중인데, 조선으로 보내면 도리에 맞지 않는 것 아니냐?

마오안잉: 아닙니다! 아버지의 관심에 감사합니다. 저는 어떻게 해야 할지 잘 압니다.

이후 마오안잉은 조선으로 가서 전사한다. 하지만 이 시기에도 여전히 이데올로기적인 단순성은 남아있다. 마오쩌둥과 펑더화이가 마오안잉의 희생에 대해 나누는 대화는 다소 이데올로기적이다. 마오는 감정보다는 '원칙'을 강조한다. 이는 동일한 소재와 장면을 다룬 2010년의 〈마오안잉〉과 비교해보면 큰 차이가 드러난다.

펑더화이: 주석, 저는...

마오: 말하지 말게. 작년에 내가 소련에 갔을 때, 스탈린은 나에게 승

리자는 비난받지 않는다고 말해주었소. 나는 승리자를 비난할 수 없소. 그게 일반적인 진리 아니겠소.

펑더화이: 너그럽게 생각해주셔서 감사하지만, 마오안잉을 잘 돌보지 못한 것에 대해 저는 자신을 용서할 수 없습니다. 처벌해주십시오.

마오: 펑, 너무 자책하지 마시오. 혁명전쟁은 대가를 치를 수밖에 없지 않은가. 안잉은 일반 병사잖소, 국제공산주의를 위해 생명을 바치고 공산당원의 책무를 수행한 것이라오.

4. 2000년~시진핑 집권: 개인영웅 서사

1990년대 중후반부터 항미원조 관련 영화나 드라마가 점차 사라졌다. 서론에서 언급했듯이, 이 시기 전반적인 분위기는 항미원조를 다루는 것 자체를 회피하는 경향이었다고 할 수 있다. 뿐만 아니라 미국에 대한 비판도 거의 사라진다. 이는 이 시기의 강화된 중미관계를 반영하는 것이라 할 수 있다. 2000년대 들어서 제작된 작품들의 두드러지는 특징은 개인화·인격화가 강화되면서, 개인의 생애서사가 전면화되고 전쟁 등 거시적인 역사적 배경은 뒤로 물러난다는 점이다. 개인이 부각되면서 헐리우드적 영웅서사와 유사한 양식이 관찰된다.[13]

드라마 〈원대한 포부〉에서 주인공 리바오치는 공군학교에서 수학하던 중 비행훈련에 자신감을 잃고 육군으로 다시 돌아가고자 하지만,

---

13　이 시기 주인공의 생애서사를 강조하는 드라마들의 경향성에 대해 장후이위는 '신영웅주의' 시대라고 표현했다. 남성적 캐릭터를 강조하고 민초의 성장과 성공을 다루는 특징이 있다. 張慧瑜, 『當代中國的文學想像與社會重構』, 中山大學出版社, 2014.

그림 5 한국전쟁 당시에는 적이었으나 20여 년 뒤 중·미수교에서 만난 두 주인공(《원대한 포부》)

한 동료의 희생사건에 충격을 받아 공군학교로 돌아가게 된다. 전쟁참 전 동기에 있어 주인공의 신념의 확실성보다는 '우연히' 맞이하게 된 충격적 사건이 더 중요한 요인으로 설정되는 셈이다. 또한 또 다른 주 인공 허화이더와 허민의 애정라인이 부각된다. 허화이더는 귀환명령 을 어기고 계속 미군비행기와 싸웠다. 그런데 이와 같은 개인주의적 인 '단독행동'을 비판하는 근거가 이전 작품(《하늘을 날다》(1958))과 는 다르게, 개인주의 같은 사상 문제가 아니라 '결과'의 문제라고 제시 된다. 단독행동을 할 경우 협력전술보다 전쟁의 결과가 나빠진다는 실 용적 논리가 동원된 것이다. 따라서 주인공은 자신의 개인주의를 반 성하는 것이 아니라, '협력 전술의 중요성'을 깨닫는다. 개인을 집단에 종속시키던 종전의 관점과는 분명 대조되는 지점이다. 게다가 이 드라 마에서는 오히려 미군보다는 소련을 비판하는 장면이 나온다. 소련이 공중전 시에 지원군 공군과 함께 하지 않고 독자적으로 싸운다는 것이 다. 미국과 미군에 대한 비판은 거의 사라지며, 중국과 미국이 미중수 교 때 협상하면서 장군이 된 주인공 허화이더와 미군 장교 존슨이 20

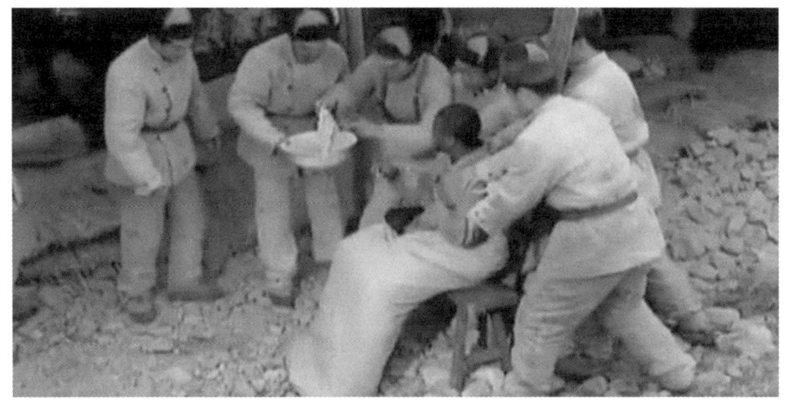

그림 6 미군 흑인병사의 얼굴을 씻으려 하는 지원군병사들(《훈장》)

여년 만에 다시 만나 악수한다. 존슨은 자신의 딸을 허화이더에게 소개하고, 두 사람은 이제는 전쟁을 하지 말자고 결의한다. 이 시기 중미관계의 성격을 잘 보여주는 장면이라 할 수 있다.

> 존슨: 오랜 소원이 드디어 실현되었습니다. 이쪽은 저의 딸입니다.
>
> 허화이더: 이건 조선에서 찍은 우리 사진입니다. 그야말로 정지된 역사적 장면이죠.
>
> 존슨: (미군전투기 모형을 보여주면서) 알아보십니까?
>
> 허화이더: 존슨, 앞으로 이런 걸 가지고는 대화하지 않길 바랍니다.

드라마 〈역사의 하늘〉은 주인공 쟝비다가 항일전쟁부터 인민공화국 건국 직후 시기까지 경험한 40년간의 생애를 다룬다. 그는 일본군의 추격 때문에 치린산까지 도망가서 국민당군에 입대하려 했다. 그러나 청년여군 동원인을 만나면서 국민당군으로 가려던 마음을 바꾸어 해방군에 입대하였다. 이를 계기로 쟝비다는 전쟁과 정치에 대해 배우면서 이후 지혜로운 지휘자가 되어 결국 공산당의 고급간부가 되었다. 평범한 인간이 '영웅'으로 성장해가는 서사가 중심이 되며, 이때 항미원조는 주인공 성장의 배경막에 불과한 것으로 다루어진다.

드라마 〈훈장〉도 평범한 농민이 훌륭한 영웅으로 성장해가는 서사이다. 항미원조는 주인공 생애과정의 한 단계를 차지할 뿐이다. 주인공 마바오차이는 일본군이 스승을 살해한 사건을 계기로 팔로군에 (자원입대가 아니라) 징집되어 항일전쟁에 참여하게 된다. 항미원조 전쟁에서는 미군포로를 붙잡는 장면이 나오는데, 공교롭게도 흑인병사다. 한 지원군이 흑인병사가 원래 피부가 까맣다는 것을 모르고 몸을 씻으려고 하는 장면이 나오는데, 백인이 아닌 흑인병사를 미군을 대표하는 얼굴로 내세움으로써 미군에 대한 비판적 시각을 무화시키는 효과를 거둔다. 뿐만 아니라 주인공은 나중에 일본 땅으로 돌아가지 못한 일본 여성과 결혼하고 다시 농민이 된다. 일본에 대한 시각에서도 전향적인 시각이 등장한 셈이다.

5. 시진핑 시대: 문명대국의 미국 비판?

2006년에는 〈대국굴기〉, 2008년에는 〈부흥의 길〉이라는 다큐가 등장하는 등 중국의 대국으로서의 자긍심이 점점 강화되었다.[14] 이른바 G2로서의 위상이 좀 더 분명해진 것이다. 이에 따라 중국 대중문화는 다시금 항미원조를 과감하게 다루기 시작하는 등 자신감을 갖고 중국의 입장을 명확히 한다. 그러면서도 80년대의 설득담론 구조와 2000년대

---

14   張慧瑜, 같은 글, 45쪽.

의 개인화와 인격화라는 큰 흐름은 그대로 가져간다. 이 시기의 드라마들은 개인과 그 내면을 충실히 다루되, 50~60년대의 작품에서 제시되었던 이데올로기적 입장(미 제국주의 비판 등)도 부활한다고 할 수있다. 특히 중국을 (미국 및 일본과 비교하여) '문명국'으로 주장하는 등 과거보다 '정교한' 담론이 제시된다. 미국을 비판하되, 미국인 개인을 인격적으로 묘사하면서 적대감정은 표출하지 않는다. 북한군은 여전히 주체적인 존재로 등장하지 않으며, 오히려 남한군이 인격화된 존재로 등장한다. 전쟁의 의미에 대한 재검토를 요청하면서도 결국 항미원조는 '보가위국'을 위해 어쩔 수 없는 전쟁이었다고 주장한다. 전쟁의 참전 동기는 신념 요인보다는 개인 체험으로 인한 복수심에 근거한다. 전쟁에서의 희생에 대해서도 생명존중을 내세우면서 개인들의 감정적 고통을 부각시킨다.

드라마 〈38선〉은 항미원조를 전면적 소재로 다룬 90년대 이후 최초의 작품이라는 점에서 의의가 있다. 주인공 리창순은 압록강 강변 어촌에 살았는데, 마을이 미 공군의 폭격으로 인해 파괴되면서 아버지와 형도 희생되었다. 그는 가족에 대한 '복수심'으로 지원군에 자발적으로 입대한다. 흥미롭게도 이 드라마에서 또 다른 주인공은 미군과 한국군이다. 미군 병사 조지는 미군의 평범한 사병이며, 사랑하는 아내와 딸을 떠나 한국전쟁에 참여했다. 한국군 장교 박홍철도 비중 있게 등장한다. 남한군이 거의 최초로 비중 있게 다루어진다는 점을 보면, 이 시기 한중 교류의 현실이 반영되었다고 할 수 있다.

드라마 〈마오안잉〉은 2010년 중국의 항미원조 참전 60주년을 기념해 제작된 드라마로서, 시진핑 집권(2012~) 이전이지만 시진핑 집권기 드라마의 신호탄이었다고 보아 이 시기에 포함시켰다. 이 드라마는 철저히 마오안잉 개인의 일생에 초점을 맞춘다. 그의 학업, 일, 애정, 전투경력, 가정생활을 묘사하면서, 무엇보다 마오 부자의 깊은 정을 중심으로, 어머니 양카이휘, 아내 류쓰치, 형제 마오안칭 간의 애정이 부각된다. 마오안잉을 통해 공산당원의 인간미를 드러내고, 윗세대 혁명가들의 감동적 캐릭터를 강조한다. 마오안잉은 드라마에서 "항미원조전쟁은 정의로운 것"이라며 "미 제국주의에 항거해 중국의 주권과 영토를 지키기 위한 것"이라고 결연히 말한다. 이러한 진술은 미국을 불편하게 하는 측면이 있다. 하지만 이 드라마에서 실제 미군이 등장하는 장면을 보면 미군 개개인을 악마화하는 양상은 드러나지 않는다. 드라마 〈펑더화이원수〉는 지원군총사령관이자 중국건국 지도자였던 펑더화이의 일생을 다루고 있다. 25회차부터 한국전쟁이 등장하며, CCTV1에서 방영되었다. 이하에서는 한국전쟁을 드라마 전체의 소재로 하는 〈38선〉을 중심으로 분석하되, 〈마오안잉〉과 〈펑더화이원수〉 중 항미원조를 다루는 부분을 함께 다루도록 하겠다.

〈38선〉은 전쟁참여 동기를 개인적 '복수심'에 기반한 것으로 묘사한다. 국가에 대한 애국심보다는 가족의 죽음에 대한 보응이라는 관점에서 서술하는 것이다. 따라서 이념적이거나 국가주의적인 관점은 아무래도 약화된다고 할 수 있다. 또한 그것은 미군의 '(민간인) 폭격'이라는 불합리한 원사건으로부터 시작되는 것이다. 폭격이라는 이미지는 전쟁시작의 '책임'이 여전히 미국에 있음을 강조하는 효과를 지닌다. 주인공 리창순의 약혼자와의 관계는 멜로화되어 있다. 물론 결국은 복수(참전)를 위해 연인과도 이별하는 줄거리이지만, 밤에 몰래 마을로 나가 약혼자에게 선물을 주고 이별한다. 반면 과거의 영화들은 가족이나 연인관계를 생략하거나 배경화하는 경향이 있었다.

항미원조라는 명칭에 맞지 않게, '원조'라는 속성은 탈각된다. 북한을 돕기 위해 전쟁을 수행한다는 의미는 완전히 주변화되어 있다. 미

제국주의에 대한 반격이라는 규정이 중심이 되면서, 중국 자체의 '보위(保家爲國)'라는 측면이 강조된다. 특히 미 제국주의를 언급하기 시작한 것은, 거의 20년간 미국을 불편하게 할까봐 항미원조 관련 대중문화를 통제해온 상황에 변화가 왔음을 보이는 단초가 된다. 하지만 중국과 남한 사이의 적대구조는 좀처럼 보이지 않는다. 과거 작품들이 남한군을 다루지 않거나 단순히 미국의 꼭두각시로 묘사했다면, 〈38선〉은 남한군을 설득 가능한 존재, 대화 가능한 존재로 표상한다고 할수 있다. 이는 남한군 포로들을 설득하는 대사에서 잘 드러난다. 앞서 〈전쟁터의 별〉이 미군을 설득했다면, 이 드라마는 남한군을 설득한다. 남한군은 적이 아닌, (미국의) '총알받이'이자 '피해자'이다. 따라서 중국이 미군과 남한군을 다르게 대우한다고 강조하는 장면이 나온다.

> **천핑**: 잘 들어라, 우리는 중국인민지원군이다. 여기에 온 것은 어쩔수 없는 선택이다. 우리는 미 제국주의의 전쟁죄행을 막고, 우리의 나라를 보위하며, 정의를 지키기 위해 왔다. 이 전쟁은 미 제국주의에 반격하는 전쟁이다. 중국과 한국 간의 전쟁이 아니다.
>
> (…)
>
> **천핑**: 너희들은 미 제국주의자와 이승만 매국독재반동정부의 협박하에 참전하게 된 것이다. 제국주의자는 무정하게 너희들을 총알받이로 이용한 것이다. 그러니 너희들도 피해자다. 우리는 너희들을 미군병사와 구분해서 대할 것이다. 교육하고 나서 바로 풀어주겠다.
>
> (〈38선〉, 6회)

오히려 남한군 포로를 (미군과는 달리) 금방 풀어주면서, 남한군에게 미국제국주의가 더 큰 악임을 '설득'한다. 또한 한국군 박홍철의 대

사를 통해 남한을 보는 중국의 시각을 우회적이지만 명료하게 드러낸
다. 중국이 직접 미국을 비판하기보다, 남한군의 입을 빌려 미국을 비
판하도록 만든다.

박홍철: 내가 보기에, 미국인은 우리를 최전선에 배치하고, 자기네들
은 20km 거리인 2선에 있어. 우리를 총알받이로 이용하는 거야. 개자
식들.

(〈38선〉, 29회)

이와 같은 발화주체의 이동은 항미원조에 대한 중국의 규정이 더욱
보편성을 갖도록 확장하는 효과를 야기할 수도 있다.

〈38선〉은 미국과 남한의 주인공(미군장교 조지, 한국군 장교 박홍
철)을 '인격화'하여 부각시킬 뿐 아니라 양자의 '관계'도 세밀하게 묘
사한다는 특징도 있다. 미군과 남한군의 '갈등'이 수시로 부각된다. 처
음 미군 장교 조지는 중국군이 참전할 리가 없다고 생각해서 남한군의
보고를 믿지 않다가, 미군이 큰 타격을 입은 뒤에야 중공군의 참전 사
실을 믿게 되었다. 하지만 이 타격의 책임을 남한군에게 돌리려고 한
다. 또한 미군이 남한군을 이용하는 장면도 나온다. 중국지원군을 유
인하기 위해 남한군을 앞장세운 다음, 미군은 지원군과 남한군이 모여
있음에도 불구하고 폭격을 퍼붓는다. 이 사건은 남한군의 미군에 대한
적대감을 유발하며, 드라마 상에서는 미군과 남한의 갈등양상을 더욱
부각시키는 효과를 지닌다(앞의 인용대사). 또한 남한민간인들의 피
난을 가로막은 미군에 대해 분노하는 발언도 나온다.

여기까지의 묘사는 건국 초기의 '적으로서의 미국'이라는 기존 시각
을 계승하지만, 미국을 단순하게 악마화하지는 않는다. 이 드라마는
미군 장교 조지의 '개인적 혼란'을 보여준다. 이는 앞서 소개한 한국군

에 대한 미군의 폭격사태 때문이다. 미군상부에서는 조지에게 그 일은 우연한 사고였다고 말한다. 하지만 조지는 환멸을 느끼면서 한국을 떠나고 싶다고 말한다. 자신의 한국전쟁 참전에 대해 회의를 느끼는 장면이라 할 수 있다.

〈38선〉은 '포로문제'를 다룬다는 점에서도 특이성을 갖고 있다. 미군 내부의 인종차별이라든가, 포로지급 음식에 대한 미군의 오해에 대해서 다루는 부분이 특히 흥미롭다. 백인군인은 흑인군인과 같은 방을 쓰려 하지 않으며, 흑인군인을 도둑으로 몰기도 한다. 미군포로에게 지급되는 음식은 지원군 음식보다 더 좋은 상태였다. 하지만 미군포로들은 지원군이 자신들을 학대하며 인권을 침해한다고 불만을 제기한다. 뿐만 아니라 흑인군인은 백인군인들이 괴롭힐까봐 자신이 백인들에게 학대당한 사실을 사실대로 말하지도 못한다.

창팡: 그들이 너(흑인병사)를 괴롭히는 것을 내 눈으로 보았다. 그런데 왜 말하지 않나? 여기는 중국인민지원군의 포로수용소다. 모든 사람이 평등하다. 만약 너를 괴롭히는 사람이 있으면 우리에게 말해라. 정의를 신장하겠다.

흑인 포로: 절 괴롭히는 사람이요? 없습니다.

(...)

원장: 미국은 인종차별의 역사가 깁니다. 현재 미국 남쪽 많은 주에서, 흑인은 백인이 타는 버스를 탈 수 없습니다.

창팡: 버스도 못 타요, 정말입니까?

원장: 물론이지요.

이 드라마는 미군이라는 존재를 직접적으로 적대하기보다는, 미군 내부의 균열과 모순을 드러내는 방식을 택한다. 미군이 직접적으로 지원군을 죽이는 잔혹한 장면 등은 묘사하지 않는다. 미군 장교는 혼란에 빠지며, 미군포로들은 지원군의 포로가 되더라도 학대당하지 않는다며 안심한다. 다만 미군은 인종차별에 빠져있고, 음식에 대해 투덜대는 '한심한' 존재들로 다소 정교한 방식으로 비판된다.

〈38선〉에는 북한군이 등장하지 않는다. 항미원조가 중국과 북한의 공동 전쟁이 아니라, 마치 중국만의 전쟁인 것처럼 묘사된다. 다만 북한의 민간인만 등장한다. 지원군이 북한인민을 돕기도 하고, 북한의 '어머니'가 지원군을 구출하기도 한다. 가장 흥미로운 장면은 〈마오안잉〉과 〈펑더화이원수〉에 나오는 '김일성이 선물로 준 사과'가 등장하는 장면이다.

마오안잉: 펑 총사령관님, 김일성 동지가 보낸 사과입니다.

펑더화이: 감사합니다.

마오안잉: 김일성 동지가 편지도 보냈습니다.

펑더화이: 우리 지원군이 양수동에서 승리를 거뒀습니다. 김일성 동지에게 전달해주세요.

그림 7 추위로 동사한 지원군 병사(〈펑더화이원수〉)

김일성 부하: 꼭 전달하겠습니다.

(〈마오안잉〉, 28회)

경위원: 펑총사령님, 김일성 주석이 사과 한 박스를 보내줬습니다.

펑더화이: 조선의 사과가 맛있다고 들었다. 양평안, 사람들에게 나눠 주게.

경위원: 김주석이 펑사령님에게 주신건데.

펑더화이: 혼자 먹으라는 거냐? 내 고향에 이런 말이 있다. 혼자 먹으면 이빨이 썩고, 나눠 먹어야 맛있다.

(〈펑더화이원수〉, 27회)

이상에서 보듯이, 최근 항미원조를 다루는 드라마들에서 북한군은 (미군이나 남한군 묘사와는 달리) 인격체로서는 부재한다. 부재하되, '사과'라는 사물로 환원되어 존재한다. 이러한 묘사는 현재 중국과 북한의 껄끄러운 관계를 반영하는 것일 수 있다.

과거의 영화들이 묘사했듯, 이 드라마들에서 중국은 '가난한 국가'이다. 하지만 중국은 그럼에도 불구하고 인간적인, 다시 말해 '문명적 국가'로 표상된다. 가난과 문명이라는 대비되는 어휘가 병치되면서, '가난하지만 품위 있는' 국가로서 중국의 자긍심을 최상으로 끌어올리는 효과를 야기한다. 이를테면, 중국지원군에게 잡혀온 남한 포로들에게 지원군과 동급의 음식을 제공하거나, 미군에게는 오히려 더 좋은 음식을 제공하는 장면이 나온다. 중국의 문명성에 대한 강조는 미군 내의 인종차별을 다루는 장면에 이어지면서 인종차별의 야만성과의 '대조' 효과를 극대화한다. 다른 한편, 〈38선〉과 〈펑더화이원수〉에서는 항미원조 시기의 극심한 '궁핍'을 강조한다. 이는 현재의 발전되고 풍요로워진 중국과 대비되면서, 고난(추위와 배고픔) 속에서의 인내를 통해 현재의 중국이 형성되었다는 내러티브를 은닉한다. 이는 미군의 풍요로움(크리스마스의 칠면조)과 대비된다. 이로써 '풍요롭지만 비문명적인' 미국을 은연중에 비판하는 효과를 획득한다.

> **펑더화이:** (병사들이 홑옷을 입고 천 신발을 신은 모습을 확인하고) 홍아, 어제 밤에 연대에 가봤는데, 반의 10명 병사가 방한화 한 짝씩만 있고 경비를 서는 사람만 신고 있더군. 많은 병사들이 동상에 걸렸고, 9병단에는 동사한 병사도 있어. 바늘이 찔린 것처럼 마음이 아프다.
>
> (…)
>
> **훙쉐이즈:** 펑사령관님, 솔직히 말하면, 이번 전쟁은 과거 우리가 싸웠던 어떠한 전쟁과도 다릅니다. 미군은 후방지원 열 세 명이 한 병사를 지원해줍니다. 먹는 것, 입는 것, 쓰는 것, 모두 갖춰져 있습니다. 듣자하니, 심지어 크리스마스에는 칠면조도 보급되었답니다. 그러나 우리

는 후방지원 한 명이 몇 백 명의 병사를 지원하고 있습니다.

(〈펑더화이원수〉, 29회)

〈펑더화이원수〉와 〈38선〉은 모두 기본적으로 전쟁 자체에 대해서는 비판한다. 전쟁의 반대어로 '생명'을 강조한다.

> **펑더화이**: 나도 생각 중인데, 이 전쟁을 지속해도 될까? 전선이 길어질수록 후방지원이 어려워지니까 말이야. 물론 전쟁에서 희생이 없을 수 없지. 하지만 동사, 아사를 어떻게 그냥 지켜보겠는가? 이들이 더이상 무의미한 희생을 당하게 할 수는 없다.

(〈펑더화이원수〉 29회)

> **박홍철 대령**: 조지, 우리를 모욕하지 마세요. 우리 부대는 가장 어려운 임무를 수행하고 있고, 거대한 희생을 감당하고 있습니다. 나는 부하의 생명을 책임져야 합니다. 막무가내로 그들을 전쟁터로 보낼 수 없습니다.

(〈38선〉 5회)

하지만 이러한 논리가 전쟁을 반대하는 주장으로 가진 않는다. 항미원조 전쟁의 의의 자체가 부정되지는 않는 것이다. 그것은 '보가'의 의미에서 중국 자신을 지키기 위한 방어전쟁, 즉 생명을 지키기 위한 전쟁으로 다시금 정당화된다.

또한 과거의 영화들과는 달리, 전쟁에서의 희생을 집단주의적이고 이데올로기적 논리에 의해 감정적·인격적인 측면 없이 간단히 처리하지도 않는다. 희생은 이제 집단의 희생이 아니라 '개인의 희생'으로 조명된다. 이는 마오안잉의 희생에 대한 마오쩌둥과 펑더화이의 대화에서 잘 드러난다. 이는 앞서 3절에서 분석한 1991년의 〈마오와 그의 아들〉의 '냉정한' 마오쩌둥과는 완전히 대조된다.

펑더화이: 하지만 마음속으로 괴롭고 매우 고통스럽습니다. 안잉의 희생이 지원군, 특히 주석에게는 돌이킬 수 없는 손실입니다.

마오쩌둥: 아들이 희생했는데, 애비로서 가슴이 아프지 않을 수 없네. 안잉은 고생하면서 자란 아이야. 어릴 때 벌써 엄마를 잃었고, 하루도 편하게 살아본 적이 없지. 평상시 내가 그를 제대로 돌보지도 못했고, 정말 아버지로서 미안하구료.

펑더화이: 전장에서 나와 안잉은 부자지간처럼 지냈습니다. 그 날 나는 불에라도 뛰어들어 내 목숨과도 바꿀 마음도 있었습니다.

마오쩌둥: 너무 괴로워하지 말게.

(〈마오안잉〉 35회)

6. 국제정세를 반영하는 대중문화

지금까지의 분석을 종합해보자. 신중국 건국 이후 중국의 항미원조(한국전쟁) 소재 영화와 드라마의 항미원조 재현에 드러나는 특징을 네 시기로 구분하여 정리해보겠다. 관련 전쟁수행 주체인 중국-북한-(소련)-미국-남한에 대한 시각의 변화, 한국전쟁의 의미에 대한 시각, 주인공의 전쟁 동기(개인과 국가의 길항), 희생에 대한 태도 등에서 드러나는 시기별 공통점과 차이점을 정리해 보면 다음 표와 같다.

각 시기별 변화는 국제정세 속에서 중국의 '자긍심'의 변화와 중미관계를 반영하는 것이라 할 수 있다. 중국이 경제적 궁핍과 강고한 냉전체제에 처해 있을 때 제작된 영화들은 대체로 경직된 이데올로기적 신념을 통해 '승리'를 표현하려 했다. 북한은 간혹 등장하더라도 '여성'으로 묘사됨으로써 남성의 위치에 놓인 중국과 위계관계를 이루었다.

이데올로기적 ——————————————▶ 개인적, 인격적

구분	건국~ 80년	80년~2000년	2000년~ 시진핑 집권 이전	시진핑 시대
중국	· '승리'의 창조 · 궁핍한 현실과 대비	· '설득 담론' 자신감 태동 · 가족주의 요소 강화	· 국제관계 고려한 조심성 · 개인주의적 영웅서사 · 역사의 배경화	· 미국과 대립된 중국의 '문명성' · 강력한 자긍심 표출
미국	· '폭격'의 이미지 (불가해한 악) · 집단으로 존재 (탈인격적) · 퇴폐주의자로 규정	· 설득의 대상 (여전히 집단 인격)	· 미국과의 우호 강조 · 소련 비판	· 미 제국주의비판 부활 · 적대감정은 약화 미군 정체성의 균열 · 미군 개인성 부각 (인격화)
북한	· 주로 민간인 등장 · 탈성애적인 여성 (원조의 대상, 중국-북한 위계)	· 여성-어머니 표상 강화	부재	· 부재하되, 사물 화된 존재(사과) 로 등장
남한	· 부재 (미국의 주구로 종속)	부재	부재	· 남한군 등장, · 남한군 정체성의 유동성과 균열, 피해자화, 남한 과의 우호 반영
전쟁의 의미	· 냉전적 구조 · 아와 적의 대립 · '승리'로서의 전쟁	· 설득의 담론 (심리전) · 전쟁주체의 정체성 균열	〈항미원조(2001)〉 상영금지 조치	· 전쟁의 의미 재검토 요구 · 전쟁반대는 아님 · (국가주의적인) '보가'로서의 전쟁
전쟁의 동기	· 이데올로기적으로 당연시	· 전쟁의 불합리성부각	· 항미원조는 항일전쟁의 단순한 연장에 불과	· 개인적 복수심
희생에 대한 태도	· 개인보다 집단(애국)강 조하여, 희생의 이데올 로기적 수용	-	-	· 생명존중 강조 등장 · 희생의 개인적 감정적고통강조

개혁개방 이후 개방경제가 실시되면서 단순한 이분법적 대립이 사라지고 '설득적 담론 구조'가 도입된다. 2000년 이후 미국과의 경제 외교적 관계가 긴밀해지자 미국을 불편하게 하는 항미원조는 거의 다루어지지 않았는데, 시진핑 집권 이후 다시 미국에 대한 비판적 담론이 세련된 형태로 부활한다. 중국은 '문명적 국가'로 표상됨으로써 미국과 대비된다. 남한 역시 설득 가능한 존재로 등장한다. 반면 북한은 부재하거나 사물화된다. 개혁개방 이후로는 전체적으로 '개인화', '인격화'의 흐름이 점점 강화되는 흐름을 보인다. 주인공의 개인적인 참전 동기(복수심, 가족의 비극)가 강조되거나 전쟁에서의 희생에 대한 감정적 고통이 강화되고, 미군과 남한군의 내면적 고뇌가 다뤄지는 등 개인적이고 인격적인 묘사가 더욱 강화되는 경향을 확인할 수 있었다.

중국의 대중문화는 각 시기의 굴곡을 반영하면서 과거 항미원조의 역사에 대한 시각 변화를 보여주고 있다. 최근 사드 배치 문제나 중미 갈등 등 악화되는 동아시아 정세는 대중문화 영역에도 심대한 영향을 미치고 있다. 이처럼 중국과 주변 국가들 간의 정세는 앞으로도 중국 대중문화에 반영될 것이다. 중국의 대중문화는 한국에 많이 소개되고 있지 못하는 듯하다. 한국인들의 중국 인식뿐 아니라 중국 대중들의 한국 인식을 돕기 위해 대중문화 교류는 중요하다고 생각한다. 이 글에서 소개한 대중문화에 드러나는 중국인들의 항미원조에 대한 시각의 변천이 한국인의 중국 인식에 기여하는 바가 있기를 바란다.

05

북중 영화교류의 어제와 오늘

김성은(동국대학교 사회학과)

1. 잊혀져가는 감동

같은 제목으로 영화화되기도 한 다이스지에(戴思傑)의 소설 『발자크와 바느질하는 중국소녀(巴爾紮克和小裁縫)』(2000)에는 문화대혁명 때 시골로 하방(下放)된 두 젊은이가 주인공으로 등장한다. 이들은 마을 촌장의 명령으로 도시에 가서 영화를 보고 마을 사람들에게 이야기해주는 역할을 맡았는데, 도시에서나 마을에서나 가장 인기 있는 영화는 북한 영화 〈꽃 파는 처녀(賣花姑娘)〉(1972)였다. 이야기로 들었을 뿐인데도 마을 사람들은 눈물을 펑펑 쏟고 만다.

1946년에 발족한 북조선가극단은 1971년에 혁명가극 '피바다' 창작을 계기로 '피바다가극단'으로 개칭되었고, 이듬해인 1972년에 가극 '꽃 파는 처녀'를 무대에 올렸다. 이 가극은 같은 해에 영화로 제작되었는데, 가극과 영화 모두 북한의 공식 예술사에서 혁명예술의 새로운 시대를 연 작품으로 기록되었다. 가극 '꽃 파는 처녀'는 현재까지 전 세계에서 1,400회 이상 공연되었으며, 영화 〈꽃 파는 처녀〉는 오늘날에도 중국의 대중에게 가장 널리 알려진 북한영화로 남아 있다. 따라서 일부 학자들은 이 가극과 영화를 '최초의 한류'로 평가하기도 한다.[1]

'꽃 파는 처녀'의 인기는 오늘날에도 지속되고 있다. 피바다가극단은 2008년 4월 11일부터 6월 3일까지, 2012년 5월 28일에서 7월 30일까지 가극 '꽃 파는 처녀' 중국 순회공연을 진행하였다. 영화 〈꽃 파는 처녀〉 역시 중국에서 '조선영화상영주간' 행사가 개최될 때마다 빠지는 법이 없으며, 2012년 10월 23일에서 27일까지 옌볜(延邊)에서 열린 상영회에서도 "세월의 변천과 상관없이 여전히 감동 그 자체"라는 관객평을 받기도 했다.[2]

그러나 과거 중국에서 북한영화가 누렸던 인기와 현재를 비교하는 것은 무리다. 1970년대에는 〈꽃 파는 처녀〉 외에도 〈사과 딸 때(摘蘋果的時候)〉(1971), 〈금희와 은희의 운명(金姬和銀姬的命運)〉(1975) 등이 중국에서 큰 인기를 누렸지만, 이러한 인기는 문화대혁명(1966~1976년) 말기와 직후라는 특정 시기, 특정한 상황에서 비롯된 예외적인 것

1　권헌익 · 정병호, 『극장국가 북한』, 파주: 창비, 2013, 77쪽.

2　「〈꽃 파는 처녀〉 다시 봐도 눈물바다」, 『吉林新聞』(2012. 10. 26)

이었다. 1965~1969년은 북중관계가 최악으로 치달은 시기였으며, 1970년 이후 양국의 갈등이 해소되면서 문화교류가 본격화되었다.[3] 1966년 말부터 1973년 초까지 약 7년 동안 단 한 편의 영화도 제작할 수 없었던 문화 공백기를 지내며 거친 선전선동 예술에 지쳐있던 중국인들은 북한의 가극과 영화를 보며 훈훈한 감성을 느꼈다.

북한과 중국은 '북중 경제 및 문화협력 협정'(1953년 11월), '북중 문화협력 협정'(1959년 2월) 등을 통해 우호협력을 위한 문화교류를 제도화하고 오늘날까지 이어오고 있다. 양국의 문화교류는 체제의 특성상 정부에 의해 정책적으로 진행되는 성격이 강하다. 냉전과 탈냉전을 거치며 양국이 수시로 갈등과 협력을 반복하는 과정에서 문화교류 역시 부침을 거듭했다. 그러나 문화교류가 양국의 정치적 관계에 완전히 종속되어 있는 것은 아니다. 북한과 중국은 갈등이 심할 때에도 최소한의 관계 유지를 위해, 혹은 관계 회복을 위해 문화교류를 지속하기도 했다. 또한 최근 중국이 북한을 혈맹 관계가 아닌 국가 대 국가의 관계로 전환하고자 하는 추세에서 문화교류의 자율성이 다소 증대된 측면도 있다.

그러므로 2000년대 이후 북한과 중국의 문화교류 양상은 1970년대보다 훨씬 복잡하다. 우선 중국의 경제와 문화산업이 급격히 발전하면서 북한영화나 북한 문화예술 전반에 대한 관심이 점차 줄어들고 있다

---

3   문화대혁명 시기는 북중관계의 하한선이었다. 북한의 주체를 인정한 류샤오치(劉少奇)가 타도 대상이었고, 홍위병들은 김일성을 수정주의자라고 비난했다. 마오쩌둥(毛澤東)과 김일성의 화해는 1970년 10월 김일성의 베이징 비밀 방문에서 이루어졌다(최명해, 「1960년대 북한의 대중국 동맹딜레마와 '계산된 모험주의」,『국제정치논총』제48집 2호, 2008, 142쪽; 히라이와 순지,『북한·중국관계 60년: '순치관계'의 구조와 변용』, 서울: 선인, 2013, 185~186쪽).

는 평가가 있다. 홍콩, 대만과 더불어 중국 대륙 영화가 상업적으로 큰 성공을 거두고 세계 영화시장에서 미국 영화와 경쟁하는 시대에 더 이상 〈꽃 파는 처녀〉를 보면서 눈물 흘릴 관객이 없다는 것이다. 그나마 60~70대 노인들이 추억에 젖어 북한 가극을 관람하기는 하지만, 막상 극을 보면서 옛날과 같은 감동을 받는 사람은 많지 않은 듯하다. 2008년에 베이징 국가대극원에서 가극 '꽃 파는 처녀'를 관람한 70대 노인은 "중국은 정신없이 변하고 있는데, 북한은 예전 그대로 서 있는 것 같다"는 평을 남기기도 했다.[4]

한편 중국에 대한 북한의 의존도가 높아지면서 문화교류도 증대하고 있다는 평가도 적지 않다. 북한의 정권수립기부터 1950년대 중반까지 대외 문화교류의 중심은 소련이었지만, 1990년대 이후 북중 문화교류가 절대적인 위치를 차지하게 되었다.[5] 2010년에 항미원조 60주년을 기념하는 영화 〈형제의 정〉이 북한에서 제작되었고, 2012년에 최초의 북중 합작영화인 〈평양에서의 약속(平陽之約)〉이 제작된 것도 이러한 평가를 뒷받침한다.

그런데 북중 문화교류가 과거만 못하다는 주장이나 문화교류가 증대하고 있다는 주장이나 몇 가지 사례를 예로 들 뿐, 문화교류의 폭이나 깊이가 실제로 어떻게 달라지고 있는지 구체적으로 설명하지 못하고 있다. 또한 북중 문화교류에 대한 기존 연구들[6]은 주로 공연예술에

4　「눈물 없는 베이징의 '꽃 파는 처녀'」, 『경향신문』(2008.4.16)

5　전영선·김지니, 「북한의 대외문화교류 정책과 북·중 문화교류」, 『중소연구』 118호, 2008, 142쪽.

6　전영선·김지니, 같은 글; 신형욱·김용범, 「북·중 문화교류를 통해 본 현 단계 남북한 문화교류의 진단과 평가: 단일 극 양식의 공연예술 교류를 중심으로」, 『북한연구학회보』 15권 2호, 2011, 195~216쪽 등.

관한 것이어서 다른 분야에 대해서는 알기가 어렵다. 따라서 이 글은 2006년 이후 예술영화교류를 중심으로 북중 문화교류의 달라진 양상을 살펴보고자 한다. 2006년 이후로 시기를 한정한 것은 북한영화에 대한 연구들[7]이 대체로 2007년 무렵에 멈춰 있는 사정을 고려한 것이다.

2. 북한영화의 침체기

2006년 이후 제작된 북한 예술영화 중에 국제적으로 알려진 영화는 〈평양날파람〉(2006), 〈한 녀학생의 일기〉(2006), 〈소원〉(2011), 〈김동무는 하늘을 난다〉(2012), 〈평양에서의 약속〉(2012) 등이다. 〈한 녀학생의 일기〉는 2007년에 북한영화 최초로 칸영화제에 출품되었고, 〈김동무는 하늘을 난다〉는 2012년 부산국제영화제에서, 〈평양에서의 약속〉은 2012년 광주국제영화제에서 상영되었다.

이처럼 주목할 만한 성과가 몇 편 있긴 했지만, 2006년 이후 북한 예술영화의 현황을 한 마디로 요약하면 '침체기'라고 할 수 있다. 경제난 등으로 영화 제작에 큰 어려움을 겪는 가운데, 2012년 김정은 집권 이후에는 제작 편수가 더욱 감소했다. 2006년부터 2014년까지 제작된 북한 예술영화 중 『조선중앙년감』, 월간 『조선예술』에 소개된 영화의 목록을 정리하면 다음과 같다. 연감과 잡지에 정보가 공개되지 않은 영화가 있을 수 있으므로 전체 제작 편수를 정확하게 파악할 수는 없다.

---

7   최척호, 『북한영화사』, 서울: 집문당, 2000; 민병욱, 『북한영화의 역사적 이해』, 서울: 역락, 2005; 이명자, 『북한영화사』, 서울: 커뮤니케이션북스, 2007; 안지영, 「북한영화사 연구의 현황과 과제」, 『통일문제연구』 27권 1호, 2015, 243~277쪽 등.

표 1 2006~2014년에 제작된 북한 예술영화

연도	영화 제목	편수
2006	〈평양날파람〉, 〈한 녀학생의 일기〉, 〈높은 교단〉, 〈젊은 려단장〉 1, 2부, 〈그가 남긴 사진〉	5
2007	〈강호영〉	1
2008	〈우리를 지켜보라〉, 〈군항의 부름소리〉, 〈그날의 중위〉, 〈저 하늘의 연〉, 〈정든 나의 집〉, 〈병사의 모습〉	6
2009	〈내가 본 나라〉 2, 3부, 〈백옥〉 1, 2부, 〈백두의 봇나무〉, 〈생명선〉, 〈훈련의 하루〉, 〈북두칠성〉, 〈조난〉, 〈가를 수 없는 정〉, 〈동해의 노래〉 1, 2부, 〈시대가 주는 이름〉	10
2010	〈해빛 밝아라〉 1, 2부, 〈내가 본 나라〉 4, 5부, 〈그는 탄부였다〉, 〈복 받은 대지에서〉, 〈행복의 수레바퀴〉, 〈형제의 정〉, 〈성강의 파도〉 1, 2부, 〈설풍경〉, 〈내가 사는 가정〉, 〈황철나무중대〉, 〈우리 정치지도원〉, 〈산촌에 피는 노을〉	12
2011	〈소원〉, 〈인민이 너를 아는가〉, 〈미결건은 없다〉, 〈눈속에 핀 꽃〉, 〈맹수사냥꾼〉, 〈우리의 래일은 푸르다〉, 〈분조의 주인〉, 〈귀한 손님〉, 〈명령은 무조건 관철해야 한다〉, 〈다시 만납시다〉	10
2012	〈들꽃소녀〉, 〈폭발물처리대원〉, 〈종군작곡가 김옥성〉 1, 2부, 〈평양에서의 약속〉, 〈김동무는 하늘을 난다〉	5
2013	〈최전연의 작은 집〉	1
2014	〈포성없는 전구〉 1~5부, 〈소학교의 작은 운동장〉 1~3부	2

주) 편수에서 다부작 영화의 경우 한 편으로 취급.

〈표 1〉을 보면 2007년과 2013년에 영화 제작이 특히 저조하다. 2007년의 경우 『조선중앙년감』에 예술영화가 한 편도 소개되지 않았고, 기록영화도 단 6편만 소개될 정도였다. 북한영화는 '고난의 행군' 종결을 선언한 2000년 무렵에 1980년대의 평균 제작 편수였던 한 해 25편 정도를 잠시 회복했으나, 2004년에 10편, 2005년에도 10편으로 줄

었다.[8] 2006년에 제작된 〈평양날파람〉과 〈한 녀학생의 일기〉가 호평을 받고 큰 인기를 끌자 이들의 성공을 계기로 영화계가 한 단계 도약할 수 있을 것으로 기대했지만, 그 후에도 침체에서 벗어나지 못했다. 북한 당국은 영화 제작이 가장 좋았던 해를 1983년으로 보고 있으며, 2000년대 이후 영화의 위축에 대해서는 공식적으로 인정한 바 있다.[9]

이명자는 2004년 이후 제작 편수 감소에 대해 경제난 외에도 두 가지 이유가 더 있다고 지적한다. 첫째, 북한영화계가 실리와 실용을 강조하면서 영화 제작의 책임을 요구하는 방향으로 바뀌고 있기 때문이다. 계획을 부풀려 예산을 타내는 행위를 규제하고 제작한 영화에 대해서는 경제적 책임을 지게 하여 영화 제작이 까다로워졌다는 것이다. 둘째, 북한에서 영화보다 TV드라마가 인기를 끄는 추세 때문이다. 북한에서는 영화촬영소가 TV드라마도 제작하는데, 영화 제작을 줄이는 대신 TV드라마 제작을 늘리는 경향을 보였다.[10]

한편 김정은이 집권한 2012년 이후 제작 편수의 급감에 대해서는 다른 해석이 제기된다. 이우영은 다섯 가지 원인을 지적하는데, 첫째, 오랜 경제난으로 영화 제작의 물적 토대가 붕괴되었으며, 둘째, 전기 공급이 불안정하여 영화 관람 환경이 악화되었고, 셋째, 북한 주민들이 영화를 볼 때 VCR이나 CD-ROM을 활용하는 비중이 증가하였다. 또한 넷째, 모란봉악단 등 '음악정치'의 대두로 정치적 선전선동의 대표 장르가 영화에서 음악으로 넘어갔으며, 다섯째, 김정일과 김정은의

---

8   이명자, 「북한영화」, 영화진흥위원회 편, 『한국영화연감2007』, 서울: 커뮤니케이션북스, 2007, 150쪽.

9   「당 중앙위원·선전선동 담당 비서 김기남 연설」, 『로동신문』(2014.5.17)

10   이명자, 같은 책, 150~151쪽.

문화 취향 차이도 영화 제작 감소에 일정 부분 영향을 미친 것으로 여겨진다.[11]

3. 2006년 이후 북중 영화교류 현황

1) 항미원조 기억의 재현

2000년대 이후 북한영화가 1980년대에 비해서 훨씬 열악한 제작 환경에 처한 것은 북중 영화교류에 중요한 변수로 작용했다. 그러나 어려운 여건 속에서도 새로운 시도들이 있었다. '항미원조 60주년'을 기념한 영화 〈형제의 정〉(2010)과 최초의 북중 합작영화인 〈평양에서의 약속〉(2012)은 2006년 이후 북중 영화교류에서 특히 눈여겨볼 만한 사례다.

2010년 조선예술영화촬영소가 제작한 〈형제의 정〉은 북한과 중국에서 가장 유명한 전쟁 영웅으로 꼽히는 황지광(黃繼光)의 일화를 영화화한 것이다. 영화문학은 김일성상 계관(桂冠)인 위웅용이, 연출은 공훈예술가 김춘송이 맡았다. 주인공 황지광 역을 권영태가 연기하고 그 외에도 려철, 리영호, 류경애, 고승룡 등 유명 배우들이 대거 출연하였다. "이 영화를 중국인민지원군 조선전선참전 60돐에 드린다"는 자막과 함께 영화가 시작된다.

황지광(1931~1952)은 중국 쓰촨(四川)성 출신의 빈민으로 한국전쟁

---

11   이우영, 「2014년 북한영화 개관」, 영화진흥위원회 편, 『한국영화연감 2015』, 부산: 산지니, 2015, 260~262쪽.

에 참전했다가 전사한 인물이다. 1952년 10월 상간링(上甘嶺) 전투에서 자신의 몸으로 적의 기관총을 막고 죽은 것으로 알려져 있다. 단둥(丹東)의 항미원조 전쟁기념관에 취샤오윈(邱少雲)과 함께 '특급영웅'으로 분류되어 있으며, 강원도 고성군에는 황지광중학교가 있다. 영화 제목인 '형제의 정'은 극 중 황지광과 동생 황지수(黃繼恕)의 우애를 가리키는 동시에 북한과 중국의 혈맹 관계를 상징한다. 황지광의 죽음 후 살아남은 동생 황지수가 노인이 되어 북한을 방문하는 것으로 영화가 끝난다.

영화의 마지막 장면에서 함께 북한을 방문한 황지수의 손녀가 묻는다. "우리 지원군 열사들은 중국 사람들인데, 왜 남의 땅에 와서 죽었나요?" 이 질문은 영화 초반부에 중국에 있는 북한 군인의 비석 앞에서 황지광이 던지는 질문과 겹친다. 할아버지는 손녀에게 "여긴 남의 땅이 아니다. 형제의 나라란다." 하고 답한다. '피로 맺은 조중친선은 대를 이어 영원할 것이다'가 영화 전체의 주제로서 강조된다.

항미원조 60주년을 기념하는 영화에서 황지광 이야기를 다룬 것은 적절한 선택으로 볼 수 있다. 중국의 혁명영화 〈상간링(上甘嶺)〉(1956) 역시 황지광의 희생에 대한 것이며, 이 영화의 주제곡인 '나의 조국'은 2008년 베이징올림픽 개막식과 2011년 미국과 중국의 정상회담 만찬에서 연주될 정도로 대중에게 낯익다. 북한에서는 2010년 10월 25일 김정은이 참석한 군중대회에서 〈형제의 정〉 감상회가 열렸고, 황지광을 비롯한 중국인민지원군 용사들의 빛나는 위훈을 감명 깊게 보여주고 있다는 평을 받았다.[12]

〈형제의 정〉은 항미원조 60주년이라는 국가 기념사업의 일환으로

---

12   이명자, 「2010년 북한영화 개관」, 영화진흥위원회 편, 『한국영화연감 2011』, 서울: 커뮤니케이션북스, 2011, 345쪽.

북한에서 제작된 영화이므로 중국의 일반 관객을 염두에 둔 것이 아니다. 이에 반해 최초의 북중 합작영화인 〈평양에서의 약속〉은 중국의 영화시장을 겨냥하여 제작된 상업 영화다. 중국 산시(山西)영화제작사가 1천만 위안(약 18억 원)을 투자하고 북한은 인력과 물자를 제공하는 방식으로 합작이 이루어졌다. 영화문학은 김춘원과 황단(중국), 연출은 김현철과 시얼자티 야허푸(西爾紮提·亞合甫)(중국)가 공동으로 맡았다. 조선예술영화촬영소와 중국 허난영화TV제작그룹유한공사가 함께 촬영했고, 출연진 역시 김은순 역의 김옥림, 왕쇼난 역의 류둥(劉冬)등 북한과 중국의 배우를 어울렸다.

이 영화는 2012년 8월에 중국에서 개봉했지만 일주일도 못 되어 스크린에서 내려갔다. 중국 관객들에게 '국가 이미지 홍보 영화(國家形象片)'로 비춰져서 흥행에 참패한 것이다.[13] 북한에서도 이 영화에 특별한 의미를 부여하지는 않고 있다. 『조선중앙년감』과 월간 『조선예술』에서 중요한 작품으로 다루지 않고 간단한 소개에 그쳤다. 오히려 한국에서 화제가 되었는데, 2012년 11월 10~11일 광주국제영화제에서 두 차례 상영 모두 매진되었고 관객상에 선정되기도 했다. '아리랑' 공연과 북한 체제를 찬양하는 일부 내용 때문에 특수자료로 분류되어 비표를 발부하는 조건으로 간신히 상영 허가를 받았다.[14]

조선무용을 전공한 중국 무용수가 열흘 간 북한을 방문하여 무용 교류하는 이야기가 영화의 주된 내용이다. 주인공 왕쇼난은 조선무용의 대가인 친할머니에게 혹평을 받자 조선무용을 직접 보고 배우기 위해 북한에 오지만, 북한 무용수 김은순은 대집단 체조와 카드섹션으로 구

13　「중국 관객이 등 돌린 영화지만… '아리랑'만 봐도 좋네」, 『오마이뉴스』(2012.9.1)

14　「북중 합작영화 〈평양에서의 약속〉 매진」, 『연합뉴스』(2012. 11. 12)

성된 '아리랑' 공연 연습만 계속 보여줄 뿐이다. 이 영화는 자신을 위한 무용과 전체를 위해 자신을 희생하는 집단 무용을 대조하면서 진실하고 소박한 마음으로 조국과 인민을 위해 추는 춤이야말로 진정한 무용이라는 주제를 관객에게 전달한다.

그런데 이 영화에서도 북한과 중국의 관계를 상징하는 가장 중요한 사건은 60여 년 전의 항미원조 전쟁이다. 왕쇼난의 할머니는 한 귀퉁이가 찢어진 사진을 손녀에게 주며 북한에 가서 사진 속 인물을 찾아달라고 부탁한다. 알고 보니 왕쇼난의 할머니와 김은순의 스승은 중국에서 어린 시절을 같이 보냈고 항미원조 전쟁 후에 헤어진 친구 사이였던 것이다. 영화 후반부에는 실제 '아리랑' 공연이 8분 정도 삽입되어 있는데, 사진 속 주인공을 찾는 영화의 내용과 더불어 공연 장면에서도 북한과 중국의 역사적인 친선 관계가 줄곧 강조된다.

2) 영화감상회를 통한 교류

항미원조 기억을 재현하는 영화 몇 편을 근거로 북한과 중국의 영화교류가 활발해졌다고 말하는 것은 무리다. 중국의 개방된 영화시장과 북한의 폐쇄적인 영화계가 동등한 입장에서 영화를 사고 팔 수는 없다. 북한에서는 주로 기념일 행사의 일환인 '영화감상회'를 통해서 중국영화가 상영된다. 양국의 영화교류에 있어서 중국에서 열리는 '조선영화상영주간'과 북한에서 열리는 '중국영화상영주간'이 가장 중요하고 큰 행사인 셈이다.

『조선중앙년감』의 기록을 살펴보면, 2006년부터 2014년까지 영화감상회를 비롯한 북중 영화교류 행사는 17회 정도였다.

표 2 2006~2014년에 북한과 중국에서 개최된 영화교류 행사

연도	행사 내용
2008	• 2월 18일, 김일성이 저우언라이 총리와 택암협동농장을 시찰한 50주년을 기념하여 기념집회와 영화감상회를 대동강외교단회관에서 진행 • 6월 10일, 김일성 중국 방문 25주년을 기념하여 조선노동당 중앙위원회에서 주조 중국대사관 성원들과 친선모임 마련, 중국 주재 북한대사관에서 영화감상회와 연회 진행
2009	• 1월 15일, 중국 샨시영화촬영소에서 김정일에게 선물한 중국 예술영화 〈따듯한 정〉 감상회를 평양 대동문영화관에서 진행 • 2월 19~24일, 북한과 중국 정부 사이의 문화협조에 관한 협정체결 50주년을 기념하여 대외문화련락위원회와 문화성 청류관, 주조 중국 특명전권대사 대사관, 중국주재 북한대사관, 중국 문화부에서 각각 연회를 마련, 영화감상회를 평양 대동강외교단회관에서 진행 • 3월 12일, 김정일에게 선물한 중국 예술영화 〈따듯한 가을〉 감상회 평양에서 진행 • 9월 10~18일, 조선영화대표단 중국 방문. 9월 11일, 베이징의 새세기영화관에서 진행된 조중외교관계설정 60주년 기념 '조선영화상영주간' 개막식에 참가 • 9월 26~29일, 중국영화대표단 북한 방문 • 9월 28일, '조중친선의 해'를 기념하여 '중국영화상영주간' 평양에서 진행
2010	• 8월 23일, 중국 주재 북한대사관에서 사진전시회와 영화감상회 진행 • 10월 21~25일, 중국인민지원군 조선전선참전 60주년 기념 '중국영화상영주간' 평양 대동문영화관에서 진행 (조선국가영화위원회와 조선 주재 중국대사관 공동 주최. 중국 혁명영화 〈상간령〉, 〈네온등 밑의 초병〉, 〈철혈대동맥〉 상영) • 10월 23~27일, 중국 옌볜에서 '조선영화상영주간' 진행 (〈꽃 파는 처녀〉, 〈소원〉, 〈평양날파람〉, 〈형제의 정〉, 〈한 녀학생의 일기〉 상영) • 11월 24일, 김정일에게 선물한 중국 TV연속극 〈마오안잉〉에 대한 시사회를 평양 대동문영화관에서 진행
2011	• 3월 2일, 주조 중국대사관 대동강외교단회관에서 중조친선 설 명절 영화감상회 마련

연도	행사 내용
2012	• 4월 10일, 김일성 탄생 100주년을 기념하여 문화성대표단과 조선영화대표단 중국 방문, 베이징에서 진행된 '조선영화상영순간' 행사에 참가 • 6월 26일, 중국영화대표단 북한 방문. 6월 27일 평양 대동문영화관에서 진행된 북중 합작예술영화 〈평양에서의 약속〉 시사회에 참가 • 7월 14~24일, 북중 합작예술영화 〈평양에서의 약속〉 시사회에 참가하는 조선영화대표단이 중국 방문. 영화 시사회는 7월 16일 중국 베이징에서 진행
2014	• 2월 12일, 광명성절 기념 영화감상회를 중국 베이징에서 진행. 진달래아동기금, 중국공공외교문화교류센터, 중국 주재 아랍공보센터 공동 주최

2006년과 2007년에는 행사가 기록되지 않았다. '조중친선의 해'인 2009년과 '항미원조 60주년'인 2010년에 영화교류가 비교적 활발했지만, 교예단(巧藝團), 가극단 공연, 미술 전시, 사진 전시 등에 비하면 영화감상회는 규모도 적고 횟수도 많지 않다. 북한의 예술영화 제작이 크게 위축되고 중국 대중에게 소개할 만한 영화가 마땅하지 않아 〈꽃 파는 처녀〉, 〈한 녀학생의 일기〉 등 몇 편의 영화가 '조선영화주간'의 단골 레퍼토리로 상영되고 있다.

'중국영화주간'의 상영작들 역시 다양하지 못하고 과거에 머물러 있다. 1950~60년대 혁명영화가 대부분을 차지하고, 최근 영화 중에는 〈따듯한 봄(暖春)〉(2003), 〈따듯한 정(暖情)〉(2005)과 같이 농촌이나 가정의 훈훈한 정을 그린 영화 몇 편이 드물게 상영작에 들어갈 뿐이다. 상업적으로 큰 성공을 거둔 중국의 대작 영화들은 상영작 목록에서 찾아볼 수 없다. 결국 북한과 중국 양국에서 영화교류 행사가 간헐적으로 열리고 있긴 하지만, 다양한 영화들을 서로 소개하며 내실 있는 교류를 지향하기보다는 기념일 행사의 일환으로서 몇 편의 한정된 영화들을 돌려가며 상영하는 형식적인 교류에 그치고 있다.

4. 북중 영화교류의 비대칭성

1) 중국영화산업의 발달

1905년 최초의 영화 〈딩쥔산(定軍山)〉으로 시작된 중국영화는 2005년에 탄생 100주년을 맞았다. 오늘날 중국영화계는 미국을 넘어 세계 최대 영화시장과 영화산업을 구축하려는 포부를 적극적으로 드러내고 있으며, 시대에 뒤떨어진 북한영화에 관심을 기울일 여력이 없다. 중국영화계의 야심은 중국영화박물관(中國電影博物館, CNFM)에서도 잘 드러난다. 베이징 동북쪽 외곽에 위치한 중국영화박물관은 세계 최대 규모의 영화 전문 박물관으로 건물 면적이 $38,000\,m^2$에 달한다. 중국영화 탄생 100주년인 2005년에 공사를 마치고 2007년부터 일반인에게 개방되었으며, 2008년 3월부터는 무료로 공개되고 있다.

박물관의 전시부는 영화 역사, 영화 예술 관람, 영화 기술 관람 등 20개 전시실로 나뉘어 있는데, 1,500편이 넘는 영화와 450명이 넘는 제작자를 소개하는 전시부를 모두 보려면 $2.9\,km$를 걸어야 한다. 전시부 외에도 1개의 IMAX스크린, 3개의 35mm 일반 스크린, 1개의 3D 디지털 스크린 등 총 5개의 스크린이 있다. 전시부는 중국영화가 100년 동안 거둔 성취를 시기별, 주제별, 지역별로 구분하여 전시하고 있는데, 다음과 같은 구조로 설치되어 있다.

총 20홀의 전시실 중 '5홀 개혁개방 신시기의 중국영화'가 근래 중국영화의 변화를 상세하게 보여준다. 1979~2005년에 선전선동 영화

1홀	영화의 발명	11홀	영화 촬영
2홀	중국영화의 탄생과 초기 발전	12홀	영화 미술
3홀	혁명전쟁 시기의 중국영화	13홀	영화 특수촬영
4홀	새로운 중국영화의 창건과 발전	14홀	전통영화 특수효과
5홀	개혁개방 신시기의 중국영화	15홀	디지털 특수효과
6홀	미술 영화	16홀	영화 녹음
7홀	아동 영화	17홀	영화 편집
8홀	과학교육 영화, 더빙 영화, 신문기록 영화	18홀	영화 현상
9홀	홍콩, 마카오 영화	19홀	영화 애니메이션
10홀	대만 영화	20홀	형형색색 영화

에서 벗어나 다양한 장르의 영화를 지향하게 된 과정을 보여주는데, 전시실 내에서 주제가 여덟 개로 다시 나뉜다. 1) 역사 반성, 인생 직면, 2) 영화 예술의 탐색, 3) 웅대한 역사의 파노라마, 4) 대중, 생활, 실재에 근접, 5) 농촌을 주제로 한 영화, 6) 소수민족을 주제로 한 영화, 7) 장르의 다양화, 8) 합작영화다. 여기서 주목할 부분은 1990년대 이후를 '장르의 다양화'와 '합작영화'로 규정하고 있는 점이다. 영화시장 개방 후 중국영화는 무협, 판타지, 로맨스 등 다양한 장르의 영화로 상업성을 강화했다. 합작영화 또한 중국영화의 질적 수준 향상과 해외 시장 진출을 위한 것으로서 일본, 미국과의 합작 경험을 주로 전시하고 있다.

또한 중국 대륙의 시각에서 중국영화 100년 역사를 재현하면서도 홍콩영화와 대만 영화를 통합하려는 경향을 강하게 드러내는 점도 눈여겨볼 부분이다. 9홀과 10홀을 홍콩영화와 대만 영화에 각각 할애하여 3개의 중국이 오늘날 중국영화산업의 든든한 자산임을 보여주고 있다. 영화배우의 밀랍인형, 영화인의 사진, 사인 전시 등에서는 아예 대륙, 홍콩, 대만을 구분하지 않는다. 중국 대륙의 입장에서 보면 과거

국책영화의 전통도 소중하긴 하지만, 시장 개방 이후 영화산업의 발전을 위해서는 홍콩영화와 대만 영화가 쌓아온 제작 역량에 적극적으로 기댈 수밖에 없다.

1993년 영화의 시장화 조치 이전에는 중국영화 역시 북한영화처럼 당 지도자들을 칭송하고 혁명정신을 고양시키며 사회주의를 선전하는 국책영화로서 '주선율(主旋律)영화'가 주류를 이루었다. 그러나 시장화 이후 펑샤오강(馮小剛) 등 유명 감독들이 하세편(賀歲片)[15]을 제작하는 경향이 강해졌다. 중국영화는 1980년대에 현재의 북한영화처럼 침체되었는데, 1993년 시장화 개혁 이후에도 최악의 상황을 벗어나지 못했다. 1979년 연 관객 수 239억 명에서 1992년 105억 명으로 떨어졌고, 미국과 중국 간에 WTO 가입 협상이 타결된 1999년에는 4억 6천만 명까지 폭락했다. 영화 제작 편수도 1990년 134편에서 1998년 82편으로 대폭 줄었다.[16]

2001년 11월에 중국이 WTO에 정식 가입하고 영화시장을 개방한 후, 중국영화가 급성장했다. 2001년 88편이었던 제작 편수는 2013년 638편까지 증가했다. 이로써 세계 3위 규모의 영화 생산 대국이 되었다. 그런데 중국영화가 단기간에 급성장하기는 했지만 국제경쟁력은 아직 높지 않다. 중국영화시장에서 미국 영화의 위상은 매우 높은 편이다. 상업적으로 큰 성공을 거두는 중국 대작 영화가 종종 등장하고 있긴 하지만 미국 영화로 높아진 관객의 눈높이를 따라가지 못하는 모습을 보인다.

15　'명절 영화'라는 뜻으로 상업적 흥행이 최우선인 영화를 가리킨다.

16　唐榕,「電影産業國際競爭力: 國內現狀·國際比較·提升策略」,『當代電影』2006年 6期, 10~12쪽; 박정수,『중국영화산업』, 서울: 커뮤니케이션북스, 2015, 113쪽에서 재인용.

	2006	2007	2008	2009	2010	2011	2012	2013	2014
제작편수	330	402	406	456	526	588	745	638	618
관객수 (백만 명)	176	190	215	250	290	370	470	612	830
스크린수	3,034	3,527	4,097	4,726	6,200	9,286	13,118	18,195	24,607
점유율(%)	55	54	61	57	56	53.6	48.5	58.7	54.5

자료: Focus 2011, world film market trends, Marche Du Film 2011. & Focus 2015, world film market trends, Marche Du Film 2015. (『한국영화연감』(2007~2015)에서 재정리)

중국 대륙 영화는 홍콩영화와의 합작을 통해 국제경쟁력을 높이려고 하는데, 이러한 전략은 오히려 홍콩영화의 국제경쟁력 약화를 초래했다. 현재 중국영화는 대륙 영화, 홍콩영화, 대만 영화로 나누어 볼 수 있지만, 대륙의 입장에서는 홍콩, 대만의 의지와 무관하게 '양안삼지(兩岸三地)'를 하나로 결집하려는 경향이 강하다. 현재 중국영화의 제작 편수, 관객 수, 자국 영화 점유율은 인도, 미국에 이어 세계 3위이며, 스크린 수는 미국, 인도, 프랑스, 독일에 이은 세계 5위이다. 중국 영화시장의 규모는 정확한 통계가 없긴 하지만, 미국, 영국, 일본에 이어 세계 4위 수준으로 평가되고 있다.

이러한 상황에서 북중 영화교류에 비대칭성이 생길 수밖에 없다. 한 예로, 양국의 국제영화제에 초청받는 영화와 수상작을 비교하면 차이가 두드러진다. 북한의 평양국제영화축전(PIFF)에서 다수의 중국영화가 상영되고 주요 상을 수상하는 반면, 중국의 상하이국제영화제(SIFF)와 베이징국제영화제(BJIFF)는 상업적인 경향을 띠며 북한영화에 전혀 관심을 기울이지 않는다.

평양국제영화축전은 1987년에 시작되어 1990년부터 격년 개최되고 있는 북한 유일의 국제영화제이다.[17] 짝수 해 9월에 열리며 독일, 러시아, 중국 등 세계 각국의 영화사와 유네스코, 세계보건기구, 유엔아동기금 같은 국제기구에서 영화를 출품하고 장편예술영화 부문과 TV프로그램영화 부문으로 나누어 수상작을 선정한다.

제10차(2006년)부터 제14차(2014년)까지 수상 내역을 보면 중국영화가 상당히 큰 비중을 차지한다. 중국영화가 경쟁 부문에서 최우수영화상, 연출상 같은 주요 상을 수상하는 반면, 북한영화는 몇 편이 특별상에 선정되어 구색을 맞추는 경향을 보인다. 평양국제영화축전에서 중국영화와 북한영화가 수상한 사례를 정리하면 다음과 같다.

표 5 평양국제영화축전의 중국영화, 북한영화 수상작

	중국영화	북한영화
제10차 (2006년)	〈타이항산에서(太行山上)〉(장편예술영화 기술상) 〈따듯한 봄(暖春)〉(TV프로그램 영화 축전조직위원회상)	아동영화 〈령리한 너구리〉(TV프로그램 영화 미술상)
제11차 (2008년)	〈집합나팔소리(集結號)〉(최우수영화상, 장편예술영화 연출상, 장편예술영화 기술상) 기록영화 〈위안밍위안(圓明園)〉(축전국제심사위원회 특별상) 〈따듯한 정(暖情)〉(축전조직위원회 특별상) 〈장베이의 좋은 사람(江北好人)〉(특별상영상)	아동영화 〈꾀꼴새가 부른 노래〉(기록 및 단편영화 구성상)

---

17   처음부터 격년 개최를 목표로 했으나 1987년 제1회 축전 2년 후인 1989년에 '제13차 세계청년학생축전'을 개최하면서 1년 순연되었다. 이후 어떤 위기 상황에서도 거르지 않고 지속되었는데, 영화제를 통해 국가의 건재함을 과시한 것으로 해석할 수 있다(한승대·전영선·김용현, 「평양영화축전의 성립과 그 정치적 의미에 관한 연구」, 『동아연구』 제34권 2호, 2015, 31쪽).

	중국영화	북한영화
제12차 (2010년)	〈걸어서 학교로 가다(走路上學)〉(최우수영화상) 단편영화 〈손(手)〉(기록 및 단편영화 촬영상) 〈어머니와 아들, 며느리〉(특별상영상) 기록영화 〈조선영화집-친구〉(특별상영상)	북한-프랑스 합작 〈모란봉〉(축전조직위원회 특별상) 〈해빛 밝아라 1부〉(특별상영상) 〈내가 본 나라 2, 3부〉(특별상영상)
제13차 (2012년)	〈노인들의 집(飛越老人院)〉(장편예술영화 문학상) 〈첸쉐썬(錢學森) 박사〉(장편예술영화 미술상, 정편예술영화 기술상) 〈횡산호(橫山號)〉(특별상영상)	북한-영국, 벨기에 합작 〈김동무는 하늘을 난다〉 〈소원〉(특별상영상)
제14차 (2014년)	북한-중국 합작 〈평양에서의 약속(平陽之約)〉(축전조직위원회 특별상)	
	〈나의 나루터(我的渡口)〉(장편예술영화 연출상, 장편예술영화 음악상, 장편예술영화 남배우연기상)	만화영화 〈불씨를 찾은 아왕녀〉(기록 및 단편영화 구성상) 기록영화 〈대동강반에 일떠선 문화정서생활기지들〉(특별상영상) 〈산너머 마을〉(특별상영상)

이에 반해 중국의 상하이국제영화제와 베이징국제영화제에서는 북한영화를 찾아볼 수 없다. 2006년부터 2015년까지 북한영화가 상하이국제영화제나 베이징국제영화제의 경쟁 부문에서 수상작으로 선정된 예는 전혀 없다. 북중 합작영화 〈평양에서의 약속〉은 2012년 4월 베이징국제영화제에서 처음 상영된 후, 같은 해 6월에 상하이국제영화제에 출품되었으나 어디에서도 수상하지는 못했다.

중국의 국제영화제들은 북한영화에 지극히 무관심한 반면, 한국 영화계와 교류가 활발한 편이다. 1993년 제1회 상하이국제영화제에서 영화 〈서편제〉가 감독상(임권택)과 여우주연상(오정해)을 수상한 이래 한국의 영화인이 자주 심사위원으로 초청되고 다수의 작품이 경쟁 부문에 초청되고 있다. 2006년에 곽경택, 2009년 오정완, 2014년 임

상수, 2015년 김희재, 김동원이 심사위원으로 참가했다. 2009년에 노형우 음악감독이 〈영화는 영화다〉(장훈 감독)로 음악상을, 2015년에는 오승욱 감독의 〈무뢰한〉이 특별예술공헌상을 수상했다. 베이징국제영화제의 경우 2011년 '중국 외 유명 감독과의 대화' 행사에 곽재용을 초청했으며, 2013년에 강제규, 2015년에 김기덕을 심사위원으로 선임했다. 2014년에는 영화 〈소원〉(이준익 감독)의 아역배우 이레가 여우조연상을 받기도 했다.

2) 사라져 가는 교류

중국 잡지 『영화리뷰(電影評介)』 1989년 8기(期)에는 「나는 북한영화를 본다(我看朝鮮電影)」라는 칼럼이 실려 있다. 필자인 쩡치우(鄭啟五)는 막 철들기 시작한 무렵인 1960년대 초에 〈어랑천〉(1957), 〈1211 고지 방위자들〉(1963) 같은 북한영화를 보면서 전쟁놀이에 푹 빠져 있던 시절을 떠올리며, 북한영화를 '오래된 연인'에 비유한다. 쩡치우의 글은 『영화예술(電影藝術)』 1965년 Z1기에 실린 「비약적으로 전진하는 북한영화(在飛躍前進中的朝鮮電影)」라는 글에서 지적한 북한영화의 성취를 어린 시절 보고 자란 세대의 회고담이라고 할 수 있다.

그러나 1960~80년대와 달리 현재 중국에서 북한영화는 극소수 마니아의 호기심을 자극하기도 쉽지 않은 형편이다. 중국 저널 DB인 CNKI(中國知網)에서 북한영화 관련 글을 검색해 보면, 1950~60년대 중국의 영화 잡지들에서 북한영화 소개 글을 여러 편 발견할 수 있지만 그 이후에는 찾아보기 어렵다. 2000년 이후에는 〈한 녀학생의 일기〉, 〈형제의 정〉, 〈평양에서의 약속〉을 소개하는 짧은 기사 외에 연구자들의 논문을 몇 편 발견할 수 있을 뿐이다.[18] 이 연구 논문들은 북한 영화에 내재된 역사 서사, '한(恨)'의 정서, 여성의 형상화 등에 주목하는데, 연구 대상이 〈꽃 파는 처녀〉를 비롯한 1960~70년대 북한영화에 국한된다.

중국의 대중이 합작영화인 〈평양에서의 약속〉을 제외하면 극장에서 북한영화를 접하는 것은 사실상 불가능에 가까우며, 중국의 영화 전문 채널인 CCTV-6에서도 북한영화가 방영되는 일은 매우 드물다. CCTV-6 편성표를 검색해 보면, 2004년 8월 21일 〈꽃 파는 처녀〉가, 2013년 2월 16일에 〈평양에서의 약속〉이 방영된 사실 정도를 확인할 수 있다. 그런데 조선중앙TV의 편성표를 보면, 2006년 1월 1일부터 2016년 8월 31일까지 중국 예술영화가 80회 방영되었다. 같은 기간에 소련 예술영화는 88회 방영되었다.

표 6 조선중앙TV의 중국 예술영화, 소련 예술영화 방영 횟수

	2006	2007	2008	2009	2010	2011	2012	2013	2014	2015	2016	총합
중국	0	13	3	12	1	29(8)	9	10(6)	3(2)	0	0	80
소련	0	1	1	6	1	17	17	15(2)	7(2)	18(2)	5(1)	88

자료: 통일부 북한정보포털(http://nkinfo.unikorea.go.kr)
주) ( ) 안의 수는 재방영 횟수임.

중국 예술영화와 소련 예술영화가 방영된 횟수는 비슷하다고 볼 수도 있지만, 세부 내역에는 제법 차이가 있다. 중국 예술영화의 경우 2011년 한 해에만 29회가 몰려 있고, 2015년 이후에는 방영이 끊긴

18 　裴和平, 「革命的羅曼史: 朝鮮電影中的歷史合法性敘事」, 『新疆藝術學院學報』 2012年 3期; 裴和平, 「朝鮮電影中的"恨"文化情結」, 『北京社會科學』 2014年 6期; 曾盼, 「朝鮮電影中的女性形象解析」, 『戲劇之家(上半月)』 2014年 3期 등.

상태다. 재방영 횟수를 보면 2013~2014년에 재방영 비중이 높다. 상영작은 〈상간링〉, 〈네온등 밑의 초병〉 같은 옛날 영화가 대부분이고 최근 영화로는 무술영화인 〈엽문〉(2008) 정도가 눈에 띌 뿐이다. 구소련 시절의 예술영화를 방영하는 것보다 중국 예술영화를 방영하는 데 상대적으로 제약이 더 많은 게 아닌가 싶다.

조선중앙TV의 편성 의도를 알 수는 없지만, 분명한 사실은 TV의 영화 방영에서도 영화교류의 비대칭성이 확연하게 드러난다는 점이다. 영화 전문 채널로서 하루 종일 영화만 방영하는 중국 CCTV-6에서 북한영화를 볼 수 있는 확률보다 조선노동당 선전선동부의 국영방송인 조선중앙TV에서 중국영화를 볼 가능성이 월등히 높다. 양국의 정치적, 경제적 관계의 변화 이전에 영화라는 문화콘텐츠의 양적, 질적 차이가 문화교류의 양상을 결정짓는 면이 상당히 크다고 볼 수 있다.

그런데 북중관계의 변화가 양국의 문화교류에 미치는 영향을 무시할 수는 없다. 상업화되지 않은 북한의 매체는 정치적 문제에 민감하게 반응한다. 2015년과 2016년에 중국영화 방영이 한 차례도 없었던 것은 양국 관계의 경색과 무관하지 않아 보인다. 2014년 7월 중국의 시진핑(習近平) 국가주석이 관례를 깨고 북한보다 한국을 먼저 방문한 것은 북한에 큰 충격을 주었다.[19] 2015년 10월 류윈산(劉雲山) 정치국 상무위원이 방북하여 관계 회복의 기미를 보였으나, 같은 해 12월에 북한 모란봉악단의 베이징 공연이 돌연 취소되었고, 북한의 4차 핵실

19　2014년에는 시진핑 방한으로 인해 북중 우호조약 체결 기념일(7월 11일)과 중국 인민해방군 건군 기념일(8월 1일)에 문화교류 행사가 이루어지지 않았다(이기현·전병곤·이석·박동훈,『한중수교 이후 북중관계의 발전: 추세분석과 평가』, 서울: 통일연구원, 2016, 38쪽).

험(2016년 1월 6일)과 5차 핵실험(2016년 9월 9일) 이후 냉각 국면이
이어지고 있다.

중국에서는 극장이나 TV뿐만 아니라 DVD판매점을 통해서도 북한
영화를 접하기가 어렵다. 베이징도서빌딩(北京圖書大廈), 왕푸징서점(王
府井書店)과 같은 대형서점의 DVD판매점을 살펴보아도 최신 미국 영
화와 대륙, 홍콩, 대만 영화가 매대의 대부분을 차지한다. 2016년 6월
현지 조사를 통해 확인한 결과, 베이징의 DVD판매점들에서 정식으로
구입할 수 있는 북한영화는 〈꽃 파는 처녀〉가 유일하다. 해외 고전영
화로 분류되어 일본의 60~70년대 영화들과 함께 비치되어 있으며 가
격은 20위안(약 4,000원)이다.[20]

결국 '조선영화상영주간' 행사를 찾아가는 수고를 하지 않는다면, 중
국의 대중이 북한영화를 접할 수 있는 거의 유일한 매체는 인터넷이
다. 중국 최대 검색엔진인 '바이두(百度)'에서 북한영화를 검색하면 8편
이 나올 뿐이고, 이 중 2006년 이후 제작된 영화는 〈한 녀학생의 일기〉
한 편에 불과하다. 동영상 공유 사이트인 '유쿠(優酷)'와 '투도우(土豆)'
에서는 더 많은 북한영화를 중국어 자막과 함께 볼 수 있는데, 〈형제의
정〉 외에는 대부분 2006년 이전에 제작된 영화들이다. '탐색조선 블로
그(http://blog.sina.com/explorekorea)'와 같이 북한영화를 비롯하여 북한
과 관련된 자료만 집중적으로 수집하는 개인 블로그에서도 몇 편의 영
화를 볼 수 있다.

20　대형서점에서 북한과 관련된 책을 찾아보는 것도 어렵다. 조선족에 대한 책
은 많지만, '조선전쟁'이 아니라 현재의 북한사회에 대한 책으로서 구입할 수 있는
책(재고가 있는 책)은 기자가 쓴 감상기(杜白羽, 『朝鮮印象』, 北京: 人民日報出版
社, 2014)가 하나 있을 뿐이다.

중국의 대중이 북한영화를 통해 북한사회에 대해 알 수 있는 가능성이 매우 적은 만큼이나 자국 영화에서 북한의 이미지를 접할 기회도 거의 없다. 중국영화보다 오히려 미국 영화에서 북한과 관련된 것들이 등장하는 경우를 발견하기가 수월하다. 미국 영화에서는 북한을 엽기적인 악당으로 그리는 경우가 많은데, 2010년 이후 영화만 봐도 〈레드 던(Red Dawn)〉(2012)에서 북한군이 워싱턴 주를 점령하며, 〈백악관 최후의 날(Olympus Has Fallen)〉(2013)에서는 북한 테러리스트들이 백악관을 초토화시키고 대통령을 인질로 잡는다. 〈월드 워 Z(World War Z)〉(2013)에서는 2,300만 명의 이를 하루아침에 모두 뽑아 아무도 좀비 바이러스에 감염되지 않은 놀라운 국가로 설정되기도 한다. 상업적인 미국 영화와 달리 정치적으로 민감한 문제를 다루는 것을 금기시하는 중국영화에서 북한이 언급되거나 북한 사람이 주요 인물로 등장하는 경우를 찾아보기는 어렵다.

따라서 다양한 문화콘텐츠 중에 영화에 국한해서 본다면 중국은 현재의 북한에 관심이 없다고 결론내릴 수 있다. 2016년에도 중국의 대중이 손쉽게 찾아볼 수 있는 북한영화는 〈꽃 파는 처녀〉 밖에 없으며, 중국의 대중 입장에서 보면 '조선전쟁'과 '꽃 파는 처녀'가 여전히 북한을 대표하는 이미지라고 볼 수 있다. 다만 북한과 중국의 영화교류가 양국의 모든 문화교류를 대표하는 전형성을 지닌다고 단정 지을 수는 없을 것이다. 중국 내 순회공연이 여전히 활발한 교예, 가극 분야는 영화와 상황이 다를 수도 있다는 점에 유의할 필요가 있다.

여러 가지 방식의 문화교류 중에서 필름을 주고받기만 하면 되는 영화교류는 사실 교예단, 가극단의 방문 공연보다 비용도 적게 들고 절차도 간단한 편이다. 그러나 영화라는 매체의 특성상 교류의 조건이 훨씬 까다롭다. 영화는 메시지 전달력이 강하고 대자본이 투입되는 매체이므로 평등한 교류보다 우열에 따른 일방향 수출-수입 관계가 이루어지기 쉽다.

북한과 중국의 영화교류는 앞으로도 지속되겠지만, 교류의 비대칭성이 줄어들 가능성은 희박하다. '교류(交流)'라는 말이 의미하는 것처럼 양국의 영화가 서로 섞여서 흐르거나, 소통하는 일은 앞으로도 벌어지기 어려울 것이다. 만약 북한사회가 좀 더 개방적으로 바뀐다면, 양국의 영화교류는 과거 미국과 동아시아 국가들의 관계와 같이 중국영화를 북한이 일방적으로 수입하는 경향이 강해질 가능성이 크다.

5. 과거의 틀을 넘어

2006년 이후 북중 예술영화교류는 양적으로 특별히 증가하지도 감소하지도 않았다. 조중친선의 해인 2009년과 항미원조 60주년인 2010년에 양국의 영화교류 행사가 예년보다 늘긴 했지만, 이례적인 일이었다. 그런데 영화교류를 양적으로 평가해서 증가와 감소를 논하는 것은 어려운 일이다. 우선 '영화교류'라는 말 자체가 영화산업과 영화시장이 발달한 국가들 사이에서는 매우 낯선 개념이다. 북중 영화교류, 남북 영화교류와 같이 영화시장 개방이 이루어지지 않은 국가가 한 축일 때에만 의미가 있는 개념이다.

2010년 천안함 사건 등의 여파로 남북 영화교류가 중단된 데 비하면 북중 영화교류는 큰 문제 없이 지속되고 있다고 말할 수 있다. 그러나 그 양상을 보면 의미 있는 교류라고 말하기 어렵다. 정치적 명분에 따라 영화교류가 지속되어야 하므로 양국의 기념일마다 옛날 영화를 반복 상영하는 방식으로 교류 행사가 진행될 뿐이다. 합작영화가 시도되기도 했지만, 60여 년 전의 항미원조 경험 외에는 공유할 만한 지점이 거의 없다. 오늘날 중국의 대중에게는 과거 혈맹 관계였던 북한의 영화보다 미국 영화가 훨씬 익숙하고 큰 즐거움을 줄 것이다.

이 글은 북중 영화교류에 국한된 것으로서 문화교류 전반에 대한 평가는 추후 확장된 연구를 통해 보완되어야 한다. 가극단, 교예단 등의 교류는 영화교류와 다른 양상을 보일 가능성을 배제할 수 없으나 '과거의 틀에 갇힌 형식적 교류'라는 특징은 공유할 가능성이 크다. 2010년 이후 북한 가극단의 중국 순회공연이 증가한 것은 '홍루몽'[21]이나 '량산보와 주잉타이(梁山伯與祝英臺)' 같은 중국의 옛날이야기를 가극화하여 공연했기 때문이다. 중국에서 공연되는 북한의 가극은 여전히 '꽃 파는 처녀'에 머물러 있다. 그러나 문화교류 전반에 대해서는 좀 더 폭넓은 분석이 필요하며 이 연구의 결론은 영화교류에 국한되어야 마땅하다.

이 글에서는 접근 가능한 자료들과 중국 베이징 현지 조사를 기반으로 북중 영화교류의 객관적 실체에 최대한 접근하고자 하였다. 그러나 북한 내부 사정을 알려주는 자료가 지극히 제한적인 점이 끊임없이 걸림돌로 작용하였다. 북한 쪽의 변화에 대해서 그 양상을 어느 정도 파악할 수 있더라도 원인에 대한 논의는 추측에 그칠 수밖에 없다. 중국 역시 북한에 비하면 나은 편이지만 공개된 자료가 많다고 보기는 어렵

21　가극 '홍루몽'은 '꽃 파는 처녀' 못지않게 북중 문화교류에서 우호의 상징으로 알려져 있다. 1961년 김일성 주석이 중국을 방문하여 가극 '홍루몽'을 관람했고, 1963년 중국은 영화 〈홍루몽〉을 김일성에게 증정했다. 2009년 '조중친선의 해'에 김정일이 재창작을 지시한 후 2010년 중국에서 37회 순회공연을 진행했다(이기현 외, 같은 책, 72~73쪽).

다. 영화교류뿐만 아니라 북중관계에 대한 연구들은 대부분 자료의 제약을 극복하는 방안을 고심해야 할 것이다.

또한 예술영화만을 연구 대상으로 삼고 기록영화를 배제한 점도 이 글의 한계로 지적할 수 있을 것이다. 북한에서는 기록영화가 예술영화보다 더 중요하게 여겨지는 면이 있기 때문이다. 그러나 북한에서 기록영화가 지니는 중요한 위상과 달리 중국과의 영화교류에서 차지하는 비중은 미미하므로 기록영화를 배제한 것이 이 글의 결론에 큰 영향을 미치지는 않으리라 본다.

06

중국 언론에 비친 북중관계와 한반도

이성현(세종연구소)

1. 제4·5차 북핵 실험과 달라진 중국의 반응

2017년 9월 현재, 북한은 여섯 번의 핵실험을 감행하였다. 매번 핵실험이 정치적 의미와 정책적 함의를 가지고 있으나 그 중 제3차 핵실험은 특별한 의미를 가진다고 할 수 있다. 중국에서 북한에 대한 논쟁이 가시적인 면에서 가장 치열했기 때문이다. 중국에서 북한에 관한 공개적 논쟁의 '분수령'이었다고 할 수 있다. 시진핑 중국 공산당 지도부는 제3차 핵실험 때 북한에 대한 매우 화난 모습을 대내외적으로 보여주었다. 그와 달리 제4차 핵실험 이후는 오히려 보수적이고 유보적인 태도를 보였다. 중국 언론도 제3차 핵실험 때와 달리 보도에 재갈이 물린 듯 감정적이지 않고 절제된 보도를 하였다. 제5차, 6차에 들어서는 더욱 그러하다. 특히 제6차 핵실험 후 미국 트럼프 정부는 대북 원유 공급을 완전히 중단하고 북한의 김정은을 제재 명단에 올리려고 하였으나 중국의 반대로 실현되지 못하였다.

또하나 특이한 사항은 중국이 북핵보다 한국의 사드 배치를 더 민감하게 받아들이고 특히 관방언론을 통해 전면적인 사드 반대 '언론전'과 '심리전'을 전개한 점이다. 중국이 북한의 핵을 반대한다고 해서 북한에 대해 이렇게 대대적인 반대 여론전을 전개한 적이 없다. 반대로 북한이 중국에 대해 중국 내 김정은 풍자 보도(예를 들어, 그의 '비만'이나 '핵무기'를 갖고 무모한 행동을 하는 것을 희화한 것) 통제를 요구하자 중국은 이를 수용하였다. 이는 제3차 핵실험과 확연히 다른 점이다.

3차 핵실험 때는 중국의 진보 성향의 학자, 공산당 관료, 은퇴한 군 장성 등 다양한 오피니언 메이커들이 북한 문제의 공론화에 참여하였고, 북한에 대한 부정적인 의견도 어느 정도 선에서 중국 언론을 통해 보도되었다. 이것이 가능했던 것은 중국 정부가 언론의 재갈을 풀어주었기 때문이다. 특히 공산당 관료들의 양성 기관인 중앙당교의 공식 발행지 『쉬에시스바오』의 덩위원 부편집인은 공개적으로 영국 유력지 『파이낸셜 타임스』에 「중국은 북한을 포기하라(China should abandon North Korea)」라는 도발적인 칼럼을 게재하여 국제 언론의 헤드라인이 되었다. 소위 '덩위원 사건'이라 할 만한 이 사건은 덩위원이란 인물의 소속 기관이 공산당의 핵심 고위 기관이란 점에서 중국 지도부의 대북한 정책이 바뀌는 대외적인 시그널을 보내는 중요한 '풍향계'로 인식되었다.

　2016년 9월 북한의 제5차 핵실험 이후 유엔안보리는 또 하나의 제재안을 결의하였다. 결의안이 채택되기까지 무려 82일이나 걸렸다는 점은 그만큼 제재안이 나오기까지 '산통'이 많았음을 보여준다. 대북제재결의 2321호에 대해 '대북제재 역사상 가장 강력'한 제재라는 정부의 수사는 지난 번 대북제재결의 2270호에서 들었던 것과 사실 유사하다. 초강력 제재에도 불구하고 2016년 4월부터 9월 기간 동안 북한의 대중국 석탄 수출량이 오히려 10.6% 증가하였다. 2016년 12월의 경우 중국이 북한으로부터 수입한 석탄은 1억 8,389만 달러어치로 유엔 안보리가 규정한 5,350만 달러 선을 훨씬 넘어섰다.[1] 중국은 북한산 석탄에 대해 수입 금지조치를 취한 유엔 대북제재에 동의하였지만, 동시에 유엔 제재가 북한 주민들의 '민생(民生)' 문제에 영향을 미쳐서는 안 된다는 단서를 달았다. 문제는 '민생'을 어떻게 정의하는가의 문제에 대해서 관련 국가들이 공통된 인식을 갖지 않고 있기 때문에 중국의 자의적인 해석과 행동이 가능하였다는 것이다. 이에 석탄수출에 대한 예외 조항이 악용되고 있다는 판단에 따라 2017년부터 '석탄수출상한제'를 도입하기로 했다. 이는 그만큼 미국을 위시한 국제사회가 중국의 대북제재 이행에 의구심을 표한 것이다. 더 조밀하게 만든 유엔 제재 규정으로 북한 전체 수출 금액의 27%(8억 달러)의 외화수입 감소 효과가 있을 것으로 예상되고 있다.

　이와 동시에 중국은 제5차 북한 핵실험 이후에도 6자회담 재개, 개별 국가의 북한 제재 반대, 그리고 한미의 군사훈련 반대 등을 주문한 것으로 알려졌다. 특히 마지막 사항은 중국이 매우 민감하고 여기고 있고 중국 언론에도 자주 보도되고 있는 사항이다. 중국이 과거보다

1　The Yonhap News, February 21, 2017.

훨씬 고강도 대북제재 결의안에 동참한 것은 분명 한국의 외교적 노력의 성과이자 긍정적인 평가로 볼 수 있으나, 결국 중국의 실질적이고 완전한 대북제재 이행이라는 숙제는 매번 핵실험 후에 남겨진 똑같은 숙제이다. 유엔 제재안은 제제안이 '통과'될 때가 아니라 '실행' 될 때 그 의미가 있을 것이다. 한편 중국은 박근혜 대통령 탄핵 훨씬 전인 2016년 초부터 이미 '포스트 박근혜' 정부에 대비하고 있으며 미국의 대통령 교체와 맞물려 현 상황에서 대북정책을 큰 틀에서 변화시킬 동력이 더욱 부족하다고 판단했다. 2016년 말 박근혜 대통령의 탄핵으로 인한 한국 국정 마비는 중국의 이러한 '기다리기(wait and see)' 전략 기조에 더욱 영향을 주었다. 거기에 새로운 변수가 된 것이 바로 미국 대선에서 도널드 트럼프의 예상치 못한 당선이다.

2. '대북제재' 라는 숙제

왕이(王毅) 중국 외교부장(외교부 장관)은 2016년 3월 8일 중국 연례 최대 정치행사인 '양회(兩會)'에서 대북제재와 관련하여 중국 정부의 가장 최신의 정리된 입장을 표명하였다. 내외신 기자를 상대로 두 시간 십여 분에 걸쳐 주변 정세에 대한 중국의 입장을 표명하는 과정에서 북핵문제 관련 질문이 두 번 나왔다. 중국에서 이런 기자 간담회는 사전에 다 미리 질문 순서와 내용이 조율되며 보통 한 주제에 대해 질문이 하나 할당되는데, 북핵문제에는 질문이 두 번 배치된 것은 이례적인 것이었다. 왕이 부장 역시 준비하고 나온 듯 자세한 설명을 제공하였다. 이는 중국의 외교 행위를 관찰하는 외국 연구자에게 매우 유용한 자료가 된다.

왕이 부장 발언의 핵심은 다음과 같다.[2] "제재는 필요한 수단(必要手段), 한반도의 안정 유지가 급선무(當務之急), 담판으로서 문제를 해결하는 것이 근본적인 문제 해결책(根本之道)"이다. 이 발언에 중국 대북제재의 핵심사고가 담겨 있다 할 수 있다. 중국은 제재를 근본적인 해결책으로 보지 않는다는 것이다.[3] 왕이는 "한반도 문제와 관련하여서는 항상 존재하는 미신이 있는데 그것은 제재와 압력이 문제를 해결해 줄 수 있다는 것이다. 사실상 그것은 한반도의 미래를 고려하지 않는 무책임한 태도(實際上是對半島的未來不負責任)"라고 주장했다. 이는 '제재'가 설령 북한을 아프게 할 수는 있을지언정 북한의 행동 변화 즉 궁극적인 해결법이 될 수 없다는 중국 측 시각을 반영한다. '한반도의 안정 유지가 급선무'라는 것은 한반도 돌발 상황에서 중국이 취하는 기본 출발점이자 문제에 봉착하였을 때 가장 먼저 돌아오는 회기점이다. 이는 동시에 유엔 대북제재에 참여하는 중국이 꼭 지키려고 하는 '마지노선(bottom line)'이라 할 수 있다.

가장 논쟁적이고 결국 결과적으로도 대북제재의 허점을 만들어 준 것은 앞에서도 언급했듯이 중국이 광범위하게 정의하는 '민생'이었다. '민생'이 무엇을 뜻하는지 구체적이지 않다는 지적이 들어오자 왕이 부장은 '민생'이라는 문제는 그 단어를 들으면 "모두들 그것이 무엇을 의미하는지 알 것"이라고 하며 사실상 '선문답' 같은 답변을 내

---

2   왕이 중국 외교부장의 내외신 기자회견 전문은 중국정부 '전국인민대표대회' 웹사이트에 게재되어 있다. 「外交部長王毅就中國的外交政策和對外關係答記者問」. http://www.npc.gov.cn/npc/zhibo/zzzb24/node_29882.htm

3   중국 정부의 '제재는 북핵문제를 푸는 근본적인 해결책이 아니다'라는 공식적인 입장 견지는 그 자체가 어떤 면에서 제재 실행에 있어서의 중국의 성실성 여부에 대한 암시가 되는 것이기도 하다.

놓았다. 그럴 듯하지만 사실상 대답을 회피한 것이다. 왕이 부장은 나중에 11월 반기문 유엔 사무총장의 후임자로 선출된 안토니우 구테흐스(António Manuel de Oliveira Guterres) 전 포르투갈 총리와 면담 시 유엔은 다른 국가의 "내정 간섭을 하지 말아야 하고, 평화로운 방법으로 국제분쟁을 해결해야 한다"는 유엔 헌장을 존중해야 한다"[4]고 하여 북한 개입 등 국제분쟁에 관한 중국의 일반적 자세를 다시 한 번 천명하였다.

북한과 관련하여 왕이 부장은 "중국은 '정'(情義)도 중요시 하지만 '원칙'도 중요시 한다"며, "북한과의 전통적 우호를 중시하며 북한의 발전과 안전 추구에 대해서는 우리는 지지와 도움을 제공할 용의가 있다"고 말했다. 왕이 부장은 같은 발언에서 북중관계는 정상적인 국가 간의 관계라고 하였으나, 이렇듯 한편으로는 '전통적 우호'를 중시한다는 말을 또 다시 삽입함으로써 북중관계를 정의함에 있어서 북중관계가 '전통적 우호 관계'인지, 아니면 '정상적 국가 간 관계'인지 혼선을 유발했다. 전자는 '순망치한'(脣亡齒寒)과 함께 냉전 시기 북중관계를 특징짓는 표현이다.

종합적으로 판단할 때, 이는 북중관계를 '정'과 '우호'를 강조하던 과거 '혈맹' 관계에서 '원칙'과 '룰'이 존재하는 '정상'적인 국가 간의 관계로 변화시키려는 중국의 의지를 반영하면서도 북한과 전통적인 관계를 여전히 중시한다는 복합적 메시지를 던진 것으로 평가된다.[5] 2016년 5월 7차 당 대회에서 김정은이 노동당 위원장으로 추대되고

---

4 중국외교부, 「王毅: 聯合國也應不忘初心, 堅定維護憲章宗旨和原則」. 2016년 11월 28일 http://www.fmprc.gov.cn/web/wjbzhd/t1419392.shtml

5 이는 북중관계가 더 이상 혈맹관계나 전통우호관계가 아니라 '정상적인 국가와 국가의 관계'라는 한국 내의 시각과는 미시적인 면에서 조금 다른 것이다.

바로 시진핑 주석이 공식 축전을 보낸 것은 김정은을 북한의 명실상부한 최고 실권자로 인정함과 동시에 북중 간 전통적 당대당 관계 당대당 관계를 회복하려는 의지를 표명한 것으로 풀이할 수 있다.[6] 중국의 대한반도 전략은 남북한 모두와 우호적인 관계를 유지하는 것으로 한중 간 관계 강화 차원에서 한국의 대북관계 개선을 요망하고 있다. 중국은 박근혜 전 한국 정부의 대북정책이 매우 혼란스럽고 우려스럽다는 입장을 갖고 있다. 즉 한국 정부 대북정책의 궁극적인 목표가 평화인지 아니면 북한정권 붕괴인지, 통일인지에 대해 중국이 상당한 의구심을 갖고 있다는 것이다. 예를 들어 한국의 대북정책은 '한반도 신뢰 프로세스'를 추구한다고 하지만 실제로는 북한 붕괴를 추구한다고 의심하며, 말과 행동이 다르다고 지적했다. 그 중에서도 김정은 개인을 직접 자극하고 북한 정권을 무너뜨리려는 언사에 대해서 중국학자들은 매우 큰 우려를 보였다.

중국엔 과도한 대북제재에 동참할 수 없으며 이로 인해 북한을 중국의 적으로 만들어서는 절대 안 된다는 내부적 합의가 존재한다. 중국은 북한의 핵/미사일 분야에 국한되어 대북제재를 지속할 방침이지만, 그렇다고 이로 인해 북한 정권의 붕괴를 야기하거나 북한이 중국에 반감을 가져 중국을 적대국가로 인식하게 할 정도의 대북제재를 추진하지는 않겠다는 태도를 지니고 있다. 중국 입장에서 보면 북핵문제의

---

6   북중관계가 정상적인 국가 간의 관계로 완전히 전이되었다는 시각의 근거로 중국 관료들의 관련 발언을 드는 경우가 있다. 또한 중국에서 북중관계를 전담하는 부서가 대외연락부에서 (정상적인 외교관계를 담당하는) 외교부로 넘어왔다는 시각도 있다. 허나 필자의 지속적인 연구에 의하면 2016년 12월 현재 북중관계는 여전히 대외연락부가 주도하고 있다.

근본적 원인은 적대적 남북관계와 북미관계 비정상화다. 한국과 미국의 적극적인 노력 없이 중국에 대한 과도한 책임 전가에 대해 중국 측은 상당한 불만과 의구심을 갖고 있다. 중국은 북한의 핵무기 고도화를 막기 위해 핵무기 관련 원자재, 기술, 물품 등의 북한 유입을 차단 중에 있으며 이로 인해 북한 공업 경제에도 일정정도 파급효과가 있을 것이라고 자체적으로 판단하고 있다.

현재 시점에서 북한을 둘러싼 한중 간의 가장 첨예한 갈등은 북핵문제보다 사드 배치 문제이다. 북한을 제재해야 할 중국이 오히려 한국을 제재하는 모습을 보이고 있다. 북한엔 제재를 한다고 하면서 실제로는 제재를 안하고 있고, 한국엔 사드 보복 제재를 안한다고 하면서 실제로는 하고 있다. 만약 한국이 사드 배치를 강행한다면 중국의 첫 번째 군사적 공격 목표가 될 수밖에 없다고 협박하고 있다. 만약 사드 배치로 인해 중국의 반한 감정이 극도로 고조될 경우 한중 인적 교류와 한류에도 직접적인 타격을 입힐 가능성이 매우 높다고 중국 측 관계자, 학자, 안보 전문가들이 경고해온 점을 고려하면, 현재의 '금한령'은 그 가시화라 할 것이다. 중국 정부 차원에서 이에 대한 부인이나 한국에 대한 공식적인 '보복 성명'의 부재는 그것이 부재하다고 해서 없는 것이 아니고, 이러한 것이 '중국식'이고, 중국이 중국식으로 이 사안을 처리하고 있음에 주목해야 할 것이다.[7] 한국 측은 중국 정부 차원에서 사드 보복 행위를 인정하지 않는다고 해서 어정쩡한 입장을 취하기보다는 적극적으로 한국의 입장을 개진하는 것이 필요하다. '중국 측이 공식적으로 확인을 안 해 주니 우리도 대응 조치를 하기 어렵

---

[7]   중국 정부가 '금한령'과 관련해 나중에 증거로 쓰일 수도 있는 문건을 남기지 않고 주로 '구술 지시'를 내린 점도 이러한 맥락에서 볼 수 있다(저자의 인터뷰).

다'는 초기 대응은 어떤 면에서 중국을 상대로 쓸 지렛대가 부족한 한국정부의 곤란한 입장을 우회해서 대변한 것이기도 하다. 한편, 중국의 사드 보복과 관련해 특별히 주목해야 할 것은 중국이 한국에 대해 대대적으로 전개하고 있는 여론전이다.

3. 對한국 '여론전'의 전개 배경과 성격

한국의 사드 배치 결정 이후 중국의 대응 행동의 주요 특징은 자국 언론을 동원해 대대적인 對한국 '여론전'을 펼쳤다는 점이다. 이에 중국 저널리즘의 특징과 중국 언론을 읽는 방법에 대해 고민해 보고, 중국 여론에 반영된 한중관계 현황에 대한 특징적 현상을 분석하는 한편, 이와 관련된 학문적·정책적 시사점을 고찰해 본다. 특별히 중국 언론의 운용에 관한 이데올로기적·이론적 부분은 한국에서 거의 다루지 않았던 분야로서 이번 기회에 함께 소개하고자 한다.

　시진핑 중국 주석은 2014년 7월 방한 시 처음으로 한국 내 미 사드 배치에 대한 반대 의사를 표명한 바 있으며, 이후 중국 관리들이나 학자들은 방한할 때마다 고압적인 태도로 사드 반대를 설파해 왔다. 시진핑은 2016년 3월 워싱턴 핵안보 정상회의에서 오바마 미국 대통령에게도 사드 반대 입장을 표명했고, 이후 푸틴 러시아 대통령과 함께 발표한 중러 공동성명에서도 함께 사드 반대 입장을 밝히는 등 중국은 국가 최고 지도자 차원에서 일관성 있게 사드 반대 입장을 피력했다. 시진핑은 이어 2016년 9월 중국 항저우 G20 회의 한중 정상회담에서도 사드 반대 의사를 피력한 바 있는데, 이때 새로운 점은 한미의 사드 배치 결정 공식 발표(2016.7.8) 이후에 열린 한중정상회담이란 점이

다. 한국과 미국이 이미 사드 배치를 결정하고 공개적으로 발표했음에
도 불구하고 여전히 중국의 최고 지도자가 '사드 반대' 입장을 또 천명한
것이다. 이는 사드 배치 발표에도 불구하고, 실제 배치 시점까지는 시간
적인 여유가 있으므로 한국을 설득할 여지가 있다는 중국 측 판단이 반
영된 것으로 여겨진다. 예를 들어, 당시 중국 관영 신화통신사는 사드 배
치와 관련 한국의 '반성'을 촉구하며 한국에 신중을 요구했다.

> "사드 문제는 내년 (한국) 대통령 선거 기간 동안 뜨거운 의제가 될
> 것, 허나 실제 배치까지는 아직도 충분한 반성의 시간이 있음. 한국 당
> 국은 신중하게 상황을 저울질해야 함." [8]

시진핑 주석이 '사드 배치'의 주체로 한국이 아닌 미국을 지목한 부
분도 주목할 만하다. 시 주석은 한중, 미중정상회담에서 각각 "미국의
사드 한국 배치에 반대한다"는 동일한 표현을 쓰고 있는 바, 이는 본질
적으로 사드 문제가 한중 양자관계보다는 미중 대국관계 차원의 문제,
곧 '강대국 정치'의 문제로 여긴다는 뜻이다. 그럼에도 중국이 미국이
아닌 한국에 압력과 보복을 행사한 것은 사실 전형적인 강대국 정치의
전술적 행태인 바, 즉 미국을 직접 상대하는 것이 아니라 미국의 동맹
국이며 상대적으로 약소국인 한국에 소위 '대리전(代理戰, proxy warfare)'
양상의 압력을 행사하는 것이라 볼 수 있다.

추가로 주목할 점은 중국이 미국이 아닌 한국에 압력을 가하면서
도 사드 배치라는 군사적 사안에 대해서 비군사적 압력 방법인 '여론

---

8   新華通信, 「快評: "薩德"入韓步步是坑」(2016.9.30) http://news.xinhuanet.
com/world/2016-09/30/c_1119653874.htm

전'을 펼치고 있는 대목이다. 뿐만 아니라 중국 정부는 심지어 여러 언론의 보도에도 불구하고 한국에 대한 '무역 보복'을 실행하지 않고 있다고 주장하고 있으며, 또 중국 당국이 자국 내 '한류 문화'를 통제하고 있다는 관측이나 비자 발급 요건 강화 등에 대해서도 전면 부인하고 있다. 실제로 한중 간 학술 교류나 문화 교류 행사도 취소되고 있지만, 중국 정부는 이에 대해서도 개입 연관성 의혹을 부인하고 있다. 중국의 이런 의도적인 '모르쇠' 대응은 사드 문제에 대해 매우 전략적·정략적으로 접근하고 있음을 시사한다. 즉, 중국은 한국의 사드 배치에 대해 불만을 강하게 표시하면서도, 물리적 수단을 사용하지 않고 있다.

중국이 가시적·물리적 대응을 자제하는 것은 한국이 동맹인 미국과의 관계를 더 강화하는 결과를 초래할 가능성이 있다는 점에 대한 고려와 함께, 노골적인 경제 보복은 중국이 2001년 세계무역기구(WTO)에 가입 이후 유보되어 온 '시장경제지위(MES)'를 부여받아야 하는 고려 때문인 것으로 관측된다. 특히 한중간에는 2015년 12월부터 자유무역협정(FTA)이 발효된 상황이므로 직접적 경제 보복 조치를 취하기 힘들며, 양국 간의 높은 경제적 상호의존도로 인해 중국의 전면적 보복은 자국에게도 역으로 피해를 끼칠 수밖에 없는 구조적 제약이 있다.[9]

9　주목할 것은 중국이 자국의 경제에도 어느 정도 부메랑이 되어 타격을 받을 것을 감수하면서도 '정치 문제의 경제 보복'을 근년에 실행하고 있다는 것이다. 가장 대표적인 것이 2010년 댜오위(釣魚)/센카쿠섬 영토 분쟁으로 중국은 (중국 외교부의 공식 부인에도 불구하고) 일본에 대한 희토류 수출을 제한했다. 일본 측에서는 이를 심각하게 받아들였다. 중일관계가 매우 안 좋았던 고이즈미 총리 시절에도 '정치 문제의 경제 보복' 카드는 쓰지 않았는데, 그러한 '신사협정'이 깨졌기 때문이다. 이는 역으로 일본에서 '중국의 부상'을 적극적으로 억제해야 한다는 강경노선에 힘을 실어주었다.

이에 따라 중국은 한국에 대한 여론전을 선택하고, '한국을 아프게 하지만 동시에 한국이 그 때문에 미국에 더 가까이 다가가게끔 하지는 않는 선'으로 설정한 자체적인 내부 기준에 맞춰 사드 문제에 대응하고 있다. 이러한 사항을 만족시키는 수단이 바로 여론전으로, 사드 배치 여부를 두고 극심하게 분열되어 있는 한국에서 여론전을 펼칠 경우 '적은 비용으로 큰 효과'를 낼 수 있다는 계산이 깔려 있다. 실제로 중국의 여론전 시도는 일부 한국 언론이 이에 호응하는 효과를 이끌어내고 있는 바, 중국 관방언론은 사드 배치가 한국사회를 엄중하게 파열시킬 수 있다는 경고성 발언까지 했다.

더불어 중국 언론은 사드 배치를 찬성한 한국 정치인과 학자들의 중국 방문 비자를 제한한다는 암시를 흘려 압박을 가하는 '심리전'도 병행하고 있다.[10] 또한 '한국이 중국의 무역보복을 걱정하고 있다'라는 한국산 기사를 인용하거나 재가공하여 이것이 다시 한국 국내로 유입·확산되도록 하는 '부메랑 효과'를 통해 한국 사회 내부의 중국 보복에 대한 염려를 증가시켰다. 중국이 관영매체를 동원해 막말까지 서슴지 않는 모습을 보면, 대국으로서 중국의 '국격'을 의심케 하지만, 중국의 사회주의 정치 체제에서는 이러한 부작용이나 역효과를 잘 이해하지 못하는 측면이 있다. 이는 중국이 북한과 마찬가지로 여론전에 임하면서 이를 실제 '전투'처럼 치열하게 생각하는 사회주의 전통의

10 　한국 언론인 중에는 실제로 중국 비자를 신청하였다가 거부당한 경우가 있으며, 이 경우 그는 중국 대사관과 관계가 좋은 지인을 통해 단수 비자를 얻을 수 있었다. 하지만 그 후 그는 중국 출장 기회가 생기면 우선 비자를 받을 수 있을 지에 대한 걱정부터 앞선다고 하였다.

잔재를 여전히 지니고 있기 때문이다.[11] 이 때문에 중국은 한국에 대해 대대적으로 여론전을 펼치면서 관영 매체를 통해 "전쟁 상황을 가정한 사드 괴멸론"이나 "경협 중단, 무역 보복" 등을 언급하는 등 일종의 심리전도 전개하고 있다. 이러한 상황은 가까운 이웃이면서도 상당히 이질적인 언론 생태계를 가지고 있는 중국 언론에 대해 보다 더 정확히 이해할 필요가 있음을 시사한다. 한국은 북한/핵 문제에 있어서 자주 중국 언론 보도를 인용했지만, 중국 언론이 어떤 이데올로기와 이론적 방침을 가지고 운용되는지에 대해서는 충분히 이해하고 있지 못하다.

4. 중국 언론은 '사실'이 아니라 '진실'을 보도한다

지난 2008년 중국 쓰촨(四川) 성에서 발생한 대지진으로 약 8만 6천 명이 사망하였을 때 외부에 공개되지 않은 사실이 있다. 지진 피해 지역이 험준한 산악 지역이라 차량을 투입하기가 어려운 상황에서 구조 작업 초기에 인민해방군 낙하산부대 요원(空降兵)들이 투입되는 과정에서 군인 희생자들이 발생하였다. 중국 기자들이 이 사실에 대한 보도 여부를 고민하고 있을 때, 공산당 지도부에서는 소위 '대국의식(大局意識)'이란 근거를 들어 '보도 금지' 지침을 내렸다. '대국의식'이란 중국에서 저널리즘을 전공하는 학생들이 배우는 '기자 윤리'로서, 말 그대로 '전반적인 큰 형국을 고려하는 의식'을 가지고서 보도해야 한다는 의미

---

11 북한의 노동신문에서 흔히 보이는 대남, 대미 비판 '막말'과 유사하다고 할 것이다.

다. 많은 지진 피해 희생자가 발생해 국가적으로 침통한 상황인데 더구나 구조 작업을 위해 투입한 인원들마저 죽었다는 것이 시민들에게 알려지면 나라 전체의 사기가 더욱 저하된다는 논리다. 국가적 재난 상황에서 일종의 '선의의 거짓말(white lie)'을 하는 것이 국익에 도움이 된다는 체제 논리이다. '대국의식'을 결정하는 가장 중요한 준거는 '국가 이익'으로서, 즉 '눈앞의 사실'보다는 통합적이고 장기적인 국익의 안목에서, 그리고 사회 안정을 고려해서 보도해야 한다는 것이다. 이러한 논리 하에서는 언론이 체제 옹호를 위한 수단으로 전락할 수 있다.

이와 같은 논리를 따르고 있는 '중국식 저널리즘'은 객관적 '사실(fact)'을 추구하는 것을 이상적인 목표로 삼고 있는 '서방식 저널리즘 이데올로기'와 많이 상이하며, 중국 저널리즘은 앞서 언급한 사례와 같이 '사실' 자체가 꼭 중요한 기준이 되는 것도 아니다. 중국 저널리즘은 '팩트(fact)'보다는 '진실(truth)'을 전달하는 것이 언론의 사명이라고 하는데, 이것 역시 한국식으로 해석하면 이해하기 어려운 문제가 존재한다. 즉, 중국 공산당 체제에서 '진실'은 우리가 생각하는 진실이 아니라 소위 '사회주의 진실'이라는 것인데, 중요한 것은 이 진실을 결정하는 주체가 바로 '당(黨)' 이란 점이다. "신문 매체의 가장 중요한 직능은 정보를 전달하는 것으로, 진실·정확·전면·객관성을 통해서다."[12] 이는 중국공산당의 언론교육 문건에 나오는 내용으로 '진실'이 맨 처음, '객관'이 맨 나중에 나오는 점은 유의미하다.

중국 공산당 체제 내부의 논리로 보면, 당은 오류를 범하지 않으며,

---

[12] 「略論中國特色社會主義的新聞傳播理念」, 『人民日報』(2012.10.23): http://media.people.com.cn/n/2012/1023/c40606-19351483.html 이러한 언론 교육 사상 지침은 런민르바오사 등 중국 관방 매체에 꾸준히 게재된다.

그러한 무오류의 공산당이 진실을 결정하고, 기자의 역할은 이러한 당이 결정한 '진실'을 국민에게 전달하는 것이 중국 공산당 체제의 언론관이다. 북한의 '무오류의 수령' 개념과 유사할 수 있다. 따라서 이러한 중국 공산당 체제의 언론관을 이해하지 못하고 외국인의 시각에서 중국의 신문이나 미디어를 이해하려고 하면 '패러다임 차이'에서 오는 오해가 발생할 수 있다. 예를 들어, 중국 원자바오(溫家寶) 전 총리는 서방 매체와의 인터뷰에서 '민주'를 강조하곤 했는데, 이를 듣고 '중국도 민주(democracy)를 원하고 있다'고 해석한 경우가 있었다. 그가 말한 민주는 서방식 민주가 아니라 '중국 공산당의 영도 하의 민주'란 뜻이었다. 즉, '민주'가 무엇인가 하는 것을 공산당이 결정한다는 것이다. 사회주의도 '중국 특색의 사회주의'라는 호칭을 쓰는 중국에서 '민주'가 무엇이냐는 해석권과 집행권을 공산당이 가진다는 것이다. 이처럼 보편적으로 쓰는 단어조차도 중국 특색의 체제 논리에서는 전혀 다른 뜻을 의미한다.[13] 요컨대, 중국은 공산당의 정권 유지를 위해 다양한 체제 논리를 개발했으며, 언론도 이러한 체제 유지 수단의 일종이다.

흔히 '중국엔 언론의 자유가 없다'고 해서 중국 정부가 언론을 소홀

---

13 2016년 중국 항저우(杭州)에서 열린 'G20' 회의의 주요 슬로건이 '혁신(創新)'이었다. 언뜻 들으면 아무렇지도 않고 심지어 이런 회의에서 너무 자주 듣는 용어라 진부한 느낌마저 들 수 있는 단어다. 중국 쪽 관계자는 필자에게 '혁신'이 무슨 뜻인지 아느냐고 물었다. 그는 여기서 '혁신'이란 시진핑의 중국이 더 이상 서방을 모방하고 쫓아가는 것이 아니라 중국만의 길을 걷겠다는 자신감의 표방이라고 '풀이'를 해주었다. 물론 이것이 체제 내부의 공식적인 견해는 아니지만, 체제 내부에 있는 이의 시각으로 전해주는 해석은 연구자에게 도움이 되는 경우가 많다. 공교롭게도 위의 해석은 '중국몽'으로 대표되는 현재 시진핑의 중국이 향하고 있는 모습과 맥락적으로 긴밀히 연결되어 있다.

히 한다고 생각하면 큰 오산이다. 중국 공산당은 지상 최대 과제인 공산당 집권 유지를 위해 언론을 활용한 체제 논리를 개발했으며, 언론을 자본주의 사회보다 더 중요시한다고 해도 과언이 아니다. 중국 공산당의 공식 기관 신문(중국에선 이를 '黨報'라 함)인 『런민르바오』의 '총편집'(總編輯, 한국의 '편집국장'에 해당)의 직책은 장관급(正部級)[14]인 바, 언론 관리 실패는 정권에 치명적일 수도 있기 때문이다. 특히 중국 당국은 구소련 붕괴의 원인을 경제 개혁 실패 외에도 언론 통제 실패에서 온 민심 이반으로 보고 극도로 경계한다. 미국 등 서방 국가들이 종종 중국의 언론 자유 침해 상황을 비판할 때마다 중국 정부도 이에 지지 않고 자국 외교부를 통해 "중국은 언론자유를 보장하고 있다"고 매번 반박하고 있다. 이는 중국에 서방과 같은 언론 자유가 있다는 뜻은 아니다.

중국 정부의 언론 대변인은 '사실'을 말하는 것이 아니라 공식적으로 정해진 '진실'을 말하는 것이다. 여기서 진실은 앞서 제시된 대로 오류가 없는 공산당이 결정하는 '사회주의 진실'이며, 이러한 것이 중국 내부의 체제 논리이다. 즉 중국 정부 대변인은 체제 유지를 위한 '정치적 발언'을 하는 것이라 이해할 수 있다. 이를 서방 국가가 다시 반박하면, 중국은 또 이에 질세라 "서방이 중국에 편견을 갖고 있다"고 반박한다. 마오쩌둥(毛澤東)은 언론을 '전쟁터(陣地)'라고 한 바, 중국은 그 정도의 각오로 '진실'을 사수할 결심이 되어 있다. 거칠게 말해, 중국 언론은 공산당과 정부가 대외적으로 공개하기로 한 내용을 '선전'

---

14   차관급이라는 주장도 있다. 이는 베이징대, 칭화대 총장이 장관급이냐 차관급이냐라는 논쟁과 유사하다. '관료'를 중시하는 중국인들의 사고방식을 보여준다. 관직의 기준으로 다른 직위의 고하를 견주어보려는 심리다.

하는 것이지 정부를 '견제'하는 기관이 아니다.

이 정도의 배경 지식만 갖고 있어도 중국 외교부 대변인의 알 듯 말 듯 한 발언들이 어느 정도 이해된다. 예를 들어 2017년 1월 북한이 신형 고체엔진중거리탄도미사일(IRBM)을 발사하자 중국 외교부 대변인은 관련 코멘트를 하면서 중국은 한반도 문제를 해결하기 위해 '아낌없는 노력(不懈努力)'을 기울였다고 했다. 자화자찬이다. 중국이 북한에 대해서 충분한 압력을 넣지 않고 있고, 유엔 제재를 제대로 이행하지 않기 때문에 북한의 잘못된 행동에 '솜방망이' 처벌을 하고 있다고 보는 외부의 시각과 큰 차이를 보인다. 특히 미국 대통령 트럼프가 북한 문제에 있어 중국이 '완전한 영향력(total control)'을 가지고 있는데 그렇게 북한을 통제하지 않고 있다고 중국을 공개적으로 비판한 것을 상기하면 체감 주파수가 다소 맞지 않는 발언이다. 한술 더 떠 중국 외교부 대변인 경솽(耿爽)은 북핵문제를 해결하기 위한 중국의 노력이 국제 사회에서 광범위한 '인정과 찬양(認可和讚譽)'을 받고 있다고 했다. 그것도 중국 외교부 대변인 특유의 엄숙한 표정을 짓고 말하니 듣는 사람이 오히려 '유체 이탈감'이 들 수 있다. 중국정부와 여러차례 직접 협상했던 한 전직 고위 외교 관리는 "중국 외교부 관리들처럼 높은 수준의 교육을 받은 사람들도 얼굴빛 하나 변하지 않고 거짓말을 태연히 하는 것을 보고 놀랐다"라고 소회를 밝히기도 했다.

중국 공산당은 중국 특색의 이러한 언론관을 '맑스주의신문관(馬克思主義新聞觀)'이라 칭하여 각 대학의 신문방송학과에서 가르치고 있다. 특히 공산당 산하 언론사, 즉 '당보(黨報)'에 근무하는 기자들이 공산당의 강령과 원칙을 준수하고 공산당의 정신에 따라 기사 편집을 해야 할 것을 강조한다. 이는 현재 중국 언론학을 상징하는 키워드가 되었다. 이런 맑스주의 신문관은 구소련과 동유럽의 공산 블럭의 해체 후

체제 위협감을 느낀 중국 공산당이 칭화대학(清华大学) 신방과 등 중국의 명문 대학에 개설한 언론 전공 필수 과목이며, 현재는 중국의 대부분 다른 대학에서도 가르친다. 내용은 앞서 설명했듯이 상당히 예측 가능한 것들로서, 특히 공산당 산하 언론사, 즉 '당보'에 근무하는 기자들이 공산당의 강령과 원칙을 준수하고 공산당의 정신에 따라 기사 편집을 해야 할 것을 강조한다.

처음에는 일부 개혁 성향 학자들이 반대를 하는 등 저항도 있었지만, 중국 언론계 특히 젊은 기자들에게 큰 영향력을 행사했던 런민르바오 총편집 출신 판징이(範敬宜)가 공개적으로 맑스주의 신문관을 지지하는 글을 발표한 후, 유명 기자들이 이러한 정부의 지침에 동원·동조되어 현재는 중국 언론학을 상징하는 키워드가 되었다.[15] 중국 관영방송 CCTV 간판 아나운서들이 각 대학을 순회하면서 강연을 하기도 한다. '맑스주의 신문관'에서 거명된 '칼 마르크스(Karl Marx)' 본인 역시 기자로 일한 적이 있는데, 그의 직업 배경보다는 '무산주의' 계급의 입장을 옹호하는 정통 공산당 정신을 강조하는 취지에서 이러한 명명을 한 것이다.

5. 『환추스바오』는 중국 정부의 입장을 대변하는가

중국의 대북한 시각과 한반도에 대한 보도와 관련하여 한국 언론이 가장 많이 인용하는 중국 언론은 단연 '환추스바오'이다. 환추스바오는 베이징 런민르바오사 속에 위치에 있으며 런민르바오사 휘하에 있다.

---

15   흥미로운 것은 중국 일부 대학의 신방과에서는 맑스주의 신문관을 가르치지 않는다는 책망조의 평론이 중국 관방언론에 요즘에도 가끔씩 실린다는 것이다. 이는 일부 대학에서 정부의 지침에 저항하고 있다는 것을 의미한다.

런민르바오는 중국의 공식적인 입장을 대변하는 바, 이에 따라 환추스바오의 논조가 중국의 공식적인 시각인지에 대한 논란이 한국에 있어 왔다. 이에 환추스바오는 조금 더 세밀히 들여다 볼 필요가 있다.

인구가 14억에 육박하는 중국에는 2천여 개의 신문과 8천여 개의 잡지가 있다. 신문은 편의상 공산당의 기관지인 '당보'와 기타 신문들로 나뉜다. 한국에도 잘 알려진 런민르바오는 당보에 속한다. 1948년 창간된 런민르바오는 중국 공산당 중앙위원회에서 발행되며 중국 공산당의 공식 기관지다. 여기에 실리는 논조는 중국 공산당의 공식 입장을 드러낸다. '당'이 '국가'를 지도하는 중국에서 런민르바오는 실질적으로 중화인민공화국의 공식 입장을 밝히는 신문 매체다. 참고로 '신화통신사(新華通訊社)' 또는 줄여서 '신화사'는 중국 국무원에 속해 있는 통신사로서, 한국으로 치면 '연합뉴스'와 그 성격이 유사하다고 할 수 있다. '신화사'는 주로 중국의 공식 입장과 뉴스를 해외에 신속하게 보도하는 임무를 담당하고 있으며, 아울러 『찬카오샤오시(參考消息)』라는 신문을 발행한다.

환추스바오는 런민르바오사가 발행하는 주로 국제뉴스에 특화된 자매지로서, 중국어판(環球時報), 영문판(The Global Times), 환추스바오 온라인(環球網: www.huanqiu.com) 등 세 부분으로 구성되어 있고, 중국에서 가장 큰 국제뉴스·국제평론 매체다. 환추스바오의 온라인 웹사이트 이용자(트래픽)는 매일 평균 1,200만~1,500만 명에 이른다. 중국의 다른 포털 사이트도 환추스바오를 많이 인용하는데, 이를 다 포함하면 매일 2,500만 명이 환추스바오 웹사이트를 방문하거나 환추스바오에 실린 기사를 접속한다.[16]

16　환추스바오와 관련한 내용은 필자가 2016년 6월과 9월 사이 베이징에서 행

환추스바오를 둘러싼 '오랜 논쟁'은 환추스바오가 과연 중국 정부의 입장을 대변하는가의 문제다. 환추스바오의 총편집은 모(母)회사인 런민르바오가 임명하며, 환추스바오의 총편집인 명함에는 '런민르바오 고급기자'란 직함이 적혀 있다. 이것이 환추스바오의 공식적인 신분을 결정한다. 하지만, 환추스바오는 런민르바오와 달리 정부 보조금을 받지 않고 온전히 신문 판매량, 광고, 각종 행사 개최 등에서 거둔 수입으로 운영된다. 이렇게 정부 보조금에 의지하지 않고 시장에 의지하여 운영해야 하는 신문을 '두스바오(都市報)'라고 한다. 환추스바오도 '두스바오'로 분류되어 있다.

다시 말해, 환추스바오는 이렇게 중국 정부의 '공식성'과 상업적인 '시장성'을 동시에 지니고 있는, 중국에서 아주 독특한 위치에 있는 '야누스(Janus)'적 신문이다. 환추스바오 스스로도 이러한 이중적 성격을 상업에 잘 활용하여 시장에서 살아남았을 뿐만 아니라 중국 바깥, 즉 외국에서 중국을 대표하는 가장 유명한 중국 신문이 되었다. 다만 과연 환추스바오가 중국 정부의 생각을 드러내는 신문인가 여부는 여전한 논쟁거리이며, 한국에서도 이 문제에 대한 논쟁이 존재한다. 그러나 이는 우선 중국 정부의 생각이 '하나'로 정해져 있다는 것을 전제하는 것이다. 실제로는 중국 정부 내부에도 '다양한' 생각을 가진 파벌이 존재한다. 정작 관찰해야 할 대목은 이러한 다양한 의견 중 어느 것이 실제 '정책'으로 연결되느냐 하는 것일 것이다.

환추스바오에 실려 활자화된 경우, 일단 이것은 중국 정부의 방침과 '방향'이 같다고 봐도 무방하다. '방향'이 정부와 노선이 상이할 경우

한 환추스바오의 전/현직 관계자들과의 인터뷰에 의거한 것임.

활자화되는 것이 불가능하기 때문이다. 하지만 이것이 과연 중국 정부의 공식적인 정책인가는 추가 확인 작업이 필요한데, '애국적 센세이셔널리즘'으로 시장화에 성공한 환추스바오의 경우는 대체로 정부 정책보다 '애국심'의 색채를 더 가미해 조금 더 강한 논조로 나가는 경우가 많다고 할 수 있다. 즉, 환추스바오는 중국의 정부가 무엇을 어떻게 생각하고 있는지를 반영한다고 할 수 있고 정부 정책과 방향적으로 일치성을 유지한다고 할 수 있지만, 정부 내부에서 진행되는 주류 토론이 모두 다 정책으로 연결되지 않는 것처럼 환추스바오의 시각이 중국 정부의 정책으로 연결되는 것은 아니다.

환추스바오에 종종 등장하는 거친 표현과 막말 때문에, 중국 정부 인사나 학자들 중에는 환추스바오가 '중국 정부의 생각을 대변하지 않는다'라고 말하는 경우가 있다. 이건 맞기도 하고 틀리기도 한 말이다. 이것은 또한 '도널드 트럼프'란 인물이 미국의 생각을 대변하냐는 질문과 유사할 수 있다. 트럼프는 개인 생각을 피력할지 몰라도 그가 갖는 공식적인 지위 때문에 그의 발언은 '공식성'을 자연스럽게 띠게 된다. 이 때문에 그의 발언 진위 여부를 놓고 또 그것이 미국정부의 공식적인 입장인가를 놓고 논란이 끊이지 않는다. 환추스바오처럼 트럼프 역시 '막말'이 많은 편이라 더욱 그러하다. 결국 환추스바오가 중국 정부의 생각을 대변하는지 아닌지에 관해서는 중국인들 사이에서도 서로 다른 의견이 개진되는 경우가 있으므로 외부 학자가 환추스바오를 일방적으로 규정하려고 할 이유도 그럴 필요도 없다.

정리하자면 환추스바오가 중국에서 최고의 권위를 갖는 관방 언론 '런민르바오' 소속이라는 점, 그러나 메트로신문(都市報)이라는 특성상 런민르바오와 달리 정부 보조금을 받지 않고 자생해야 하는 점, 자극적인 제목과 사설로 독자의 주목을 받기 위한 '포지셔닝' 전략을 쓰는 점 등 이 모두는 환추스바오가 갖는 '관방성'과 '상업성'의 이중성을 드러낸다. 여기에 더해, 환추스바오가 '선 검열제'가 아닌, 신문이 출판된 후에 검열을 받는 '사후 검열'을 받는다는 점, 정부와 같은 정책 방향성을 가지고 있으면서도 그 어조가 정부보다 한 발짝 더 나간 자극적이고 포퓰리즘을 지향하는 신문이란 점도 특징이다.

실제로 환추스바오의 고위 관계자는 기사가 나간 후 중국 정부로부터 질책을 받을 때가 있다고 설명하기도 했다. (그러면서도 그것이 별로 문제될 것 없다는 태도 역시 놀라왔다.) 환추스바오의 사설은 중국 정부가 써서 환추스바오에 '내려주는 것'이 아니라, 환추스바오 사설팀에 속한 선임기자와 에디터들이 작성하고 있으며, 사설 주제와 관련 있는 중국 학자들을 인터뷰한 것을 반영한다. 논란이 많은 신문임에도 불구하고, 환추스바오가 가진 독자 확보력, 의제 설정(agenda setting) 능력, 파급력 때문에 이 신문을 어쩔 수 없이 주목하지 않을 수 없다. 이것은 마치 적지 않은 미국 사람들이 'FOX News'를 '3류'라고 부르면서도 그 실제 영향력을 무시하지 못하는 것과 유사하다. FOX는 시청률에 있어 2002년에 CNN을 처음 추월한 뒤 지금까지 미국에서 케이블 TV 시청률 1위를 고수하고 있고, 평균 시청자 수는 CNN의 두 배 이상이다.

6. 중국 언론이 말하는 사드 반대 이유

중국 사회주의 언론에 대한 배경 지식을 가지고 중국 언론에 투영된 사드 반대 이유를 살펴보면 유의미한 시사점을 찾아 볼 수 있다. 중국은 관방 언론의 기사, 사설, 학자들의 칼럼·기고 등을 통해 한국에 대한 '전방위적' 사드 배치 반대 언론전을 펴고 있으며, 심지어 웹사이트에 '사드' 특집란을 따로 만들어 대서특필할 정도다. 중국 언론에 비친 사드 배치 반대 이유를 모아 정리해 보았다.

"사드 배치를 위해 '북한 위협'을 과장하고 이용한다."[17]

"북한 때문이라고 하나 다른 목적이 존재한다. 비록 한미 양국은 사드 배치 고려가 최근 북한의 전략적 도발 때문이라고 대외적으로 선전하지만, 실제로 미국은 수 년 전부터 이미 한국을 향해 이 시스템을 '판매'하려고 하였다."

"사드가 방어하려는 대상이 확실치 않다."

왕이 중국 외교부 부장은 "사드의 적용 범위, 특히 X-밴드 레이더는 한반도의 방위 범위를 크게 넘어 아시아 대륙 한복판으로 들어온다"며 "항장무검, 의재패공(項莊舞劍, 意在沛公: 항장이 칼춤을 춘 뜻은 패공에게 있음)"이라는 고사를 인용한 바 있다. 항우측이 유방(패공)을 초대해 베푼 연회에서 항우의 사촌 항장이 칼춤을 추는 척하며 유방을 죽이려 했다는 내용이다. 왕 부장은 이어 "통찰력 있는 사람이라면 미국의 의도를 바로 알아차릴 수 있다"며 '사마소의 마음은 길 가는 사람도 다 안다(司馬昭之心 路人皆知)'란 말을 인용하기도 했다. 사마소는 중국 삼국시대 위나라 대신 사마의(司馬懿)의 둘째 아들로 황제 자리 찬탈을 노린 인물이다. 사마소의 권력욕을 모르는 이가 없었듯, 미국이 사드를 북한 핵공

---

17   여기서 인용된 내용은 모두 중국 신화통신사, 런민르바오, 환추스바오에서 발췌한 것이다. 각주를 생략한다.

격 방어용이라 말하지만, 실제 의도는 중국 견제에 있음을 다들 안다
는 의미다.

"한국은 많은 비용을 지불하게 될 것이다."

"(사드) 배치는 돈이 많이 들 것이다."

"한국의 방어능력에 도움이 되지 않고, 오히려 동북아에서 군비 경쟁
을 유발할 미래 위기의 씨앗이 될 것이다."

"사드 배치는 남북한 군사대항을 더욱 악화시킬 뿐이고, 한반도 정세
를 더욱 불안하게 만들 것이다."

"중국은 한반도 상황이 무력으로 해결될 문제가 아니며, 한반도에서
전쟁발생, 동란발생을 중국이 허락지 않을 것임을 수차례 밝혔다."

"미국 MD의 중요한 일부분이 될 것이다."

"미국이야말로 사드의 진정한 수익자이며, 미국의 진정한 목적은 아
태지역 미사일 방어 시스템 구축이다."

위의 사항은 서로 다른 중국 언론 보도를 수집해 놓은 것인데, 이를
정리해 한 논평으로 '정리'한 것도 있다. 그에 의하면, "한국이 사드 배
치 시기를 앞당긴 것은 미국이 한국에 압박을 가한 결과물"인데, "그러
나 한 손으로는 박수를 칠 수 없듯이 만약 한국이 동조하지 않았더라
면 한국의 사드 배치는 미국이 원하는 대로 이루어지지 않았을 것"이
다. "일단 사드가 한국에 배치되면 한국의 앞날은 미국이 미리 파놓은
구덩이에 들어가게 되는 것"으로, "사드의 한국 배치는 늑대를 집에 들

이는 것과 같고, 몸에 불을 끼얹는 것과 같다." "한국의 안전을 위해서 사드를 배치한다고 하지만 정작 보호하는 것은 주한미군의 안전"이다. "사드의 한국 배치는 한국을 미국의 전차(戰車)와 묶어놓아 한국에 미국의 '졸'(선봉)의 역할을 맡겨 미국이 '아시아 재균형'을 통해 이익과 지역 패권을 챙기는 데 도구의 역할로 사용하는 것에 다름 아니다."

이처럼 중국은 사드 배치가 중국의 핵심 이익·전략·안전을 침해한다고 주장한다. G20 회의에서 시진핑 중국 국가 주석은 박근혜 대통령에게 "양방이 서로 간의 핵심 이익을 존중해야 한다"고 주장했다. 나아가 그는 "사드 문제를 잘못 해결하면 지역 전략 안정에 도움이 되지 않고, 각 방의 모순을 악화시킬 것"이라 경고했다. 또한 왕이 외교 부장은 사드가 "중국의 전략적 안전 이익에 직접적인 손해를 끼친다"면서 사드를 반대하는 것은 중국 말고 러시아도 있음을 강조했다.

중국의 사드 반대와 관련하여 간과할 수 없는 또 하나의 지점은, 한국의 사드 배치가 중국인의 감정을 상하게 했다는 것이다. 이러한 논리를 살펴보면, "잘못된 결정을 한 한국 당국은 '한중 전략적 협력 동반자 관계'(2008년 5월 체결)의 기본 취지를 위배"했으므로, "한중 양국의 여러 분야의 교류가 일정한 영향을 받"게 된 것으로, "이는 중국 '정부'가 바라는 바는 아니지만 한국 측 행위에 대한 중국 시민들의 자연스러운 반응"이라는 주장이다. 다시 말해, 현재의 사드 보복은 결코 중국 정부가 주도한 것이 아니라 민간의 자발적인 반응일 뿐이라는 말이다.

이상으로, 사드에 관한 그간의 중국 언론의 주장을 종합하면, 사드 배치는 미국이 한국을 종용한 것으로 비용만 들고 한국의 방위에는 실제 도움이 되지 않으며 오히려 한반도 정세를 악화시킬 것이라는 주장이다. 사드 배치를 위해 북한 위협을 과장하고 있으나 실상은 다른 의도를 숨기고 있는데, 그 실제 의도는 바로 중국 견제라는 것이다. 사드는 미국 미사일 방어 시스템(MD)의 일환으로 중국의 핵심 이익을 침해하는 것이기 때문이다. 한국의 잘못된 결정으로 중국인들의 감정이 상한 바이므로 현 상황을 좌시하지 않겠다는 논리도 빼놓을 수 없다. 결과적으로 한중관계가 여러 분야에서 영향을 받을 것이라고 중국 언론은 경고하고 있다.

7. 사드 배치 결정 후 한중관계 전망

2017년 9월 8일 문재인 대통령은 사드 잔여 발사대 4기 임시배치를 완료하고 이와 관련 "현 상황에서 우리 정부가 취할 수 있는 최선의 조치"라며 "국민 여러분의 양해를 구한다"고 밝혔다. 이로서 근 2년간의 사드 배치 관련 한국내 논쟁은 일단락을 한 셈이 되었다.

그럼에도 사드 배치로 촉발된 한중관계의 위기는 중미 갈등의 연장선상에 있기 때문에 쉽사리 끝나지 않을 것으로 전망된다. 시기와 상황에 따라 다소 편차가 있지만 앞으로도 당분간 지속될 것이라 예상된다.

중국에 '한류 금지령'이 내렸다는 관련 보도와 이를 뒷받침하는 정황에도 불구하고, 중국 당국은 지속적으로 정부 차원에서의 제한과 개입을 부인한 것으로 예상된다. 이는 언론전과 결부된 심리전 차원이다. 중국 외교부는 대변인 담화에서 "한류 금지령에 대해서 들어본 적이 없다"[18]고 했다. 그러나 실제로 중국 문화부 웹사이트에는 2016년 10월부터 중국 공연을 승인받은 한국 스타들이 단 한 명도 없는 것으

---

18   중국외교부대변인 경솽 주재 기자간담회, http://www.fmprc.gov.cn/web/fyrbt_673021/t1417148.shtml

로 나타나 중국이 한국의 사드 배치 계획에 대한 보복 조치로 '금한령 (禁韓令)'의 강도를 높였다는 지적이 나오고 있다.

시진핑 중국 국가주석은 오바마 대통령과 박근혜 대통령에게 사드를 반대하면서 '한국의 사드 배치 반대'가 아니라 "미국이 한국에 사드를 배치하는 것을 반대"한다는 표현을 사용했다. 이는 "사드는 오직 북한 핵·미사일 대응 수단"이며 "제3국(중국)의 안보 이익을 침해할 이유도 필요도 없다"는 박근혜 전 대통령의 설명에 동의하지 않는다는 뜻으로 풀이된다. 이런 한중 정상의 사드 관련 인식 차이는 미국 요소를 두고 근본적인 전략의 차이를 보이는 바, 한국이 중국을 설득하려는 노력은 소기의 성과를 거두기 어려울 것으로 관측된다. 이는 문재인 새 행정부가 들어섰지만 중국의 사드 보복이 지속되고 있는 것에서도 알 수 있다. 민간 교류도 여전히 위축된 상황이다. 심지어 한중 수교 25주년 기념행사조차 별도로 거행한다는 소식은 한중 불협화음의 현실을 드러냈다. 대국답지 못한 중국의 몽니를 비난하고만 있기에는 한국이 처한 상황이 그리 녹록치 않다. 사드라는 복잡한 실타래를 한국이 원하는 식으로 풀어갈 수 있다면 그것이 최선의 해법일 것이다. 그러나 중국의 사드 관련 행태를 고찰해보면 한국이 원하는 가장 이상적인 해법은 없는 듯하다. 그러면 더 이상 좌고우면하지 말고 차선책으로 가야 한다.

한국은 원래 '환경영향평가' 실시를 통해 사드 배치를 일단 유예시키고, 그 기간 동안 남북 관계를 획기적으로 개선시킨 후 이를 '지렛대'로 활용하여 미중 사이에 낀 한국의 전략적 입지를 넓힌다는 계획을 가졌었던 것으로 알려져 있다. 여기엔 중국이 북한 비핵화를 위해 보다 적극적으로 움직이도록 설득하는 식으로 사드 체계를 활용한다는 생각도 포함되어 있었다. 이것이 최선책이었다.

그러나 한국이 사드 배치를 전략적 '카드'로 사용하려하자 미중 양 강대국이 호락호락 받아들이지 않았다. 특히 중국은 사드의 완전한 철폐 입장을 확인하며 강경노선을 견지하고 있다. 미국도 '사드가 배치될 것으로 믿는다'고 말해 은근히 한국을 압박해 들어왔다. 한국이 전략적 모호성을 유지하는 것이 한국에게 전략적 지렛대를 준 것이 아니라 미중 양국의 강대강 국면 사이에서 한국의 전략적 입지가 오히려 눌려버린 모양새가 되었다.

한국이 생각했던 최선의 해법을 강구할 '기회의 창'은 이미 닫혔다고 봐야 할 것이다. 그렇다면 한국은 미련을 갖지 말고 '차선책'으로 가야 한다. 사드 해법 관련 차선책을 선택하는 기준은 한국의 국익이지 중국의 태도나 압력이 되어서는 안 된다. 중국의 태도에 따라 한국이 그때그때 임기응변식으로 대응하다보면 한국 나름대로의 기준과 원칙이 훼손된다. 정부가 모호한 입장을 계속 유지하고 사드 철회를 둘러싼 시위도 지속되면서 사회적 비용도 더 높아지고 있다.

이 시점에서 한국은 중국에 대해 두 가지 전략적 사고(思考)를 진행해야 할 것이다. 첫째, 한국이 사드를 철수하면 한중관계가 다시 '원상회복' 되는가? 둘째, 사드를 철수하면 중국은 한국을 더욱 전략적으로 중요시할 것인가이다. 즉, 한국의 '몸값'이 더 오르느냐는 것이다. 한국은 이에 대한 답을 알고 있어야 한다.

사드 문제는 지난 2년여의 과정을 통해 그 나름대로 '진화'의 과정을 겪었다. 현 시점에서 사드 문제는 원래의 군사적 문제를 넘어서 정치적 상징성을 띠게 되었다. 중국은 한국의 사드 철폐 여부를 한국에 대한 자신의 '영향력의 척도'로 보는 반면, 미국은 이를 '한미 동맹의 척도'로 보고 있다. 이 사안이 왜 서울과 워싱턴, 베이징에서 이렇게 민감한 문제가 되었는지를 드러내는 대목이다.

현재 중국이 사드에 대해 어떤 전략을 취하고 있는지도 이해할 필요가 있다. 첫째, 중국의 기본 입장은 완전한 사드 철수다. 이전에 한중 간 토의에서 제시됐던 절충안들, 즉 △1개 포대, 대북한용, 미국부담 원칙 준수 △문대통령이 이 원칙들을 다시 천명 △미국의 미사일 방어(MD)체계 불(不)가입 △북핵 위협 제거 시 사드 철수 등등의 방안을 중국은 받아들일 생각이 결코 없어 보인다. 이중 몇 가지 타협안은 사실 원래 중국 측에서 나온 것이었다. 중국 측 입장이 더욱 완고해졌음을 뜻한다.

중국 국내 정치적 요소도 고려해야 한다. 중국은 이미 10월에 있을 19차 당 대회를 앞두고 모든 국가 기관이 이 국가적 대행사에 '올인'하고 있다. 대외 관계에서 중국이 더욱 경직되고 융통성이 부족한 모습을 보이는 기간이다. 지방에서 베이징으로 들어가는 관문의 검문검색이 벌써부터 강화되고 있다. 해외에 있는 중국 대사관 업무까지도 영향을 받는다. 기율이 엄격해지고 공산당에 대한 충성과 '사상 검증'이 강화되는 시기다. 사드 관련 중국 학자들의 발언은 한층 더 정부의 입장을 대변하게 될 것이다. 그러므로 이 기간 동안 사드 타결을 위한 한국 정부의 협의 노력은 동력을 내기 힘들 수 있다.

현 정국에서 한국의 선택지는 세 가지 정도로 보인다. 첫째, 한국이 현재의 사드 배치의 전략적 모호성을 계속 유지하는 것이다. 그러면 중국은 한국에 대해 경제 제재를 지속할 것이다. 박근혜 정부에서 사드 배치 결정을 내린 후, 새 문재인 행정부가 들어선 후 정부가 환경 평가를 이유로 사드 배치를 유예하자 중국은 상황을 여전히 50대 50으로 보고, 경제 보복과 회유를 통한 양면 작전을 전개해 한국의 의지를 꺾어볼 심산이다. 둘째, 만약 한국이 사드를 철수할 경우 중국은 이를 한국이 '굴복'한 것으로 판단할 것이다. 중국의 한국에 대한 전략은 유효한 것으로 평가될 것이다. 더 나아가 중국으로서는 이를 발판으로 삼아 앞으로 한국의 외교 정책에 더욱 적극적으로 간섭할 가능성이 있다. 한국이 말을 듣지 않으면 '효과'가 입증된 경제 보복 카드를 또 꺼내들 것이다. 이는 특히 중국 문화를 이해하는 '중국통'들이 우려하는 바다. 사드 철회는 또한 한미 동맹에 균열을 가져 올 수 있다. 이는 중국에 매우 큰 전략적 승리가 될 것이다.

또 한 가지 고려해야 할 것은 한국이 사드를 철회한다 하더라도 한중 관계가 이전의 '밀월 관계' 수준으로 회복되기는 어렵다는 점이다. 이는 연애하던 시절로 돌아가는 부부가 없는 것과 마찬가지다. 그러기에는 서로가 이미 변했다. 한국에서는 사드 파동으로 '중국의 민낯을 봤다'는 말이 나오고 있다. 중국 역시 한국의 사드 배치 선언을 미중 사이에서 한국이 미국을 선택한 '상징적 사건'으로 규정했다. 한국이 "돈은 중국에서 벌고, 떠날 때는 미국과 함께 간다"는 표현은 이를 잘 대변한다. "한중 수교 25주년도 사드 문제만큼은 중요하지 않다"는 중국 측 발언은 사드 문제가 중국에서 얼마나 '정치화'되었는지를 보여준다. 문화산업에서도 중국은 이미 '탈 한류' 정책을 물밑에서 진행한 지 꽤 되었다. 이러한 현실을 냉정히 직시할 필요가 있다.

셋째, 문재인 정부가 공식적으로 사드 배치를 선언하게 되면 중국은 한국에 격앙된 반응을 보일 수밖에 없는 정치구조이다. 사드가 이미 시진핑 성부의 '체면'을 상징하는 것으로 국내정치화되었기 때문이다. 경제 보복은 한동안 더 가시적으로 진행될 것이고 한중관계는 당분간 악화될 것이다. 이 기간은 1년이 될 수도 있고 더 지속될 가능성도 배제할 수 없다. 하지만 그러한 관계의 '냉각기'를 거친 후 한중이 새롭게 출발할 가능성도 열려 있다. 한미동맹은 더욱 굳건해질 것이다. 만약 한국이 사드 배치를 확실히 결정하게 된다면 예상되는 중국의 보복에 대한 시나리오를 짜고 그 '냉각기'에 한중관계를 관리할 방법을 준비해야 할 것이다. 사드는 최선책인 '해법'이 부재한 상황에서 차선책인 '관리'에 집중해야 한다. 공공외교의 역할이 많아질 것이다. 더 중요한 것은 사드가 단순히 '사드' 문제가 아님을 인식하는 것이다. 이는 한국의 對 중국 전략의 개편을 의미한다. 사드엔 매우 복잡한 정치적 함의가 들어 있다.

사드 배치 발표 이후 중국은 신냉전 및 군비 경쟁 출현 가능성과 정치 경제 보복 등을 시사하며 사드 배치 철회 혹은 연기를 강력하게 요구하고 있다. 한국은 중국의 여론 동향을 잘못 읽어 정부 고위 인사가 공개적으로 '중국 경제 보복은 없을 것'이라고 단언한 사례가 있다. 사드가 한중관계의 파동을 낳은 시점에서 중국의 언론을 올바르게 분석하는 능력이 그 어느 때보다 필요하다. 이는 한국이 중국의 외교정책에서 특히 관심을 갖는 북중관계에도 역시 매우 중요하며, 앞으로도 더 많은 연구가 필요한 영역일 것이다.

07

아슬한 동행: 미국과 중국의 북핵 외줄타기

박선영(세종대학교 국제학부)

1. 미중의 줄다리기

북핵[1]문제가 한국사회 더 나아가 동아시아 및 세계에 던지는 파장은 적지 않다. 따라서 북핵을 어떻게 해결하는 것이 효과적일지 북핵을 둘러싼 국가들마다 셈법이 제각각이다. 북핵문제 해결을 위해 개최되

---

1   북한의 핵 문제를 중국은 '朝核'라 하지만, 본고에서는 한국에서 통용되는 '북핵'으로 명기한다.

었던 6자회담은 지역적·국가적·세계적 이익에 부합하는 것으로 선호
되었던 시스템이지만, 해법 모색이 난관에 부딪혀 있는 상황이다. 한
국 정부는 미국 정부와 협상을 통해 방어용 군사 무기 사드 배치를 결
정하였고, 이러한 조치에 대해 북한은 사드를 타격할 수 있는 무기의
효력을 시험하고 핵실험을 강행하였으며, 중국은 한국의 사드 배치에
다양하게 항의하고 보복하는 등,[2] 동북아 지역에서 긴장의 강도는 강
화되고 있는 셈이다. 중국 외교부는 한국 정부의 사드 배치가 지역의
전략적 평행을 깰 뿐만 아니라 중국의 전략적 이익에도 손해가 된다고
강조하고 있다.[3] 중국 외교부는 북핵 반대를 천명하고 협상을 통한 비
핵화를 추구하면서 한반도가 혼란하지 않기를 기대하지만, 정당한 국
가 이익은 반드시 보장되어야 한다고 강조하고 있다.[4]

　전통적인 한미관계가 우선시되는 한국에서는 미국과의 동맹 속에서
북핵문제를 고려해 왔지만 북핵문제는 미중관계에서 합의되지 않으면
해결되기 어려운 측면이 있고, 실질적으로 중국 외교부는 미중 간 협
력 관계에서 북핵문제를 해결할 수 있다고 보고 있다. 중국은 "한반도
문제에서 가장 중요한 당사자의 하나가 미국"[5]이라고 하였다. 그렇지

2　　「'사드 보복' 고도 높이는 中… 무기 없는 한국 발만 동동」,『국민일보』
(2016.12.3);「韓媒猜疑中國為報復薩德突查樂天」,『環球時報』(2016.12.3);「'薩
德'沖垮了安理會圍繞朝核的團結」,『環球時報』(2016.8.11)

3　　「2016年9月2日 外交部發言人華春瑩主持例行記者會」(2016.9.2): http://
www.fmprc.gov.cn/web/fyrbt_673021/t1394082.shtml(검색일 2016.12.20)

4　　王毅,「發展中的中國和中國外交: 王毅在美國戰略與國際問題研究中心的演
講」(2016.02.26) http://www.fmprc.gov.cn/web/wjbz_673089/zyjh_673099/
t1343410.shtml(검색일 2016.11.9)

5　　「外交部發言人: 歡迎美方在和平解決半島問題方面發揮積極作用」,『人民日報』
(2017.4.18)

만 미중 간 협력이 북한에 대한 군사적 위협까지 가는 상황은 아니다.
중국은 절대적으로 미국의 요구에 따라 북한을 군사적으로 공격하지
않을 것이고 미국의 대북 조치가 북한정권을 전복시키는 것은 용납하
지 않을 것을 천명하고 있다.[6]

중국의 시진핑(習近平) 주석은 미국과 더불어 한반도 문제를 적절하
게 해결하기를 원하고 있다.[7] 미국은 중국이 나서서 대북제재를 가함
으로써 북한이 핵을 포기할 수 있도록 요구하고 있으며, 외교적으로
북한을 컨트롤할 수 있다고 판단하였지만[8] 최근 미국은 북한에 대한
전략적 인내 정책은 끝났으며 중국이 못하면 한미연합군이 나서겠다
는 입장을 천명하였다.[9] 미국의 강경 입장도 그동안의 다양한 정책적
변화에 따른 결과라고 할 수 있다.[10]

이러한 상황에서 북핵에 대한 중국의 인식과 해법 더 나아가 미중관
계에서 북핵문제 해결책을 천착해 보는 것은 필요하다. 그러나 기존의
연구는 남·북, 중·북, 미·북, 러·북 등 북핵을 둘러싼 단선적 관계 혹

6　「社評: 中美半島合作界限在哪, 重點為何?」,『環球時報』(2017.4.18)

7　「習近平接受《華爾街日報》採訪時強調 堅持構建中美新型大國關係正確方向
促進亞太地區和世界和平穩定發展」,『人民日報』(2015.9.23)

8　Peter Howard, "Why Not Invade North Korea? Threats, Language
Games, and U.S. Foreign Policy," *International Studies Quarterly*, Vol. 48,
No. 4, 2004, p.805. 여기에서는 미국의 대이라크와 대북한 관계를 비교하여 분석
하였다.

9　"Pence: US won't rest until N. Korea gives up nuclear weapons," *Washington Post*, April 18, 2017.

10　Jibum Kim, Carl Gershenson, Jaeki Jeong and Tom W. Smith, "Trends:
How Americans Think about North Korea: 2000~2007," *The Public Opinion
Quarterly*, Vol. 72, No. 4 Winter, 2008, p.805.

은 양국 간 쌍방적인 방향,[11] 북핵 전략 및 6자회담(동북아 질서)과 평가[12]에 대한 연구가 주를 이루었다. 그 외 북핵에 대한 정치철학이나 공간 이론적 협상 문제[13] 등에 관심을 두었다.

한반도는 지리적인 독특성으로 중·미·일·러 등이 전략적 요지로 인식하는 구조적인 문제와 한반도 내부 문제까지 겹쳐서 복잡한 셈법이 오가는 곳이다.[14] 북핵문제 해결을 위해 국제적으로 다양한 노력이 있었음에도 불구하고 아직 적절하게 해결되지 못한 것에 대해 중국은 자국의 이익에 도움이 되지 않으므로 적극적인 평화 정책으로 주도권

---

11   何彤枚, 「朝核問題與中國」, 『한국북방학회논집』 13, 2005; 박정민, 「북핵문제에 대한 러시아의 전략과 대응」, 『한국과국제정치』 32권 2호, 2016; 유진숙, 「제3차 북핵 위기와 러시아의 입장 변화」, 『통일연구』 14권 1호, 2010; 나영주, 「중국 시진핑 정부의 대북정책과 북핵문제」, 『민족연구』 65권, 2016; 이동률, 「중국의 대북전략과 북중관계」, 『세계지역연구논총』 29권 3호, 2011; 이성현, 「북핵의 "중국 책임론"과 미국의 외교전략」, 『성균차이나브리프』 2권 3호, 2014; 김대규, 「북한 핵문제와 중국의 역할」, 『대한정치학회보』 13권 2호, 2005.

12   상영매, 「中國在朝核 '六方會談'中的地位與作用」, 『정책과학연구』 19집 1호, 2009; 전봉근, 「북핵협상 20년의 평가와 교훈」, 『한국과국제정치』 27권 1호, 2011; 전병곤, 「중국의 북핵 해결 전략과 대북 영향력 평가」, 『국방연구』 54권 1호, 2011; 김재철, 「북핵문제에 대한 미국의 강압외교 평가와 대안」, 『대한정치학회보』 20권 1호, 2012; 조순구·정항석, 「북핵문제의 국제화의 다자회담」, 『한국동북아논총』 29권, 2003; 유동원, 「6자회담의 동북아 다자안보협력체로의 발전방안 분석」, 『사회과학연구』 35권 1호, 2009.

13   최형익, 「북핵문제에 대한 정치철학적 접근」, 『한국사회』 15권 1호, 2014; 이정우, 「북핵 협상의 공간이론적 해석과 한국의 선택」, 『국방연구』 51권 3호, 2008; 김근식, 「북한의 핵협상: 주장, 행동, 패턴」, 『한국과국제정치』 27권 1호, 2011.

14   王俊濤, 「'衝突'與'合作': 冷戰後中美朝鮮半島地緣戰略比較研究」, 河南大學 學位論文, 2012, 11~13쪽.

을 줄 수 있기를 희망하고 있다.[15]

중국 외교부는 한반도 문제의 핵심은 북한문제, 북한문제의 핵심은 북핵문제로 보지만, 북핵문제는 실질적으로 미중간 외교관계에서 해결될 수 있다고 본다. 한반도는 미중 양국의 외교 정책과 긴밀하게 연관되어 있으므로 북핵문제 또한 미중의 영향력을 무시할 수 없다.[16] 북핵문제는 한반도에서 미중간 정책 방향을 통해 확인할 수 있는데, 이는 미중 양국의 전체적인 외교 관계의 본질을 확인하는 계기도 될 수 있다.[17] 미중관계는 국제무대에서 가장 중요한 양자 관계 중의 하나로 한반도 문제는 미중관계에서 회피할 수 없는 중요한 내용이기 때문이다. 제2차 세계대전 후 미국과 중국은 적대적인 관계에서 점차 대화하는 관계로 변화하는데 한반도 문제는 중요한 요소였기 때문에 한반도 문제 형성과 해결에서 미중 양국의 역할을 무시할 수 없다. 비록 양국은 한반도 비핵화에 대해 원론적으로는 의견이 일치하지만 구체적인 문제인식과 해법에서는 이견을 보이고 있다. 한반도 정세 변화는 상당 부분 미중관계의 변화에도 영향을 미치므로[18] 북핵문제의 해결은 미중간 전반적인 외교 관계의 축소판으로 이해할 수 있다고 해도 과언이 아니다.

2017년 4월 미국의 마이크 펜스(Mike Pence) 부통령이 한국을 방문하여 북핵문제에서 중국의 역할을 강조하자, 『환추스바오』편집장은 유

---

15   陳鰩瑤,「淺談朝核問題對我國安全的影響及對策」,『才智』2014年 26期, 296쪽.

16   李盈懿,「中國政府在歷次朝核危機中的外交政策分析」, 復旦大學學位論文, 2012, 1쪽.

17   陳宗權,「朝核問題上中美戰略互動關係的轉型」,『社會科學』2014年 10期, 20쪽.

18   孫麗琴,「論中美關係中的朝鮮半島問題」,『人民論壇』2013年 14期, 246쪽.

튜브를 통해 중국이 나가야 할 길에 대해 의견을 피력하였다. 중국은 북핵을 포기하게 하기 위해 미국과 협력할 수는 있지만, 그것이 북한을 군사적으로 공격한다든가 평양 정권을 붕괴시키는 것으로 가는 것은 용납할 수 없다는 것이다.[19] 중국의 전통적인 한반도관이나 1960년대 북한과 중국의 외교를 통해 본 북중관계,[20] 그리고 중국 외교부장의 발언[21] 및 2017년 미국 부통령의 발언으로 촉발된 중국 주요 인사의 태도에서 중국이 자국의 안전을 지키기 위한 한반도 평화 유지 정책은 여전히 지속하고 있음을 확인할 수 있다. 중국이 전통적으로 지속하는 정책과 전술적으로 변화하는 것[22]이 무엇인지 분명하게 인식할 필요가 있다.

이 글이 중국의 북핵 인식을 미중관계에서 고찰하려는 이유가 바로 여기에 있다. 또한 타국(타인)이 이해하는 중국의 인식이 아니라 중국이 주장하는 중국의 인식을 보기 위해 중국 외교부의 방침, 중국 주요 인사의 발언 보도 및 관련 연구 성과를 중심으로 분석해 보고자 한다. 본고에서는 먼저 중국이 북핵의 근원을 무엇으로 인식하는지에 대해 분석한 후, 미중 간 북핵문제 인식의 갈등과 협력, 그리고 중국이 고려하는 북핵문제 해법을 규명해 보고자 한다.

19　「美最新警告: 朝鮮不要考驗特朗普的決心和美國軍事實力」, 『環球時報』 (2017.4.17)

20　박선영, 「표출된 '형제애'와 가려진 '국익': 주은래의 대조선 외교」, 『중국근현대사연구』 59호, 2013 참조.

21　「外交部長王毅就中國的外交政策和對外關係答記者問」. http://www.npc. gov.cn/npc/zhibo/zzzb24/node_29882.htm(검색일 2016.10.9)

22　이에 대해서는 서상문, 「중국의 대한반도 정책의 지속과 변화: 역사와 현실」, 『전략연구』 63호, 2014.7 참조.

2. 중국의 시선

북한이 핵을 보유하려는 이유에 대해 션쓰(申斯)는 생존을 위해, 강국이 되기 위해, 핵 발전의 잠재력을 알기 때문이라고 분석하였다.[23] 북한의 핵 보유는 전쟁을 하려는 것이 아니라 핵무기의 파괴력으로 국제사회에서 영향력을 확대하여 발언권을 강화하고 국가 안전을 보장받으려는 것으로 북한을 지키기 위한 것이지 공격하기 위한 것이 아니라는 것이다. 북한은 "핵억제력은 민족의 운명과 안전, 조선반도와 지역의 평화를 담보하는 가장 믿음직한 수단"[24]으로 보고 있다. 따라서 중국은 북한이 핵을 보유하고 이를 담판의 빌미로 삼아 국제사회에서 발언권을 얻게 되면 핵무기 보유로 미·중·한 국가 관계는 변화를 가져올 수 있어 동아시아에 긴장 관계가 형성될 수 있다고 본다. 북핵문제는 한반도 및 동북아 전체의 안전과 안정에 영향을 미침과 동시에 중국의 정치 경제 안전과 전략적 이익에도 심대한 영향을 미치기 때문이다.[25] 그럼에도 불구하고 션쓰는 북핵문제의 궁극적인 수혜자를 미국으로 보았다. 북핵문제로 한미관계는 더욱 긴밀해지고 미국과 중국도 다각도로 교류하게 되며 미국은 북한을 이용하여 중국을 견제하고 한중관계도 강화할 수 있다[26]고 보기 때문이다.

중국(외교부 및 다수의 학자들)이 인식하는 북핵의 근원을 살펴보

23　申斯, 「從印巴核問題看朝核問題的影響」, 『吉林省經濟管理幹部學院學報』 2016年 2期, 50쪽.

24　「조선반도 핵문제를 빚어낸 범죄의 장본인」, 『로동신문』(2015.2.3); 「조선반도의 핵위협은 어디에서 오고 있는가」, 『로동신문』(2013.2.12)

25　陳瑤瑤, 「淺談朝核問題對我國安全的影響及對策」, 『才智』 2014年 26期, 296쪽.

26　申斯, 같은 글, 51쪽.

면, 북미 사이의 모순, 국제환경과 안전 보장의 문제, 북한의 국내 요
인, 그리고 안전과 생존을 위한 필연적 선택으로 종합해 볼 수 있겠다.

1) 북미의 불협화음

중국은 북핵문제의 근원을 "북한과 미국의 모순"[27]으로 보고 있다. 물
론 북한도 "조선반도에서 핵문제를 산생시키고 평화를 유린하면서 핵
전쟁의 위험을 고조시켜온 주범은 다름아닌 미국"[28]으로 보고 있다.
즉, 북핵문제의 근원은 "북미 문제"[29]로 북한과 미국 간 정책 게임으로
보는 것이다. 따라서 중국 외교부는 북핵문제의 근원이 중국에게 있지
않다[30]고 단호하게 선을 긋고 있다. 이는 북핵문제의 해결책이 근본적
으로는 중국과 관계없음을 암시하는 것이다. 중국은 미국의 핵 위협이
나 전쟁 위협이 없다면 북핵문제는 해결되었을 것으로 보고 있다. 북
한도 "핵위협의 근원제거는 조선반도 평화와 안전보장의 근본 담보"[31]

---

27   杜白羽, 「朝核問題困境美國難辭其咎」, 『新華社』(2016.10.26);
http://world.people.com.cn/n1/2016/1026/c1002-28810959.html(검색일
2016.12.1)

28   「지체 없이 들어내야 할 핵전쟁 위험의 근원」, 『로동신문』(2016.01.30); 「오
도할 수 없는 조선반도 핵문제의 진상」, 『로동신문』(2016.4.14)

29   「조선의 핵시험은 미국의 적대시 정책의 산물이다」, 『로동신문』(2013.2.20);
「中國對朝政策失敗論的說法無理 朝核真正癥結是美朝問題」, 『環球時報』(2016.1.9)

30   「朝鮮半島核問題的由來和癥結不在中方」, 外交部發言人耿爽主持例行記者
會(2016.9.27): http://www.fmprc.gov.cn/web/fyrbt_673021/t1401213.shtml
(검색일 2016.12.22)

31   「핵위협의 근원제거는 조선반도 평화와 안전보장의 근본 담보」, 『로동신문』
(2013.1.31)

라고 강조하고 있다. 딩카이(丁凱)는 미국의 대북한 정책이 근본적으로
북한의 핵 발전을 결정하고 있기 때문에 북핵문제는 미국 패권 정책의
산물이라고 하였다.[32] 미국은 북핵이 미국의 패권 정책에 중대한 도전
이 되는 것으로 보고 적대적으로 대북한 통제 정책을 실시하기 때문에
북한이 더욱 핵 발전에 의존한다는 것이다.

미소 패권의 역사적 배경 아래 북한은 자신의 무장 세력을 형성하
고 독립을 완성하였다. 이는 냉전의 유산인 북미 이데올로기 대립으로
한반도 문제를 복잡하게 하는 중요한 역사적 현실적 원인이기도 하다.
미국의 강경파가 북한의 외교 고립과 경제 봉쇄를 주장[33]하며 북한을
적대시하고 있기 때문에 북한이 핵무기를 개발하여 미국의 군사적 위
협에 대항하면서 북미간 평등하고 독립적으로 대화할 수 있는 시스템
을 건립하고자 하는 것이므로 이데올로기적 대립 상태에서 북미 관계
가 근본적으로 개선되기는 어렵다.

미국의 오바마 정부 전략은 아시아 태평양(이하, 아태)을 중시[34]하
면서 중국 대국화를 견제하고, 아태 지역에 대한 한미일 동맹을 강화
하였다. 특히 남북관계가 긴장되고 북한과 한미일 관계도 악화되는 상

32　丁凱, 「朝核問題中的中美因素研究」, 西北師範大學碩士學位論文, 2011, 15
쪽; 趙劍, 「對美國朝核困境的戰略解讀」, 『南京政治學院學報』 2011年 1期, 59~61
쪽.

33　朱陸民, 楊雙曲, 張文文, 「探析朝核問題懸而不決的原因: 基於三層次分析法
的解讀」, 『才智』 9, 2015, 357쪽.

34　Douglas Paal, "The United States and Asia in 2011: Obama Deter-
mined to Bring America "Back" to Asia, " *Asian Survey*, Vol. 52, No. 1, 2012,
pp. 6~14; Lowell Dittmer, "Asia in 2011: Transition?, " *Asian Survey*, Vol. 52,
No. 1, 2012, pp.1~5.

황에서 미국의 이러한 동맹 강화는 북한의 안전을 위협하는 것이므로 북한은 핵을 보유함으로써 '비대칭 위협' 정책을 채택하는 것이다. 일본은 정상국가화를 주창하면서 평화헌법을 개정하였고 군사력을 강화하여 경제 규모에 상응하는 군사대국을 지향하고 있다. 이러한 상황에서 북한은 핵무기 발전이 자신의 안전을 도모하는 데 필요한 것으로 인식하고 있다.[35]

북한의 북핵 전략과 미국의 아태 및 대북한 정책은 본질적으로 도전과 응전의 관계이다. 미국은 북핵이 미국 통치 아래의 국제질서에 도전하는 것으로 평가하고 있다. 북한은 2003년 3월 29일 『로동신문』에서 이라크 사태에서 주권과 존엄을 짓밟는 미국의 태도를 보았기 때문에 조금의 양보와 타협도 없다고 천명하였다. 2013년 4월 18일 『로동신문』은 리비아의 교훈을 받아들여 핵무장이 유일한 출구라고 하였다. 이라크 전쟁과 사담 후세인의 몰락 및 리비아의 핵 포기 역사에서 확인했듯이, 미국은 안전 담보와 관계 개선이라는 사탕발림으로 상대를 무장해제 시키고 군사적으로 공격하는 방식으로 반드시 북한 정권을 멸망시킬 것이라 생각하고 있다.[36] 따라서 북한의 적대적인 대미 정책은 근본적인 변화를 가져오기 어렵고 적대감에서 신뢰를 형성하는 관계로 나가기도 어렵다.

---

35   畢穎達, 「朝核問題困境與應對方向」, 『世界經濟與政治論壇』 2013年 5期, 70쪽.

36   「조선이 핵을 보유한 것은 전략적 필요에 따른 것이다」, 『로동신문』(2016.1.16) 여기에서 이라크 및 리비아의 문제도 적시; 「利誘和施壓絕對行不通」, https://www.douban.com/group/topic/38039508/(검색일 2017.9.30); 「朝鮮半島局勢最新消息朝媒: 需以利比亞為教訓核武裝是唯一出路」(2013.4.18) http://blog.sina.com.cn/s/blog_6992bdab0101cqzy.html(검색일 2016.11.30); KBS보도(2011.3.22)

법리적으로 미국과 북한은 여전히 전쟁 상태이다. 한반도가 정전 상태이지만 평화협정을 체결한 것은 아니기 때문이다. 북한도 미국과의 평화협정 체결을 강하게 요구하고 있다.[37] 따라서 중국은 북미 간 대립이 근본적으로 북핵문제를 확대시키는 것으로 보고 있다. 이러한 상황에서 미국이 중국에게 북핵 포기를 종용하라는 요구에 대해 중국은 어려움을 느끼고 있다. 왜냐하면 중국이 북한에게 제재를 가한다고 해도 북한이 즉시 핵을 포기하지 않을 것이며 중국이 북한을 제재하는 동안 미국이 북한의 정치적 안전을 보장하지 않으면 평양 정권이 붕괴할 수 있기 때문이다.[38] 중국은 자국 주변에서 이러한 일이 발생하도록 수수방관 할 수 없기 때문에 북핵문제는 중국이 해결할 문제가 아니라고 분명하게 밝히고 있다.

2) 고래 싸움에 새우등 터지는 국제 환경

중·일·미·러는 상호 전략적 이익이 있는 동북아 지역에서 역사적으로 복잡한 관계를 유지하고 있다. 북핵문제가 오랫동안 해결되지 못하는 것은 지역적으로 안전을 보장할 만한 시스템이 결여된 결과이기도 하지만, 각국 간의 이익 게임으로 이 지역에서 안전 시스템을 갖추기 어려운 장애물이 있기 때문이기도 하다. 북핵문제는 동북아 전략의 다층성 차원[39]에서 출발하였으므로 거시적 시각으로 본다면, 한반도와 동북아 지역의 지정학적 정치 및 지정학적 안전문제[40]라고도 볼 수 있다.

37　「평화협정 체결에 응해 나서야 한다」, 『로동신문』(2016.1.10)

38　「社評: 中美半島合作界限在哪, 重點為何?」, 『環球時報』(2017.4.18)

39　「擁核此路不通 朝鮮退一步海闊天空」, 『環球時報』(2016.3.3)

40　「朝核危機23年 美朝 "鬥法"何時休」, 『環球時報』(2016.2.22)

러시아는 다자적인 협조 정책을 실시하고 평화적인 대화 방침을 고수하면서 북핵문제에 대해 일관되게 북미간 대화로 평화롭게 해결되기를 기원하고 있다. 1991년 1차 핵 위기 당시 러시아는 북·미·일·러·한·중+유엔과 국제원자력기구의 6+2회담 제안으로 각국의 이익을 보장하고 전쟁 발생 방지를 요청하였다.[41] 그러나 각국의 이데올로기와 사회 제도의 차이 및 역사적 원인으로 인한 상호 불신임 문제, 각국 간의 영토 영해 분쟁 등은 장애물이다.[42]

1980년대 후반 소련이 서방과의 긴장 관계를 완화하면서, 북한의 정치 및 경제 원조도 감소하였고 1992년 한중 수교로 한반도의 세력 균형이 과거 소·중·북 연맹으로 한·미·일 동맹에 대항하는 냉전 구도가 사라지게 되면서 북한은 소련이라는 외교적 지렛대가 사라지고 미국과 한국에 직접적으로 대항하는 구도가 형성되었다.[43] 어느 면에서는 한반도에서 여전히 냉전 상태가 해소되지 않은 것[44]이 북핵 출현의 요인이 되기도 한다.

북한은 미국을 위시한 서양 국가와 동맹하기는 쉽지 않고 중국과는 전통적인 동맹국이라고 할지라도 중국이 안전을 보장할 것이라는 점에 대해서는 회의적이다. 차오슈진(曹樹金)이 강조했듯이, 중국이나 러시아 모두 북한의 안전을 보장할 수 없고 핵우산도 없다.[45] 소련 해체

41　楊志遠, 「朝鮮核問題及中國對策研究」, 湖南師範大學學位論文, 2013, 27~29쪽.

42　朱陸民, 楊雙曲, 張文文, 같은 글, 356쪽.

43　江天堯, 「中國的調停外交評析: 以朝核問題為視角」, 上海師範大學學位論文, 2012, 18쪽.

44　「朝核幾近失控 中國需增强應變力」, 『環球時報』(2013.4.3)

45　曹樹金, 「朝鮮核問題的根源」, 『華章』 36, 2011, 21쪽.

에다 중국의 개혁개방 등으로 국제정세가 변화하자 고립무원의 상황에서 북한은 자력으로 상황을 타개할 필요가 발생한 것이다.

고래 싸움에 새우 등 터진다는 통론은 북한이 처한 국제환경을 대변해 주고 있다. 한·미·일의 동맹 하에서 한·미, 일·미가 연합 군사 훈련을 하면서 북한의 합법적 생존을 인정하지 않고 있다. 한·미·일 공조와 전략적 인내 정책[46] 및 군사적 압박 정책으로 북한이 핵을 포기하도록 분위기를 조성하지만 북한은 절대 스스로 핵을 포기하지 않고 오히려 핵 능력을 강화하면서 한미가 계속 압박하므로 핵 포기가 불가하다는 평계를 대고 있는 실정이다. 북한은 북한의 '선 핵포기'를 하지 않으면 대화를 거부한다는 미국의 인내정책은 "그야말로 개꿈"[47]이라고 거칠게 반박하고 있다.

2004년 8월 30일 『로동신문』에서는 미국 정부가 북한을 '악의 축'으로 규정하고 '핵선제공격명단'에 포함시키면서 북한을 압박하기 때문에 북한은 자주권을 지키기 위해 자위적인 정당방위수단으로 철두철미하게 핵 억제력을 가져야 한다고 강조하였다.

비잉다(畢穎達)는 북핵 위기를 형성하는 중요한 역사적 원인은 한반도의 민족통일 요소이므로 이는 위기를 억제하거나 전쟁을 회피하는 유효한 수단으로 삼을 수 있다고 분석하였다.[48] 한국 측에서 보면 민

46　　"US Vice President Mike Pence says ´era of strategic patience is over´ with North Korea, "*ABC News*, April 16, 2017; 劉俊波, 「'戰略忍耐'的困境: 奧巴馬政府對朝政策剖析」, 『國際問題研究』 2010年 6期, 58~62쪽; 王曉波·唐婉, 「'亞太再平衡'戰略視域下奧巴馬政府的對朝政策探析」, 『遼東學院學報(社會科學版)』 2016年 2期, 31쪽.

47　　「궁지에 빠져 허우적거리는 미국」, 『로동신문』(2016.2.28)

48　　畢穎達, 같은 글, 72쪽.

족통일의 소망은 대북한 정책을 변화시키는 기반으로 북핵 위기에 영향을 미치는 중요한 요소라는 것이다. 남북한의 긴장 격화는 북한이 핵 보유의 길로 가는 내부적인 요인인데, 한미 연합으로 북한에 강경책을 취함으로써 남북관계·북미관계가 더욱 악화되어 한반도는 긴장 국면이 강화되었고 북한은 안전상에 위협을 느껴 더욱더 냉전의 외투를 입게 되었다고 파악하고 있다.

3) 자위력 상승을 통한 자신감

북한은 독특한 사회주의 체제와 주체사상 및 핵무기로 정권을 유지하고 있다. 핵무기 개발은 민족적 자부심을 불어 넣었고, 1990년대 북한의 경제적 어려움 속에서도 정권을 안정케 하는 요소가 되었다. 따라서 2012년 전후로 북한은 위성 발사, 핵무기 실험 등을 선전하였고 기본적으로 위성을 쏘고 핵무기 보유를 현실화하여 강성대국의 신호탄을 올림으로써 "자위력 강화를 통한 자신감을 회복"[49]하였다.

핵무기 개발은 북한이 국제사회로 나가는 지름길로 인식하고 있기 때문에 북한은 국제적으로 핵무기로 강국[50]의 위치를 승인 받으려는 속셈이 있다. 김정일에서 김정은으로 정권 계승이 기본적으로 완성된 상황에서 권력의 기초를 강화하기 위해 핵이 활용되고 있는 것이다. 대외 관계에서 북한의 결단력을 보여줄 수 있는 정치적 필요의 극대화

---

49   북한 주요 신문 보도 내용을 분석한 선상신, 김성해, 「북한 언론과 대외정책 6자회담 보도를 통해서 본 북한 엘리트의 프로파간다 전략」, 『북한학연구』 7권 1호, 2011 참조.

50   「조선의 선언」, 『로동신문』(2016.3.19) 북한은 자주적인 핵 강국의 위용을 높이려는 것이라고 강조하였다.

차원에서 핵이 유용하다고 판단하기 때문이다. 북한은 "당당한 핵보유국의 존엄을 만천하에 떨친 정치 군사적 대승리"[51]로 규정하고 있다. 이러한 상황인데 만약 김정은이 한·미·일의 압력을 이겨내지 못하고 핵무기를 포기한다면 김정일을 계승한 지도자로서의 위신에 손상을 입게 되지만, 국제사회의 압력을 이겨내면 지도자의 위상이 공고해져 오히려 내부 결집력을 상승시키므로 국내적인 경제적 어려움이나 불만 요소들을 외부의 위협으로 돌릴 수 있게 되므로[52] 핵은 국내 정치 안정을 위해서도 중요한 것이다.

핵무기는 비대칭적 국제사회에서 북한이 안전을 지키는 선군정치의 핵심으로 강성대국의 필요조건으로 보고 있다. 북한은 2012년 강성대국 목표를 세웠지만 빠른 시일 내에 이룰 수 없는 상황에서 국내의 시선을 '외부의 적'들에게 돌릴 필요가 있었던 것이다.

소련의 해체로 북한은 내우외환에 직면하였고 자신을 보호할 통치상의 필요로 핵무기 개발에 주력하여 고립무원의 국제사회에서 국제적 지위를 찾기 위해 노력하였다. 2011년 김정은은 핵무기를 김정일의 위대한 유산으로 영원히 계승할 것이라 천명하고 2012년 이래 비핵화라는 말은 재론하지 않으며, 2012년 6월 헌법에 핵 보유를 명시하였다. 특히 북한은 비핵화를 주장하려면 미국의 비핵화부터 추진해야 한다고 목소리를 높이고 있다.[53] 국제사회의 반대를 무릅쓰고 북한은

51　「당당한 핵보유국의 존엄을 만천하에 떨친 정치 군사적 대승리」, 『로동신문』(2013.2.25)

52　畢穎達, 같은 글, 74쪽.

53　「황당한 거짓말로 세계를 기만한 핵범인」, 『로동신문』(2016.1.28)

수차례 위성을 발사했을 뿐만 아니라 2006년 제1차 핵실험을 강행[54]한 후 2009년 5월,[55] 2013년 2월[56]에도 핵실험에 성공하였다고 보도하였다. 특히 2013년 2월의 핵실험은 김정일 사후에 실시된 것이어서 정치적 목적을 고취시키기 위해 대대적인 언론전을 펼치면서 『로동신문』을 통해 수차례 관련 소식을 전하였다.[57] 세계적으로 5개의 유엔안보리 상임이사국만 수소탄을 보유하고 있지만, 2016년 1월 북한의 수소폭탄 실험[58]으로 그 대열에 가세하였다고 자랑하였다.[59] 2016년 9월 9일 제5차 핵실험 이후 실시된 2017년 9월 3일 제6차 핵실험은 역대 최대 위력을 보인 'ICBM 장착용 수소탄 실험'이었다. 중국은 북한의 핵 보유가 정치적 경제적으로 어려움에 직면한 상황에서 "김정은 권력을 공고하게 하는 중요한 기초수단"[60]이므로, 미중 간 협력으로

---

54   「최강의 국력을 떨치며 선군혁명 총진군을 더욱 힘차게 다그치자」,『로동신문』(2006.10.21)

55   「핵에네르기 개발 리용을 위한 노력」,『로동신문』(2009.5.4);「또 한 차례의 지하 핵실험을 성과적으로 진행」,『로동신문』(2009.5.26)

56   「제3차 지하 핵시험을 성공적으로 진행」,『로동신문』(2013.2.13);「핵시험 성공을 열렬히 환영한다」,『로동신문』(2013.2.15)

57   「조선의 제3차 핵시험 성공을 축하한다」,『로동신문』(2013.2.18);「당당한 핵보유국의 긍지안고 강성국가 건설에서 일대 앙양을 일으켜 나가자」,『로동신문』(2013.2.19);「핵실험은 나라의 방위력을 강화하기 위한 조치」,『로동신문』(2013.2.19)

58   「민족의 천만년 미래를 억척같이 담보하는 력사의 대장거」,『로동신문』(2016.1.7)

59   「수소탄 보유는 그 누구도 시비할 수 없는 우리의 자위적 권리」,『로동신문』(2016.1.7)

60   朱陸民·楊雙曲·張文文, 같은 글, 357쪽.

북핵을 해결해야 한다고 보고 있다.

4) 생존을 위한 발버둥

석유, 천연가스 등 자연 자원이 부족하고 경제 발전의 한계가 있는 북한은 1950년대 핵 기술 개발로 에너지 수요를 만족시키려고 하였다. 소련과 '평화로운 핵에너지 이용에 관한 합작 협의'를 통해 핵을 개발하였고 1987년에 운영하게 되었다. 1994년 김일성 사후 1994~1997년 간 대규모 자연 재해 발생으로 국가 사회 경제적으로 어려움에 처하자 핵은 핵무기 개발 포기를 조건으로 경제 원조를 얻을 수 있는 경제적인 카드이기도 하였다.[61]

핵무기 개발은 북한이 외교적으로 발언할 수 있는 기회를 갖는 것이기도 하다. "조선이 미국의 끊임없는 새 전쟁 도발 책동과 핵위협에 대처하여 핵 억제력을 강화 발전시킨 것은 응당한 자위적 조치였다. 조선은 다른 나라들을 침략한 적이 없으며 자주권이 침해당하지 않는 이상 절대로 핵무기를 사용하지 않을 것"[62]이라고 강조하고 있다. 소위 핵 외교는 주동적 혹은 피동적으로 미국의 압력에 대항하는 최고의 선택이었다. 북한은 안전을 위해 핵무기를 선택함으로써 외교적인 곤경을 벗어나고 핵 의제를 중심으로 국제적인 지위를 높이고 국제사회의

61 　楊志遠, 같은 글, 20쪽. 제1차 핵 위기를 해결하기 위해 미국이 경수로와 중유를 지원하였다. 금창리 핵 시설 검사 대가로 북한은 3억 달러와 양식 보조를 요구하였다. 2007년 10월 6자회담에서 한미는 2006년 북핵 실험 성과를 폐기하는 대가로 10만 톤 중유, 50만 톤 쌀, 35만 톤 비료 및 수억 원의 전력을 공급키로 하였다. 북핵은 경제원조를 얻을 수 있는 방편으로 활용되었다.

62 　「조선은 자주권 침해를 절대로 허용하지 않을 것이다」,『로동신문』(2016.3.11)

여론 공간을 증대시켜 미국과의 담판력을 높이고 정치적·경제적 이익을 얻으려고 하였다. 장렌구이는 북한의 정치적·경제적 안전 보장으로 핵 포기를 추구할 수 있는 열쇠는 미국이 쥐고 있다고 보고 있다.[63] 북한은 약자가 강자에게 대항하는 비대칭성 수단으로 자구책을 취해야 하므로 국가의 안전과 생존이라는 근본적인 자위[64]와 국가 이익을 위해 핵을 택할 수밖에 없다는 것이다.

2005년 8월 1일 『조선신보』에는 "우리의 핵무기는 미국을 치기 위한 것도 아니며 또 우리는 핵무기를 영원히 가지고 있자는 것도 아니다. 미국이 우리에 대한 핵위협을 근원적으로 청산하는 데 동의하고 조·미 사이에 평화공존 관계가 수립되면 우리에게는 핵무기를 가져야 할 하등의 리유도 없으며 우리에게는 단 한개의 핵무기도 필요 없게 될 것"이라고 하였다. 북한이 강조하였듯이, 중국은 북핵이 일종의 국가 안전을 위해 실천해야 할 필수적인 선택이기 때문에 국가 안전을 실현하고 생존권을 획득하기 위해 논리적으로 필연적인 결과[65]라고 보고 있다.

3. 미중의 동병상련

중국은 '충돌하지 않고 대항하지 않는 것'[66]을 미중 간 신형대국관계

---

63   「朝核危機23年 美朝"鬥法"何時休」, 『環球時報』(2016.2.22)

64   張璉瑰, 「莫臆想朝核危機的解決方案」, 『環球時報』(2013.11.13)

65   曹樹金, 같은 글, 21쪽.

66   戴秉國(外交部副部長), 「在美國戰略與國際問題研究中心的演講」, (2016.7.5)

에서 구축되어야 할 주요 원칙으로 보고 있다. 비록 중국이 핵 대국인 미국과 직접적으로 충돌할 가능성은 높지 않지만 동아시아 전략 환경이 복잡하고 갈등의 요소가 많다는 점에서, 장원종(張文宗)은 중일간의 조어도 문제나 동해 대치, 북핵문제 등으로 어떤 형태로든 충돌할 수 있을 것으로 전망[67]하였다.

미중 양국은 동아시아에서의 지리적 위치와 역사적 연원에서 차이가 있지만 한반도의 이익에서는 중첩되므로 상호 경쟁하며 협력하고 있는 실정이다.[68] 그러나 국가 이익이 우선시되는 국제환경에서 미국과 중국은 상호 경쟁 관계에 있고[69] 북핵문제도 미중관계 차원에서 해결하고자 하고 있다. 북핵문제를 둘러싸고 중국과 미국이 얻을 수 있는 이익은 무엇이며, 어떠한 점에서 상호 갈등하고 협력하고 있는지, 더 나아가 중국이 고려하는 북핵 해법은 무엇인가?

1) 미중 이익 게임

북핵문제를 둘러싸고 한반도에서 얻을 수 있는 중국의 이익은 무엇일까? 먼저 한반도는 동북아 요충지로 육지와 해양이 교차하는 곳이므로 국제정치적으로 특별한 전략적 의의가 있는 곳이다. 중국은 지리적으로 한반도와 근접해 있기 때문에 한반도의 변화에 따라 국가 안전

---

67 張文宗, 「朝核問題與中美新型大國關係」, 『美國問題研究』 2013年 2期, 49쪽.

68 Suisheng Zhao, "A New Model of Big Power Relations? China-US strategic rivalry and balance of power in the Asia-Pacific," *Journal of Contemporary China*, Volume 24, 2015-Issue 93, p.377.

69 董家坤, 「朝核問題中的中美合作與競爭」, 『才智』 2011年 30期, 175쪽.

에 영향을 받는 만큼 북핵문제는 중국의 종합적인 국력 증대와 밀접하게 관련되어 있다. 특히 국방을 건설하여 상대방을 전략적으로 억제함으로써 근본적으로 국가 안전이라는 이익을 유지하는 데 유효하다. 중국의 최대 관심은 북한의 지속적인 안정이다. 이는 중국의 현실적인 이익과 깊이 관련되어 있다. 북한이 정치적·경제적으로 혼란하여 난민이 발생하면 북한과 인접한 동북 지역에서 테러나 범죄 등의 위험 요소가 상승할 수 있으므로 중국은 정치적·경제적인 부담을 안게 된다.[70] 따라서 중국 외교부는 한반도 비핵화 실현, 한반도 평화 안정 유지, 대화로 문제를 해결한다는 세가지 원칙을 강조하고 있다.[71] 한반도 비핵화는 동북아 지역 안전과 직결되므로 이를 통해 중국은 경제 발전을 가속화할 수 있고 북한과도 경제 무역을 유지하면서 이익을 얻을 수 있다. 북한과 중국은 역사적으로 전통적인 우호 관계를 유지하지만, 중국은 현실적인 필요에 따라 북중 '형제 우애'라는 틀에서 벗어나 '정상국가 관계'로 북한과 교류하고 있는 실정이다.

그런데 최근 등장한 중국의 '북한포기론'은 지리적 요충지로서의 한반도의 의미가 변화했음을 말해주는가? 2016년 3월 8일 중국의 외교정책과 대외관계 기자 간담회에서 중국 기자와 왕이 외교부장과의 문답을 통해 그 의미를 재확인 해 보자. "중국은 북한을 전략적 장벽이나 전략적 부담으로 인식하는가, 아니면 북한을 동맹국으로 여기는가?" "중국은 한반도의 안정이 파괴되는 것을 좌시하지 않겠다고 했는데 이

---

70   孫麗琴, 같은 글, 175쪽.

71   「中國代表團在國際原子能機構六月理事會上關於朝鮮半島核問題的發言」(2016. 6.8), 비엔나 발언: http://www.fmprc.gov.cn/web/ziliao_674904/zyjh_674906/ t1383008.shtml(검색일 2016.11.20)

는 전쟁이 발생한다면 중국은 다시 '항미원조'를 할 것인가?"라는 질문에 대해, 왕이 외교부장은 중국과 한반도는 지리적으로 인접하고 전통적으로 상당히 우호적인 정상적 국가 관계를 유지해 왔으므로 중국은 의리를 중시한다는 원칙을 강조하였다. 중국은 북한과의 전통적인 우호관계를 중시하고 북한이 안전하게 발전할 수 있도록 지지하지만 중국은 한반도 비핵화 차원에서 북한의 핵과 미사일 발사 계획 등을 지속적으로 저지할 것이라 하였다. 비핵화가 바로 평화이고 대화가 살길이며 협력이 상호 원원하는 것이기 때문이다.[72] 2017년 4월 18일 『환추스바오』 논평[73]에서도 이와 동일한 취지의 내용을 확인할 수 있다. 왕이 외교부장은 기자의 질문에 즉답은 피했지만, 한반도는 여전히 중국에게 외교 전략적 가치가 있음을 강조한 것이라고 해도 과언이 아니다.

북한이 미국에게 일정한 위협이 되어주는 것을 활용하여 중국은 미국을 통제하고 동북아 전략의 불균형을 해결하여 동북아 및 세계에서 국제지위를 유지할 수 있다. 북핵문제는 동북아의 화약고 역할을 하므로 중국의 주변 안전에 위협이 되고 중국의 변경 지역 생태 환경에도 영향을 준다. 그렇지만 중국이 북핵문제 해결에 참여하는 것은 미래 동아시아 국제정치에서 지도자로 영향력을 확대할 수 있기 때문에 결과적으로 중국은 국가적으로 이익을 얻을 수 있다. 국제질서 관점에서 보면, 공정하고 합리적인 세계 질서를 건립하는 데 중국이 적절하게 역할하는 것이 필요하기 때문이다. 북핵문제는 중국이 대국으로 국

72　「外交部長王毅就中國的外交政策和對外關係答記者問」, http://www.npc.gov.cn/npc/zhibo/zzzb24/node_29882.htm(검색일 2016.12.11)

73　「社評: 中美半島合作界限在哪, 重點為何?」, 『環球時報』(2017.4.18)

제적 책임을 다하고 국가 이미지를 수립하는 데 기여할 수 있지만, 북핵문제의 악화는 중국의 국제적 신망이나 국제적 지위에 충격을 줄 수 있다.

그러나 북핵이 일정선을 넘으면 동북아에서 핵 군비 경쟁이 일어나게 되므로 북한의 핵무기 보유는 동북아의 전체적인 안전에 심각한 도전을 주게 된다. 저우링링(周玲玲)은 중국이 북미 간 갈등의 중재자로서 교량 역할을 하여 위기감이 감도는 긴장 국면을 완화시키고 주도적으로 동북아 안정을 추구하는 균형자 역할을 할 필요가 있다고 보았다.[74] 이는 북한이 국제조류에 순응하여 적극적으로 6자회담 등에 참여할 수 있도록 중국이 독려하는 이유이기도 하다.

북핵문제에서 미국이 얻을 수 있는 직접적인 이익은 무엇인가? 북한의 『로동신문』은 주한 미군 주둔의 합리화 및 동북아시아와 아태 지역에 대한 지배권 수립으로 분석하였다.[75] 천종취안(陳宗權)은 한반도에서 주한 미군을 유지하여 동아시아에서 발생할 수 있는 군사적 전략적 충격을 피할 수 있다고 보았다.[76] 북핵문제가 미국에게 주는 이익은 핵 확산을 방지할 수 있는 것이다. 특히 핵 기술과 핵 원료가 테러 세력에게 귀속되는 것을 저지할 수 있다. 그 외에 미국의 정치적, 경제적, 군사적인 안전에도 이익이 있다. 따라서 미국은 북핵문제가 철저하게 해결되기를 원하지 않는다. 북핵이 해결되면 미군이 동아시아에서 주둔하면서 중국을 통제할 핑계가 사라져서 아태 재균형 전략의 평

---

74 周玲玲, 「朝核問題上的大國博弈研究」, 蘇州大學碩士學位論文, 2011, 45~46쪽.

75 「미국은 왜 조선반도의 긴장격화를 바라는가」, 『로동신문』(2015.2.2)

76 陳宗權, 같은 글, 26~27쪽.

형을 잃을 수 있다는 것이 왕샤오보(王曉波)의 주장이다.[77]

1990년대 클린턴 정부 이래 미국의 북핵 정책이 일관되지 않아 북핵문제가 복잡해진 면이 있다고 중국은 보고 있다. 북핵문제는 기본적으로 미국의 동아시아 및 세계 전략에 영향을 주므로 미국이 동맹 시스템을 강화시키는 계기가 되므로 미국의 이익과 관련이 있다고 보고 있다. 북한도 북핵이 "미국의 아시아 태평양 지배전략"[78]과 긴밀한 것으로 보고 있다. 미국의 세계 전략으로 보면 한반도는 이익의 교차점이자 대동아시아 전략의 최전선이기 때문이다.

북한의 핵무기 및 핵 확산이 미국의 안전에 도전을 야기할 수 있지만, 북핵으로 인한 치명적인 위협이 없는 상황에서 적절하게 통제 가능한 상태를 유지하면, 미국은 북핵으로 아태 재균형 전략을 실시하면서 한반도를 통제하고 동북아 지역에서 하나의 전략적 거점을 형성[79]할 수 있게 된다. 따라서 중국은 북핵문제가 결국 미국에게 이익을 가져다 준다고 보고 있다.

2) 미중의 동상이몽

북한의 핵실험 저지와 한반도의 비핵화 실현은 미중 양국의 공통 목표이지만 정치 시스템상의 차이와 인식상의 갈등으로 인해 경쟁적으로 협력하고 있는 상태이다. 미국과 중국은 북핵문제가 발생한 근원에 대

---

77   王曉波, 唐婉, 같은 글, 31쪽.

78   「미국의 아시아 태평양 지배 전략과 조선반도」, 『로동신문』(2015.3.21)

79   黃鳳志, 孫國强, 「中美在朝核問題上的互動及其前景探析」, 『現代國際關係』 2013年 11期, 13쪽.

한 인식과 한반도 비핵화의 수단과 방법, 북핵 위기에 대한 중국의 역할과 책임에 대해 의견 차이를 드러내고 있다.

미국과 중국은 한반도에서 공통적인 이익이 있지만 양국이 추구하는 실질적인 이익의 차이로 타협하기 어려운 부분도 있다. 북핵문제를 취급하는 비중이 다르고 우선순위가 다르기 때문이다. 중국은 한반도의 안정과 비핵화를 우선순위에 두고 한반도에 대한 전통적인 영향 관계를 유지하면서 대국의 이미지를 부각시켜 미중관계를 강화하고자 한다. 그러나 미국은 미국의 정치 제도와 민주주의 가치를 수출하고자 한다. 미국은 북한의 핵 계획을 제거하고 대규모 살상 무기 확산을 방지하며 민주화를 실행하여 한반도에서 패권적 지위를 갖고 중국의 대북한 영향력을 감소시키려고 한다.[80]

양시위(楊希雨)는 중국이 한반도 비핵화를 주장하지만 주권국가인 북한이 평화적으로 핵에너지를 사용할 권리는 있다[81]고 보았다. 미국은 북한에서 어떠한 핵 계획도 발전시킬 수 없으며 평화적인 핵에너지 이용도 불가하다고 보는데, 이에 대해 미중 양국은 합의점을 찾지 못하고 있는 상황이다.

중국에게 한반도 비핵화는 동북아지역 평화 안정 실현의 중요 조건이자 중국의 핵심적인 국가 이익이므로 미중 합작으로 동북아 지역의 평화와 안정을 조성하여 중국의 경제 건설에 유리한 외부 환경을 만들려고 한다. 미국에게 한반도 비핵화는 동아시아 지역에서 현존하는 질서를 유지하고 미국의 아태 전략을 실현할 수 있는 중요한 전략이다.[82]

80　孫麗琴, 같은 글, 247쪽.

81　楊希雨, 「中美關係中的朝核問題」, 『國際問題研究』 2015年 3期, 30쪽.

82　時殷弘, 「中國如何面對朝鮮」, 『中國新聞周刊』 2009年 23期; 徐輔赫, 「韓半

미중 양국은 한반도 비핵화 문제에서 공통 목표와 공통 이익이 있지만 비핵화의 방법에는 차이가 있다. 이는 북핵문제의 근원 및 그 해결 방안에서 양국이 서로 다른 판단을 하고 있기 때문이다. 미국의 무력적인 북한의 비핵화[83]에 반해, 중국은 한반도에서 현존하는 전쟁 상황과 냉전 상태라는 근본적인 문제를 해결하지 않고서는 비핵화할 방법이 없다고 본다. 북핵문제는 단순한 핵 확산, 핵 위협의 문제가 아니라 북한과 한미군사동맹의 장기적 대결의 산물이자 냉전 종결 이래 한반도 안전 시스템이 무너진 결과로서, 북한 입장으로 보면 북핵은 본질적으로 생존과 안전의 문제라는 것이다. 이처럼 전쟁과 냉전이 장기적으로 누적되어 형성된 복잡한 안전 문제가 북한이 핵을 포기하는 것에 대한 보상을 주거나 아니면 고립시키거나 심지어 군사적 타격을 주는 것만으로도 해결되기 쉽지 않다. 한반도에서 새로운 안전 및 외교 관계가 수립되고 동북아 평화와 협력 시스템을 활용할 수 있어야 북핵문제를 해결할 수 있으므로 한반도의 비핵화 및 장기적 안전을 추구해야 된다는 것이다.

북핵문제를 해결할 수단으로 미국은 대북제재를 강조하지만, 중국은 군사적 무력 사용을 반대하고 평화적인 정치수단으로 북핵문제를 해결하고자 한다. 중국은 미국의 방법이 동북아에서 긴장을 높이는 것으로 장기적으로 볼 때 미국이 근본적으로 북핵 위기를 해결하려는 것인지 북핵 위기를 이용하려는 것인지에 대해 의구심을 품고 있다. 그

島非核化與和平體制以及朝美關係正常化: 2007韓朝首腦會談之後的韓半島和平」, 『當代韓國』2007年 4期 참조.

83   梁寶峰, 「聯合國通過新的製裁朝鮮決議」, 『中國航天』2013年 2期; 潘春娟, 「美出台製裁朝鮮的新行政令」, 『中國航天』2011年 6期 참조.

런 점에서 현실적으로 북미관계의 정상화 동력은 부족한 상황이다. 중국은 북핵문제를 해결하는 단기적 과제로 도발적인 행동을 취하지 않고 냉정한 외교적 노력을 통해 정세 위험을 줄여나가는 데 주안점을 두면서 안보리 결의안을 이행하고 있지만, 제재가 북핵문제 해결의 근본 방법은 아니라고 보고 있다. 정전협정을 폐기하자는 북한의 주장에 대해 미국이 군사동맹을 강화하는 것은 대립만 가속화할 뿐이고 문제 해결에 도움이 되지 않으니 외교적 노력으로 대화와 담판을 궤도에 올려야 한다는 것이 중국의 입장이다. 북핵은 이미 유무(有無)의 문제가 아니라 많고 적음(多少)의 문제이어서 미국은 북핵의 결과를 통제해야 하는 상황이지 북핵문제를 해결할 상황이 아니기 때문[84]이라는 것이다.

중국이 북핵위기를 해결하기 위해 제시한 적극적인 방법은 '이중 압박'이다. 즉, 북한의 핵무기 발전을 억제할 뿐만 아니라 미국의 대북한 무력 사용을 저지하는 것이다. 그러나 미국은 북핵위기가 있을 때 마다 대북한 원유 공급 중단 등을 중국에게 요구하면서 북한에게 강력한 제재를 요구하였다. 미국은 군사 행동의 가능성을 염두에 두지만, 중국은 미국의 대북군사제재에 반대하여 실질적으로 북한에게 안전 방호벽을 설치함으로써 북한의 안전을 보호할 의사를 표명해 왔다.[85]

미국은 북한의 핵실험, 미사일 발사 등에 대해 강하게 비판하지만, 중국은 유엔 결의를 통해 북한을 견책한다. 미중간의 서로 다른 태도는 2010년 천안함 사건과 연평도 사건이 발생하였을 때 명확하게 드러났다. 천안함 사건 발생 후 미국은 북한의 도발 행위를 강력하게 규

---

84 樊吉社, 「朝核問題重估: 僵局的根源與影響」, 『外交評論』 2016年 4期, 35쪽.

85 Min-hyung Kim, "Why provoke? the Sino-US competition in East Asia and North Korea's strategic choice, "*Journal of Strategic Studies*, 39: 7, p.993.

탄하면서 북한이 천안함을 격침시킨 것을 받아들일 수 없다고 하였다. 중국은 천안함 사건 후 비록 대북 원료 공급을 중단하였지만 사건 자체에 대해서는 침묵하였다. 연평도 사건 발생 후 미국은 분개하였고 한미연합군사훈련을 실시하였지만,[86] 중국은 미국과 타협하지 않았다.

그렇지만 중국의 대북한 제재 방법에 어떠한 변화도 없는 것은 아니다. 과거 중국은 북한에 대한 제재가 북한의 안정을 파괴하고 전통적인 북중관계를 훼손할 것을 염려하여 제한적인 제재를 가하도록 정치적인 신호를 보냈다. 그러나 북한의 핵실험에 대해 '중국책임론'[87]이 제기되자 중국은 북중관계와 북핵문제를 분리하여 처리하고 있다. 중국은 북한과 정상적인 국가 관계를 유지하면서 북한의 정권 안정을 유지하기 위해 노력하지만, 북핵문제에 대해서는 유엔 결의를 엄격하게 이행하여 금융 제재 및 관련 기술 설비 금수 조치 등을 집행하였다.[88]

미국은 북핵 위기에서 중국의 주도적인 지렛대 역할이 가능하므로 중국을 통해 미국의 입장을 관철시킬 수 있다고 보고 있다. 미국은 중국을 유인하여 중국이 더욱 강력한 대북 압박 정책을 실시하기를 기대하고 있다. 그러나 중국은 북핵문제가 북미간 상호 강경 대응이 아니

---

86   Yoon Duk Yong, Dennis Normile, "Crime Scene Investigation: The Sinking of the Cheonan," *Science, New Series*, Vol. 328, No. 5984, June 2010, pp. 1,335~1,337; Jooyoung Song, "Understanding China's Response to North Korea's Provocations," *Asian Survey*, Vol. 51, No. 6 November/December 2011, pp. 1,134~1,155. 여기에서는 'dual threat model'이 제안됨; 陳宗權, 같은 글, 24쪽.

87   「朝核問題, 美國不是局外人和裁判官」, 『人民日報』(2016.9.14)

88   黃鳳志, 孫國強, 같은 글, 9쪽.

라 오로지 평화적 협상으로만 위기를 해결할 수 있다[89]고 본다. 충돌하지 않고, 서로 대항하지 않으며, 상호 존중하고, 서로 협력하는 것이 장기적으로 미중 쌍방에게 이익이며, 세계 발전에도 부합한다는 것이다.[90]

북핵문제는 미국뿐 아니라 중국의 문제이기도 하다. 이러한 상황에서 미국은 중국이 북한에 영향력을 가하여 도발 행위를 저지하고 정책 노선을 변화시키도록 희망하고 있다. 중국은 미국이 북핵문제의 주도자임에도 불구하고 북핵문제 해결의 주요 책임을 중국에게 떠넘기는 것은 비현실적인 것으로 본다. 중국은 유엔의 대북 결의를 집행하여 한반도의 비핵화 입장을 견지하고 한반도의 평화와 안전을 위해 6자 회담 등 외교적인 담판으로 북핵을 해결하고자 한다. 비록 중국이 북한 정권 안정을 위해 원조도 하지만 원조와 정치 영향력은 차이가 있어서, 주권국가인 북한이 중국의 건의를 거절할 권리도 있다는 차원에서 중국의 영향력은 한계가 있다고 보고 있다.[91]

3) 미중의 하모니

북핵문제와 관련하여 미국과 중국이 전략적인 대항 관계로 나가지 않

---

89   曹世功, 「中國沒法接朝核這個盤 美完全能自己解決」, 『環球時報』(2016.10. 11)

90   「外交部長王毅就中國的外交政策和對外關係答記者問」 http://www.npc.gov.cn/npc/zhibo/zzzb24/node_29882.htm(검색일 2016.11. 20)

91   孫國強, 「中美在朝核問題上的合作與分歧」, 『江南社會學院學報』2014年 2 期, 7~8쪽.

고 상호 협력하는 이유는 미중 모두 한반도의 긴장 강화로 동북아 지역의 위험이 상승하는 것을 원하지 않고, 양국이 한반도 비핵화를 공통적으로 희망하면서 북한을 핵보유국으로 인정하려 하지 않기 때문이다. 2016년 3월 왕이 외교부장은 '중국의 외교정책과 대외관계 기자회견'에서 북핵과 관련된 중국의 방향을 설명하면서 "(대북)제제는 필요한 수단이고, 안정적으로 유지하는 것이 급선무이므로, 담판이 근본적인 길"[92]이라고 하였다. 중국이 지향하는 바는 담판을 통해 북핵문제를 해결하는 것이다.

중국은 한반도의 지속적인 발전과 평화 통일을 위해 북핵문제에서 미국과 협력할 수 있다고 본다. 미중 양국은 서로 다른 각도에서 한반도의 남북 교류 및 상호 협력을 위해 노력하여 한반도가 현실적으로 지속적인 번영을 가져올 수 있기를 희망하고 있다. 한반도에서 영향력을 행사할 수 있는 미중 양국은 북한이 핵무기 개발이나 핵 계획을 철저하게 포기하여 한반도에 영구적 평화체제를 건립하는 데 협력하고자 한다. 이는 미중 쌍방의 이익에도 부합하고 한반도의 평화와 발전이라는 장기적인 이익에도 부합하기 때문이다.[93]

북핵문제는 동북아지역의 평화와 안정에 영향을 미치는 주된 요인 중 하나로 미국의 세계 전략과 중국의 국가 안전 및 변경 안정과도 관계가 있다. 순귀창(孫國强)이 분석했듯, 중국은 한반도의 정전체제를 평

92　「外交部長王毅就中國的外交政策和對外關係答記者問」
http://www.npc.gov.cn/npc/zhibo/zzzb24/node_29882.htm(검색일 2016.11.20)

93　楊希雨, 같은 글, 35쪽.

화체제로 대체하여 장기적인 안전과 평화가 실현[94]되기를 희망하고 있다. 미중 양국이 6자회담 시스템에 협력하여 북핵위기가 통제를 벗어나지 않도록 책임과 의무를 다해야 한다는 것이다.[95]

미국과 중국은 북한의 대외 환경을 개선해 나가는 데도 협력할 수 있다. 장원종(張文宗)에 따르면, 미국은 북한이 대외 환경을 개선할 수 있도록 대외 관계에서 관건이 되는 요소를 근본적으로 개선하고, 중국은 북한의 이웃으로서 북한 경제 발전과 대외 개방을 위해 협력하여 한반도가 평화적으로 통일할 수 있는 길을 여는 데 협조할 수 있다.[96]

또한 미국과 중국은 경제 금융 면에서도 다차원적으로 협력할 수 있다. 특히 정치·외교 영역에서 적극적으로 소통하여 한반도 비핵화를 위해 협조할 수 있다. 이를 위해서는 대화 채널을 확보하고 유지할 필요가 있다. 양시위는 6자회담 채널에서 미국과 중국의 대화와 교류를 강화하여 해결 방안을 일괄적으로 현실화하고 구체적으로 협상하는 정책을 모색할 필요가 있다[97]고 보았다.

북한의 미래에 대한 정책 방향에 대해서도 양국은 협력할 수 있다. 비록 양국은 전략적으로 경합 상태이지만, 북한의 대외정책이 개방적이고 비핵화에서도 성의 있는 행동을 취하면, 북핵문제에 대해 적극적으로 합의할 공간이 넓어진다고 본다. 황펑즈(黃鳳志)는 미국이 중국의 영향력을 이용하여 북한을 압박함으로써 핵 포기를 추진하려 하기 때

94　孫國強, 같은 글, 8쪽.

95　馬晶, 「中美兩國在朝鮮核問題上的合作與衝突」, 『延邊大學學報(社會科學版)』 2013年 6期, 26~27쪽.

96　張文宗, 같은 글, 59쪽.

97　楊希雨, 같은 글, 34쪽.

문에 중국의 대북관계와 북핵문제 처리 여부에 따라 미중 양국이 상호 협력하는 공간이 확대될 수 있다고 하였다.[98]

중국은 한반도 남북이 주체적으로 영구 평화체제를 건립하여 지역 안정과 균형 유지, 더 나아가 동북아 안전시스템을 창조할 수 있기를 희망한다. 또한 협상을 통해 한반도에서 평화공존과 내정불간섭이라는 원칙을 확립하여 핵 확산을 방지하고 동북아의 평화와 안정에도 기여할 수 있기를 희망하고 있다.

4) 조화로운 합창

중국이 지속적인 경제발전을 통해 세계 정상에 우뚝 서기 위해서는 평화롭고 안정된 주변 환경이 필요하다. 따라서 중국으로서는 북한 정권을 안정시켜야 한다. 북한이 붕괴되면 한국 주도로 한반도가 통일될 수 있고 미국의 군사력이 중국 대문 앞에 배치되므로 중국의 안전에 직접적인 위협이 되기 때문이다.[99] 그 점에서 미국과 중국이 대한반도 전략에서 상호 경쟁하는 것은 필연적이기도 하지만, 중국은 외부 세력이 한반도 내정 문제에 개입하지 못하게 하는 방안으로 미국의 동아시아 군사 주둔에 반대하는 것이다.

북핵문제는 중국의 주변 환경을 악화시켜 국가 안전에도 위협을 주므로 전반적으로 두만강 지역 협력 개발 등에도 영향을 미친다. 또한 핵, 미사일, 생물 및 화학 무기를 포함한 대규모 살상무기는 미국과 동맹국의 안전도 위협하기 때문에 핵 확산 방지에 신경을 쓰고 있다. 미

---

98   黃鳳志, 孫國强, 같은 글, 14쪽, 22쪽.

99   陳宗權, 같은 글, 25쪽.

국은 비록 북한과의 접촉이나 대화를 포기한 것은 아니지만 대북한 무력 제재 정책으로 문제를 해결하고자 한다. 그러나 중국은 강압적인 방법으로는 한반도 문제를 근본적으로 해결할 수 없다고 본다.[100]

따라서 북미관계 정상화 추진과 상호 적대 행위 중지가 북핵 해결의 원동력이라는 것이다. 북핵문제는 본질적으로 북미 상호 불신임의 결과이므로 북미관계 정상화를 통해 해결할 수 있다고 본다. 양국 관계가 정상화되면 북핵으로 발생하는 불안 요소가 사라지게 되므로 미국이 동아시아에서 군사력을 강화시킬 필요도 없어지기 때문이다.

이를 현실화시키기 위한 방안으로 중국은 북한과 한미 쌍방이 회담을 위한 선결 조건을 내세우지 말고 먼저 대화함으로써 위기 국면을 해소해 나가야 한다고 주장한다. 전쟁이 발발하면 가장 큰 피해자는 한반도이므로 한국과 중국은 북미 양자의 모순 해결에 노력하고 무력 충돌을 방지할 수 있어야 한다는 것이다. 한국이 주동적으로 북한과 대화 의사를 밝히고 인도주의적 원조를 통해 분위기를 형성하는 것도 필요한데, 이것이 '한반도신뢰프로세스'를 시작하는 원동력[101]이라는 것이다.

또 다른 해결방안으로 북한은 핵실험을 중지하고 6자회담을 개최하여 한반도의 평화를 보장해야 한다는 것이다.[102] 6자회담 재개를 통해 북핵문제를 해결[103]할 수 있으며, 6자회담 형식이야말로 미중 갈등을 지양하고 상호 협력할 수 있는 중요한 채널이라고 보고 있다. 중국 정

---

100 「外交部: 一味制裁施壓無法根本解決朝鮮半島相關問題」, 『新華社』(2016.11.3)

101 畢穎達, 같은 글, 80쪽.

102 「中國代表呼籲盡快重啟朝核問題六方會談」, 『新華社』(2016.12.1)

103 「唯六方會談能解朝核危機」, 『人民日報』(2013.3.17)

부는 6자회담이 한반도 비핵화를 실현하는 효과적인 길임을 강조하면서 북핵문제가 불가역적이면서 효과적으로 지속가능한 대화를 진척시켜야 한다고 주장하고 있다.[104] 6자회담은 상호 소통을 강화하고 협조하여 북핵문제를 해결함으로써 한반도 정세를 안정시키고 동북아 평화시스템을 종합적으로 구축할 수 있는 틀이라는 것이다. 황쯔창(黄自强)은 6자회담의 경험으로 볼 때 전면적인 평화 담판이 북핵문제 해결의 유일한 출구라고 하였다.[105] 6자회담 재개 후 북한은 모든 핵개발 프로그램을 중지하고 미국과 적극적으로 관계를 개선하고 북미·한중이 한반도 평화협정으로 정전협정을 대체함으로써 법률적으로 한반도의 전쟁 상태를 종식시킬 필요가 있다는 것이다. 6자회담의 중단은 오히려 한반도의 긴장을 강화시켰으므로 한반도 비핵화와 북한의 안전을 결합하여 한반도의 평화를 보장할 필요가 있다는 것이다.

또 다른 방안으로는 '북핵 우선 해결론'을 포기함으로써 한반도 평화체제를 건립해야 한다는 것이다. 북한이 핵을 보유하는 근본적인 이유는 체제 안전 확보 때문이다. 한반도 냉전체제의 산물인 북핵은 체제 안전이 보장되지 않는 상황에서 절대 포기할 수 없다. 따라서 '북핵 우선 해결론'을 포기하고 남북관계 개선, 미군 철수, 한반도의 평화체제 건설 등을 동시적으로 추진한다면 북한도 핵을 포기하게 될 것이므로 한반도의 비핵화를 실현할 수 있다는 것이다.

---

104 「中國代表團在國際原子能機構六月理事會上關於朝鮮半島核問題的發言」(2015.06.11, 비엔나 발언: http://www.fmprc.gov.cn/web/ziliao_674904/zyjh_674906/t1383020.shtml)(검색일 2016.11.23)

105 黃自強, 「國際機制功能分析: 以朝核六方會談為例」, 河南大學學位論文, 2014, 23~32쪽.

마지막으로 한반도의 영구적인 비핵화를 보장하는 협력 시스템을 마련해야 한다는 것이다. 한반도는 지리적·정치적인 요소뿐만 아니라 전략적으로도 아태지역의 안전을 담보하는 핵심 지역이다. 한반도 비핵화 및 평화 안정은 미중의 전략적 이익에도 중요하므로 한반도의 영구적인 비핵화를 보장하는 협력 시스템이 필요하다.[106] 북핵을 철저하게 포기하고 한반도의 영구적인 평화체제를 구축하기 위해서 미중 양국은 군사적으로 상호 통보하는 시스템과 해공(海空) 군사 안전 행위 준칙을 마련하여, 북한의 핵이나 장거리 미사일 실험을 저지하는 다양한 수단이 필요하다.[107] 전략적 측면에서 중국은 한반도 정세 변화에 대해 양국이 긴밀하게 소통하고 대화할 수 있는 고위층 교류를 유지할 것을 제안하였다.[108]

미국의 아태재균형 전략의 추진은 아시아 태평양 지역에서 미중이 상호 경쟁하는 시대로 접어드는 요인이 되었다. 양국 관계가 의제 중심적 관계에서 점점 지역 전략 및 지리적 경제 주도형 관계로 변화하면서 미중관계는 아시아 태평양 지리 전략에서 새로운 이익 경쟁의 시대를 열게 된 것이다.[109] 미중 양국은 아태 지역의 평화 유지를 위해 한반도 문제를 처리하는 순서와 논리, 해결 방안 등에서 충돌하지 않도록 노력할 필요가 있다. 그러므로 한반도의 비핵화와 안정을 위해 실질적으로 미중의 정책 변화를 통해 핵심 이익을 조절하여 상호 포용

---

106   孫麗琴, 같은 글, 246쪽.

107   張文宗, 같은 글, 53~54쪽.

108   孫國强, 같은 글, 6쪽.

109   朱鋒, 「東亞安全的結構性危機會爆發嗎?: 2012年東亞安全形勢回顧與2013年展望」,『和平與發展』2013年 1期, 2쪽.

하는 태도로 협력하는 것이 필요하다고 보고 있다.

중국의 북핵 해결 방안은 미국에게는 북미대화를, 북한에게는 핵실험 중지와 6자 회담 개최를 요구하고 있다. '북핵 우선 해결론' 포기로 대화 체제를 건립하고 전면적인 평화 담판으로 북핵문제를 해결하는 것이 유일한 출구라고 보고 있다. 또한 중국은 한반도의 영구비핵화를 보장하는 협력시스템이 필요하다고 강조한다. 그러나 중국이 인식하는 북핵 해결 방안이 미국이나 북한과 합의되지 않는 상황에서 북핵의 철저한 해결은 여전히 어려울 수밖에 없다.

4. 상생하는 동행

한반도 문제는 일차적으로 남북한 문제이지만 국제적 이익이 충돌하고 경쟁하는 복잡한 지역이기도 하다. 한반도 문제를 평화적으로 해결하기 위해서는 남북한이 주체적으로 해결하도록 노력해야 할 뿐만 아니라 여러 국가의 협력이 필요하므로 미·일·러·중 등 동북아 지역의 이익을 분석하고 한반도의 내외부 모순에 대해 구체적으로 검증하는 것이 필요하다. 특히 북핵문제를 두고 드러난 미중 경쟁은 본질적으로는 이데올로기, 정치 제도, 전략 목표 차이 등 구조적인 모순에서 비롯된 것이지만,[110] 양국이 북핵문제와 관련하여 협력하는 것은 다양한 미중관계를 해결하는 시금석이 될 수 있다.

이 글은 중국의 북핵 인식을 미중관계 속에서 살펴보았다. 북핵이 비록 한반도 문제이긴 하지만 북핵이 생성된 근원이 미국과 관계가 있

---

110   陳宗權, 같은 글, 27쪽.

고, 미국의 북핵정책은 중국에 영향을 미치므로 실질적으로는 미중관계 속에서 해결될 수 있다고 보기 때문이다. 따라서 중국이 인식하는 북핵의 문제점과 해결책이 무엇인지, 어떠한 점에서 미국과 갈등하고 협력하고 있는지에 대해 중국의 의견을 정확하게 이해하는 것은 필요한 수순이다.

중국의 이익은 동북아 지역의 안전과 근본적으로 관계가 있고, 미국도 동아시아 지역에서 다양한 이해관계가 얽혀있다. 미국의 전략 중심이 아시아 태평양 지역으로 회귀하고 미국의 역할이 동북아 지역의 안전과 직접적인 관계가 있기 때문이다. 미중 양국은 정치, 경제, 사회, 문화, 군사 등 각 영역에서 광범하게 교류를 하고 있어 양국 관계 발전과 동북아 안전 수호에 많은 도움이 되지만, 한반도에서 미중의 국가 이익이 첨예하게 대립되고 있어 북핵문제의 해결은 미중관계에서 해법과 의미를 찾는 것이 필요하다.

그러나 북핵문제는 미중간 이익의 한계와 우선순위가 달라서 협력하기 어려운 측면도 있다. 중국이 자국의 이익을 최대화하려면 한반도 위기에서 각종 돌발 사건에 효율적으로 대처해야 하므로 한반도의 정세 변화에 따라 중국의 정책에도 변화가 생길 수 있다. 중국은 한반도에서 전통적 영향 관계를 유지하면서, 북핵문제 해결에 적극적으로 참여하여 한반도의 비핵화와 안정에 기여함으로써 대국의 형상에 걸맞은 책임을 다하고 싶어 한다.[111] 북한과 중국은 특수한 국가 관계를 유지하고 있기 때문에 북핵이 중국에게 직접적인 위협이 되지는 않지만, 중국은 미국의 정치적 압력으로 동북아 주변 환경이 불안해져 중국의

---

111   董家坤, 같은 글, 175쪽.

지역 전략에 악영향이 미치게 될 것을 우려하고 있다.[112]

따라서 중국은 미중이 반드시 한반도의 잠재적 충돌에 대해 소통하고 지역 안정 유지를 위해 공동으로 노력하길 희망하고 있다. 미중 양국은 중국의 주변 안전 이익과 미국의 동맹 안전 의무 사이에서 평행을 찾아 상호 이익을 존중하고, 유엔 안보리 결의에 따른 대북한 제재를 추진할 때도 제재 후의 결과에 대해 깊이 있는 토론이 필요하다고 본다.

종합해 본다면, 중국의 북핵 인식은 일차적으로 자국의 안전과 번영을 고려한 차원에서 출발한 것이다. 중국이 빠른 시일 내에 경제 대국으로 성장해서 국제적 위상을 차지하기 위해서는 주변이 안전해야 하는데, 북한의 안전이 보장되지 않으면 중국이 정치적·경제적 피해를 보기 때문에 중국은 북한의 붕괴를 원하지 않는다. 그렇지만 북핵 책임론에서 벗어나기 위해 중국은 북중관계와 북핵문제를 분리하여 적절하게 운영하고 있는 상황이다.

중국이 인식하는 북핵의 근원은 냉전체제의 산물로 미국의 대북한 압박을 꼽고 있으며, 동북아의 안전보장 시스템이 결여된 상황에서 북한은 국내 정치적·경제적 이유와 생존을 위해서라도 북핵에 집착할 수밖에 없다고 보고 있다. 따라서 해결 방안도 원론적인 차원에서 북미 관계 개선과 상호 적대 행위 중지, '북핵 우선 해결론' 포기로 한반도 평화체제를 건립하며, 6자회담을 개최하여 한반도 평화를 보장하는 방안을 주장하고 있다. 비록 미중간 목표, 전략, 대북제재 방법이나 해결 수단의 차이로 상호 갈등하고 있지만, 한반도 비핵화와 평화라는

112　　孫國強, 같은 글, 8~9쪽.

대전제에 대해 양국의 목표가 일치하기 때문에 상호 협력하여 북한의
대외 환경 개선뿐만 아니라 북한의 미래 정책 방향에 대해서도 협력할
수 있다고 본다. 따라서 중국은 미중 상호 협력으로 한반도의 평화 및
동북아 안전을 확보하는 것이 필요하다고 보고 있다.

::저자소개

■ 박명규(朴明圭)

서울대학교 사회학과 교수. 역사사회학, 남북관계, 민족주의, 개념사 등을 연구하고 있다. 서울대학교에서 박사학위를 받았으며 미국의 하버드·옌칭연구소, UC버클리, UC어바인, 스탠포드, 독일 베를린 자유대학 등에서 연구했다. 육군사관학교와 전북대학교 교수를 역임했고, 2006년부터 2016년까지 서울대학교 통일평화연구원장을 지냈으며, 2017년 현재 한국사회학회 회장이다. *Asian Journal of Peacebuilding*과 『통일과평화』의 편집책임, 『사회와역사』 및 『개념과소통』의 편집위원을 맡고 있다. 한국사회사학회 회장, 북한사회문화학회 회장, 서울대학교 사회발전연구소장 등을 지냈다. 저서로 『남북경계선의 사회학』(창비), 『국민, 인민, 시민』(소화), 『개성공단』(공저, 진인진), *Civilizing Emotions*(공저, Oxford University Press), *EU-North Korea: Humanitarianism or Business?*(공편, LIT Gemany) 등이 있다.

■ 김란(金蘭)

중국 북경 중앙민족대학교 사회학과를 졸업하였고, 서울대학교 사회학과 대학원에서 석박사 과정을 수료했다. 중국 현대의 문화정치에 관심을 갖고 있으며, 중국 냉전 이행기 문화정치와 냉전문화 형성에 관해 연구 중이다. 논문으로는 「민족주의 경합의 장으로서의 정성공 역사영웅 만들기」, 「두 갈래길, 중국 지원군 포로의 생애서사」, 「중국 '사이버 공공지식인'의 가능성에 대한 연구: '한한 현상'을 중심으로」 등이 있다.

■ 김성은(金聖恩)

서울대학교 사회학과를 졸업하고 같은 대학원에서「문화적 지구화와
카자흐스탄 홍차문화의 변화」로 석사학위를,「한국 사회과학의 전문
화와 대중화」로 박사학위를 받았다. 국제협력요원으로 카자흐스탄 대
학생들에게 한국어를 가르쳤으며, 한국방송통신대학교 문화교양학과
에서 조교로 근무했다. 현재 동국대학교와 한신대학교에서 사회학을
강의하고 있다. 지은 책으로는『인간을 위한 약속 사회계약론』,『사회
란 무엇인가』,『근대인의 탄생: 프로테스탄티즘의 윤리와 자본주의 정
신』,『한은 만나야 한다』,『쉽게 읽고 되새기는 고전 사회계약론』등이
있다.

■ 박선영(朴宣泠)

세종대학교 국제학부 교수. 중국근현대사 및 동아시아 근현대의 사회
사, 정치사 등을 연구하고 있다. 남경대학 역사과에서 박사학위를 받
았고, 일본 동경대학교 동양문화연구소와 미국 하버드대학 옌칭연구
소에서 연구하였다. 외교부 재외동포재단 초대 전문가 이사, 국사편찬
위원회 동아시아 교과서 검정위원을 역임하였다. 문화체육부장관표창
(2017), 우수학술논문상(2016), 한국을 이끄는 혁신리더(인문사회학
부문, 2010), 대한민국 국민감동 대상(교육인 대상, 2010), 우수학술
도서(2009) 등을 수상하였다. 저역서로『중국의 변경연구』(공저),『중
국 랴오둥 산동반도 국제전 유적과 동북아 평화』(공저),『만주란 무엇
이었는가』,『중일문제의 진상』,『동아시아의 영토와 민족문제』(공저),
『새롭게 쓴 중국 현대사』,『東北抗日義勇軍』등 다양한 저서가 있다.

■ 백지운(白池雲)

서울대학교 통일평화연구원 HK교수. 연세대학교 중어중문학과에서 「중국 근대성 담론을 통한 *梁啓超* 계몽사상 재고찰」로 박사학위를 취득했다. 일본 게이오대학, 중국 칭화대학, 대만 텅하이대학 등에서 수학했다. *Inter-Asia Cultural Studies*, 『人間思想』, 『창작과비평』, 『역사비평』의 편집위원을 맡고 있다. 대표 논저로 "East Asian perspective on Taiwanese identity," 「폭력의 연쇄, 연대의 고리-오키나와 문학의 발견」, 『양안에서 통일과 평화를 생각하다』(공편), 『교차하는 텍스트, 동아시아』(공저), 『대만을 보는 눈』(공저), 『혁명후/기』(역서), 『열렬한 책읽기』 등이 있으며, 근대 이후 중국의 사상과 문화를 동아시아 평화사상과 접맥시키는 연구를 하고 있다.

■ 이성현(李成賢)

세종연구소 상임연구위원. 미국 그리넬대학 학사, 미국 하버드대학 석사, 중국 칭화대학 박사(정치커뮤니케이션, 국제커뮤니케이션). 스탠포드대학교 아태연구소 팬텍펠로우(Pantech Fellow)와 일본 규슈대학 교수 역임. 현재 베이징대학교 한반도연구센터 시니어리서치펠로우. 최근 논문으로 "Why Did We Get China Wrong? Reconsidering the Popular Narrative: China will abandon North Korea," "Chinese Scholarly Perspectiveson Contemporary Sino‒South Korean Relations," "Historical Perspective on China's 'Tipping Point' with North Korea"(출간예정)가 있다. 더불어 「미중 갈등과 '리더십 부재'의 국제질서」 등 그의 칼럼과 코멘트는 CNN, BBC, *New York Times*, Al Jazeera, *Japan Times*, *South China Morning Post*, 중국 CCTV,

環球時報, *Korea Times, Financial Times*(중문판), 홍콩 피닉스TV, 중앙일보, 중앙선데이 등에 실렸다.

■ 이정훈(李政勳)

서울대학교 중어중문학과 교수. 성균관대학교 동아시아학술원, 이화 여자대학교에서 각각 박사후연구원과 전임강사로 근무하였고 베이징 대학, 중국사회과학원, 상하이대학에서 방문연구를 수행하였다. 1990 년대 중국 문학담론의 변모와 지식장의 재편을 다룬 연구로 서울대학 교에서 박사학위를 취득하였으며, 『문예공론장의 형성과 동아시아』 (공저), 『동아시아, 인식지평과 실천공간』(공저), 『制造"國民"』(공저), 『냉전의 섬, 금문도의 재탄생』(공저) 등의 책과 「1990년대 중국의 민 족주의 확산과 단행본 출판」, 「'山河故人'의 새로운 인물형상과 자장커 의 '변신'」 등의 논문이 있다.

■ 주윤정(周鈗涏)

서울대학교 사회발전연구소 선임연구원, 역사사회학, 청년, 소수자, 동아시아 비교연구 등을 진행하고 있다. 서울대학교 사회학과에서 「한 국 시각장애인 직업권 형성에 관한 법사회학적 연구」로 박사학위를 취득했다. 대표 논저로 「동아시아 시각장애인의 생존권의 비교」, 「소 수자의 민주주의; 대만 장애인 인권운동(1980년대~2000년대)과 복지 권의 형성과정」 등이 있다.

● **본문출처**

이 책에 수록된 글 중 일부는 아래의 논문을 저본으로 수정 · 보완한 것임을 밝혀둔다.

백지운, 「중국의 TV시사토론 속의 한국과 북한」, 『역사비평』 118, 2017.

이정훈, 「중국 인터넷 토론 공간에서의 북한 및 북핵 문제 인식」, 『아시아리뷰』 제7권 제1
           호, 2017.

김란, 「중국 영화와 드라마의 '항미원조' 기억과 재현」, 『역사비평』 118, 2017.

김성은, 「교류하지 못하는 북 · 중 문화교류」, 『통일과평화』 제9집 1호, 2017.

박선영, 「중국의 북핵 인식과 중미관계」, 『한국동북아논총』 제22집 제2호, 2017.